杭州职业技术学院文库

浙江省哲学社会科学规划常规课题：
耗散与有序：智能传播时代的高校舆情研究

浙江省中华职业教育科研项目课题：
黄炎培"敬业乐群"职教思想融入高职工匠精神培育研究，编号：ZJCV2023A28

# 高职职业生涯规划教育创新研究

Research on Innovation in Career Planning for Higher Vocational Education

楼黎瑾　著

中国财经出版传媒集团
经济科学出版社
Economic Science Press
北京

## 图书在版编目（CIP）数据

高职职业生涯规划教育创新研究 / 楼黎瑾著.
北京：经济科学出版社，2024.6. -- ISBN 978-7-5218-5968-3

Ⅰ.G717.38

中国国家版本馆 CIP 数据核字第 2024ES1658 号

责任编辑：卢玥丞　杨金月
责任校对：刘　娅
责任印制：范　艳

### 高职职业生涯规划教育创新研究

GAOZHI ZHIYE SHENGYA GUIHUA JIAOYU CHUANGXIN YANJIU

楼黎瑾　著

经济科学出版社出版、发行　新华书店经销
社址：北京市海淀区阜成路甲 28 号　邮编：100142
总编部电话：010-88191217　发行部电话：010-88191522
网址：www.esp.com.cn
电子邮箱：esp@esp.com.cn
天猫网店：经济科学出版社旗舰店
网址：http://jjkxcbs.tmall.com
北京联兴盛业印刷股份有限公司印装
710×1000　16 开　18.75 印张　280000 字
2024 年 6 月第 1 版　2024 年 6 月第 1 次印刷
ISBN 978-7-5218-5968-3　定价：70.00 元
（图书出现印装问题，本社负责调换。电话：010-88191545）
（版权所有　侵权必究　打击盗版　举报热线：010-88191661
QQ：2242791300　营销中心电话：010-88191537
电子邮箱：dbts@esp.com.cn）

# 前　言　PREFACE

在当今经济和技术迅速发展的背景下，职业生涯规划教育对个人和社会都具有重要意义。对于高职学生而言，这种教育不仅是其个人职业发展的牢固基石，还是社会经济持续发展的重要推动力。在经济全球化和技术革命的时代趋势下，职业市场变得更加复杂和多变，新的职业机会和挑战不断出现。面对如此环境，高职学生需要具备有效识别和把握职业机会的能力，这正是职业生涯规划教育的核心目标。系统的职业生涯规划教育能够帮助高职学生深入了解自己的职业倾向、能力和潜力，从而制订出符合个人特点和市场需求的职业发展路径。这不仅涉及对个人兴趣和技能的认识，还包括对职业市场的了解和对未来职业趋势的预测。通过接受这样的教育，学生才能够更加清晰地认识到自己在职业世界中的定位，为未来的职业生涯做出更加明智的选择。此外，职业生涯规划教育还能帮助学生做好必要的职业准备，如职业技能的提升、职业素养的培养及职业网络的建立，这些都是职业成功的重要组成部分。

随着就业市场的多样化和竞争的加剧，高职学生面临着前所未有的挑战。他们不仅需要应对日益激烈的就业竞争，还需要准备应对职业生涯中可能遇到的各种转变和不确定性。在这种情况下，职业生涯规划教育为他们提供了必要的支持和指导，帮助学生形成有效应对职业挑战的策略和技巧。这种教育强调的不仅是职业技能的培养，还是适应能力、创新能力和终身学习能力的培养。这些能力对学生在不断变化的职业环境中保持竞争力和实现持续发展至关重要。

本书旨在深入探讨职业生涯规划教育的基本原理、构成要素、理论依据及其在高职教育中的独特性和实施路径等问题。

本书紧跟社会发展的步伐，注重创新，不仅总结了传统的职业生涯规划方法，还融合了新时代的理念和策略。对于高职学生来说，这本书不仅为其提供了一个全面审视自己职业生涯规划的视角，还为其量身打造了一系列实用的策略和方法。

高职学生在面临就业选择和职业生涯规划时，往往存在种种困惑和挑战。本书正是为了帮助这些学生更好地认清自己的方向，制定出更为明智的职业决策。通过本书，学生们将学会如何结合自身的兴趣、特长和市场需求，为自己的职业生涯描绘出一个清晰、可行的蓝图。希望每一位读者都能从中受益，走出一条属于自己的成功之路。

本书共分为八章，每章围绕高职职业生涯规划教育的不同方面展开深入探讨。

第一章为职业生涯规划概述，内容涵盖职业生涯规划的基本概念、构成要素、理论依据，以及主要目的和意义。

第二章聚焦于高职职业生涯规划教育的独特性，探讨高职教育的核心定位、学生的职业生涯规划特点以及高职职业生涯规划教育与各方的互动。

第三章至第五章分别从学生认知、教师开展教育、学生职业生涯规划能力培养等角度出发，提出职业生涯规划教育的新视角和新策略。

第六章着重讨论高职职业生涯规划教育的实施路径，包括教育目标、教育主体、教育资源、教育模式及评估机制的创新。

第七章探讨了高职职业生涯规划教育目前面临的困境，以及与思想政治教育、创新创业教育、劳动教育融合发展的可能性。

第八章则展望未来职业生涯规划教育的趋势和先进技术的应用。本书在论述高职职业生涯规划教育的框架上有如下特点。

全面性——本书涵盖了职业生涯规划的基本概念、构成要素、理论依据，以及主要目的和意义，为读者提供了一个全面的职业生涯规划框架。这种全面性使本书不仅适合学生和教师，还适合所有对职业生涯规划感兴趣的读者。

针对性——本书特别针对高职教育的特点，详细讨论了高职学生的职业规划特性和高职教育的核心定位，确保了内容有针对性和实用性。

实践导向——本书强调了职业生涯规划教育与学校、企业、社会的互动，强调理论与实践的结合及实践导向的求职行动规划，使职业生涯规划教育更贴近实际，更具应用价值。

教育创新——在探讨高职职业生涯规划教育的实施路径时，本书提出了多个创新观点，如在教育目标、教育主体、教育资源及教育模式上的创新。同时，还探讨了职业生涯规划教育与其他学科教育融合发展的必要性及融合策略。这些创新使本书在职业教育领域具有前瞻性和指导性。

对于高职学生和教育者而言，这本书是一个宝贵的资源。无论是学生还是教育者，都能从这本书中找到对自己有益的信息和策略。本书不仅提供了全面的理论知识，还提供了实用的策略和方法，如职业生涯管理能力的培养、职业素养与职业态度的塑造等。这些内容对高职学生及教育者来说具有很高的指导价值，为高职职业生涯规划教育提供了有效的参考和指南，对促进学生个人的全面发展，以及帮助他们更好地适应和融入快速变化的职业市场有重要意义。

专著撰写中，得到了杭州职业技术学院杨乐克老师的悉心指导，特别是在提纲撰写、统稿及部分章节写作方面，在此表示感谢。

由于笔者水平有限，在本书的撰写过程中，论点和论述难免有不全面之处。笔者深知，每一本书都是一份对知识的探索与追求，同时也是对自身认知边界的挑战。在阅读本书的过程中，若发现任何论点的不准确、论述的不完善，或是存在其他值得商榷之处，还请各位读者批评指正。

# 目录 CONTENTS

**第一章　职业生涯规划概述** ……………………………………… 001
　第一节　职业生涯规划的基本概念 …………………………… 001
　第二节　职业生涯规划的构成要素 …………………………… 009
　第三节　职业生涯规划的理论依据 …………………………… 018
　第四节　职业生涯规划的主要目的及意义 …………………… 034

**第二章　高职院校职业生涯规划教育的独特性** ………………… 041
　第一节　高职教育的核心定位 ………………………………… 041
　第二节　高职学生职业生涯规划特点 ………………………… 052
　第三节　高职职业生涯规划教育与学校、企业、社会、
　　　　　家庭的互动 …………………………………………… 055

**第三章　寻找学生认知职业生涯规划的新视角** ………………… 066
　第一节　对自我的全面认知 …………………………………… 066
　第二节　对职业环境的多样化感知 …………………………… 091
　第三节　对职业选择的科学分析 ……………………………… 110

**第四章　探究教师开展职业生涯规划教育的新维度** …………… 130
　第一节　教育理念解构再重塑 ………………………………… 130
　第二节　教育内容更新和拓展 ………………………………… 137

第三节　教育手段丰富和发展 …………………………………… 151

**第五章　培养学生职业生涯规划能力的新策略** ………………………… 166
　　第一节　职业生涯综合管理能力的培养 ………………………… 166
　　第二节　职业素养与职业态度的塑造 …………………………… 176
　　第三节　职业能力的自我提升 …………………………………… 184
　　第四节　实践导向的求职行动规划 ……………………………… 188

**第六章　高职职业生涯规划教育的实施路径** …………………………… 193
　　第一节　高职职业生涯规划教育目标的创新 …………………… 193
　　第二节　高职职业生涯规划教育主体的创新 …………………… 196
　　第三节　高职职业生涯规划教育资源的创新 …………………… 200
　　第四节　高职职业生涯规划教育模式的创新 …………………… 205
　　第五节　高职职业生涯规划教育评估机制的创新 ……………… 212

**第七章　高职职业生涯规划教育的多元融合** …………………………… 220
　　第一节　高职职业生涯规划教育面临的困境 …………………… 220
　　第二节　高职职业生涯规划教育与思想政治教育相融合 ……… 226
　　第三节　高职职业生涯规划教育与创新创业教育相融合 ……… 238
　　第四节　高职职业生涯规划教育与劳动教育相融合 …………… 249

**第八章　高职职业生涯规划教育的未来展望** …………………………… 260
　　第一节　高职职业生涯规划教育的未来趋势 …………………… 260
　　第二节　先进技术在高职职业生涯规划教育中的
　　　　　　应用前景 ………………………………………………… 265

**第九章　结语** ……………………………………………………………… 270

**参考文献** ………………………………………………………………… 272
**附录** ……………………………………………………………………… 276

# 第一章 职业生涯规划概述

当今时代是快速发展的时代，为了适应社会发展，职业生涯规划已成为个人发展不可或缺的一部分。职业生涯规划的重要性在于它能够为人们提供职业发展方向和目标，鞭策人们努力工作，抓住工作重点，发挥个人潜能，评估个人表现，等等。通过职业生涯规划，每个人都能够深入了解自己的兴趣、能力和职业愿景，从而做出更加明智和符合自身发展需要的职业选择。职业生涯规划不仅能帮助人们识别和追求适合自己的职业道路，还能促进个人技能和职业素养的持续发展。

## 第一节 职业生涯规划的基本概念

职业生涯规划在个人成长和发展的道路上扮演着举足轻重的角色，涵盖了对个人职业路径的深入思考和精心策划。在这个过程中，个体需要深度挖掘自身的内在兴趣和潜在能力，还需要设定实现职业目标的具体步骤。这不仅是对未来职业生涯的一种预设和安排，更是一种深刻的自我认知和职业愿景的构筑。通过这个过程，人们可以更加清晰地认识到自己的优势和局限，明确自己的职业价值观，从而更好地规划自己的人生道路，实现个人的理想和抱负。

### 一、职业的概念

职业作为人类社会文明和经济发展的重要标志，其概念和内涵经历了漫长而复杂的演变过程。从最早的社会分工到现代经济体系中的专业化角色，职业的定义和范畴不断拓展和深化，反映了人类对工作、社会地位及在价值观上的不断追求和探索。

### （一）相关概念梳理

在传统意义上，职业被理解为一种社会分工，是个体利用其专门的知识和技能为社会创造物质和精神财富，同时获取物质报酬的活动。这种定义强调了职业的经济功能和社会贡献，即通过专业技能的应用，既满足个人的物质需求，也为社会的发展和进步作出贡献。然而，随着社会的发展，职业已不再是一种单纯的经济活动。现代职业不仅关乎经济收入，还与个人的社会地位、职业道德、自我实现等多个维度相关。

许多学者对职业的内涵进行了不同的诠释。美国社会学家菲利普·塞尔兹尼克（Philip Selznick，1957）将职业视为具有市场价值的特殊活动，这一观点突出了职业活动的市场经济属性。弗雷德里克·泰勒（Frederick Taylor，1895）对职业的定义则更侧重职业与特殊工作经验相关的社会关系，强调职业在形成社会结构和职业意识方面的作用。日本学者尾高邦雄（1980）将职业定义为固定的社会分工或社会角色的持续实现，这一定义更加强调职业在社会结构中的稳定性和角色定位。中国学者陈婴婴（1995）的定义则更为全面，既包括个人在社会物质生产中的角色，也包括个人通过职业在社会中建立的地位和社会关系。

这些不同的定义反映了职业的多重性质。职业不仅是一种经济活动，更是个体社会身份和地位的体现，是个人与社会互动的桥梁。随着社会的发展，职业的范围和内涵也在不断拓展。从简单的物质生产到复杂的信息社会，从单一的经济功能到多元的社会角色，职业在人类社会中的作用和地位越发重要。

### （二）职业内容

根据梳理可知，职业是涵盖一系列关键要素的综合体，包括从业人员、工作的个人和社会效益、工作的持久性以及工作的本质等方面。根据这种理解，职业可以被描述为具有劳动力的人们运用自己的知识、技能和态度投身于社会的生产和服务中的活动。这类活动旨在为社会贡献物理和心理层面的财富，并为从业者自己带来适当的经济收入。这种收入不仅满足了他们的物质需求，还满足了他们的心理需求，因而可以成为一种长期持续的活动。具体来说，这一定义包含以下四个核心方面。

**1. 职业与社会分工**

在社会分工体系中，职业是劳动者获取的特定劳动角色的体现。社会分工的演进催生了各种职业，从而满足社会生产和服务的多样化需求。这些职业包括广泛的工种和岗位，每种职业都有其独特的工作内容、职责、社会角色和地位。农民、工人、医生、教师、企业家、科学家、艺术家等，每个角色都承担着不同的社会职能，这体现了社会生产和服务的多样性。这种分工不仅使劳动者拥有了特定的社会标记和专门的劳动角色，还推动了社会经济和文明的发展。

**2. 职业的社会性**

职业不仅是个体的工作，更是一种社会性的活动。这意味着职业是劳动者为满足社会需求而进行的生产劳动或社会服务活动。这种社会性表明，职业的存在和发展不仅为个体提供了谋生的手段，还是社会功能和结构的重要组成部分。社会认可和需要的职业可以帮助维持社会的基本运行，促进社会的和谐与进步。因此，职业不仅是劳动者的个人选择，还是他们为社会作出贡献的方式。

**3. 职业的连续性和稳定性**

连续性和稳定性是职业定义的核心。一个人的职业通常是长期且稳定的，这种特性使劳动者可以在特定领域中持续发展和积累经验。连续性和稳定性不仅是职业生涯规划的基础，还是个体在社会中稳定地发挥作用的前提。例如，医生或教师需要长期从事其专业领域的工作，通过不断地实践和学习，逐渐积累专业知识和经验，才能在其职业领域中达到专业化和熟练。

**4. 职业的经济性**

职业的经济属性是其定义中不可或缺的一部分。劳动者从事职业活动的主要目的之一是获得经济收入，以维持和提升生活水平。职业收入的高低往往与职业的社会地位、所需技能水平及劳动强度等因素相关。

因此，职业不仅是个体实现经济独立和获得社会地位的手段，还是社会经济发展和资源分配的重要部分。没有经济报酬的长期劳动，尽管在性质上可能类似于职业，但在严格意义上并不构成职业。

## 二、职业生涯的概念

生涯通常被理解为个体在其一生中所从事的各项工作或职业活动的总和。不同学科领域的专家对生涯的定义存在差异，但人们普遍认同唐纳德·舒伯（Donald Super，1954）所提出的定义：生涯是指一个人一生所经历的一系列职业与角色的总和，即个人终身发展的历程，职业生涯指导不只是职业指导，还是贯穿人的一生的一个过程。一般来说，生涯涉及人在一生中经历的不同生命阶段，如社会生活、家庭及职业生涯等。特别是职业生涯，作为人生存和发展的基础，涵盖了从职业教育培训、寻求职业、就业、职业转换到最终离开职业工作的全过程，这一过程占据了人一生的大部分时间，对个人及其家庭具有极其重要的意义。

不同国家的学者对职业生涯的定义有所不同。

法国权威词典将职业生涯定义为按阶段和等级划分的连续性职业经历。[1]

美国学者威廉·罗斯威尔和亨利·斯莱德（William Rothwell & Henry Sredl，1992）认为，职业生涯是个人一生中与工作相关的活动、态度、价值观和愿望的综合体。他们强调职业生涯的过程性，以及其与个人情感、工作、家庭和个人事务的关系，并将职业生涯划分为外部职业生涯和内部职业生涯。外部职业生涯涵盖了职业发展的各个阶段，如招聘、培训、晋升、解雇和退休等。而内部职业生涯则更关注个人成功的主观满足感及工作、家庭责任和个人休闲等其他需求的平衡。[2]

中国学者吴国存将职业生涯划分为狭义和广义两种。狭义的职业生涯指的是一个人从职业学习开始到职业劳动结束的时期，而广义的职业生涯

---

[1] Larousse. Le Pelit Larousse [M]. Paris：Librairie Larousse，1995：189.
[2] Rothwell W, Sredl H. Professional Human Resource Development Roles&Competencies [M]. Boston：HRD Press，1992：8.

则从个人职业能力的获取、职业兴趣的培养到选择职业、就职，直至退出职业劳动的整个职业发展过程。[①]

综上所述，职业生涯是指一个人在其一生中所从事的所有职业活动的总和，包括在不同工作岗位上的经历和变化。职业生涯可能是连续的，也可能是间断的，但无论如何，它代表了个体在职业发展道路上的整体旅程。职业生涯不仅包括个人在不同职位上的外在变化，如职务升迁、岗位转换或行业更换，还涵盖了个体对工作的态度、价值观和满足感的内在变化。

## 三、职业生涯规划

### （一）职业生涯规划的含义

职业生涯规划是指个人根据对自身的主观因素和客观环境的分析，确立自己的职业生涯发展目标，而后选择实现这一目标的职业及制订相应的工作、培训和教育计划，并按照一定的时间安排采取必要的行动达到职业生涯发展目标的过程。职业生涯规划的目的是帮助人们真正了解自己，并在进一步详细权衡自己内在与外在环境的优势、限制条件的基础上，设计出合理且可行的职业生涯发展目标，在实现个人目标的同时实现组织目标。

全面理解职业生涯规划的含义，需要了解以下三个方面。

**1. 个人化特征**

职业生涯规划会显著地体现出个人化的特征。它是一个个体基于自身条件和目标所制订的计划，而非由组织直接制订的。虽然组织的环境和政策可能会间接影响个人职业生涯规划，但最终的规划内容和实施都是个人的责任。这种个人化的规划要考虑到个体的兴趣、能力、价值观和职业目标，并且个体应尝试在现实的环境中找到最佳的路径来实现这些目标。

组织对职业生涯规划的影响虽然存在，但通常是间接的。组织可以通

---

[①] 金延平. 21世纪高等院校人力资源管理专业教材新系：人员培训与开发[M]. 3版. 大连：东北财经大学出版社，2013：243.

过提供培训、发展机会和晋升路径影响个人的职业生涯规划。然而，个人的职业目标可能会超出单一组织所能提供的发展空间，这时候组织的影响力和约束就会变得有限。随着时间的推移，组织会更加重视有组织的职业生涯规划，这对个人和组织的共同发展产生显著影响。

**2. 时间性**

职业生涯规划是一个长期且持续的过程，涉及个体在职业生涯发展上的目标设定和实现，这体现了职业生涯的时间性。职业生涯规划要求个体对内外环境有深刻的认识和分析，从而确立合理的职业目标。随着个人经历的积累和环境的变化，这些目标可能会逐渐变得更加清晰或被评估并调整。

进行职业生涯规划时，个人需要考虑自己的职业兴趣、专业技能、工作经验，以及个人和家庭的需求，还需要考虑一些外部因素，如市场趋势、行业发展和经济条件等。个体应根据这些因素制订长期和短期目标，并制订实现这些目标的策略，当然这是一个长期的过程，需要付出很多的精力和时间。随着职业生涯的发展，个体可能需要调整目标和策略以适应变化的环境。

**3. 职业目标与日常工作目标的差异**

职业生涯规划中的职业目标与日常工作目标有显著的区别。

日常工作目标通常是具体的、短期的，与当前岗位紧密相关，可能是个人自设的或组织给定的。这些目标随着时间和工作环境的变化而变化，通常集中在完成特定任务或达到特定绩效水平上。相比之下，职业目标更加抽象和长远，可能与当前工作不完全相关。这些目标反映了个人在职业生涯中的终极理想，如达到某个职位、掌握特定技能或在某个领域获得专业认可。尽管如此，实现职业目标往往与个人在当前工作中的表现密切相关。有效地选择和完成工作目标是实现长期职业目标的关键步骤。个人需要通过日常工作的成功来积累经验、技能和声誉，这些都是实现长期职业目标的重要资本。

### （二）职业生涯规划的特征

一般情况下，一个良好的职业生涯规划应具备以下四个特征。

**1. 可行性**

可行性是职业生涯规划中的一个关键要素，较高的可行性可以确保计划的实际执行性和成功率。可行的职业生涯规划需要基于个人的实际情况及所处组织环境的现实条件来制订。这种基于现实的规划方法有助于人们制订出既适合个人发展又符合组织需求的职业路径，避免人们制订出脱离实际或过于理想化的目标，从而减少在职业发展中不必要的风险和时间浪费的出现。

首先，可行的职业生涯规划需要考虑个人的实际能力、兴趣和价值观。个体应对自己的职业技能、经验、教育背景和个人特质有清晰的认识。这不仅包括评估现有的能力和资源，还包括认识到个人才能的限制和需要改进的领域。如果一个人特别擅长特定技能，那么他们可能会倾向于走上与发展这些技能相关的职业道路。

其次，可行的职业生涯规划还应考虑外部环境的影响，如行业趋势、市场需求和经济状况。对这些外部环境因素的了解可以帮助个体做出更为明智的职业选择，避免选择那些可能很快就会过时或失去市场需求的职业路径。随着技术的发展，某些技能可能变得更加抢手，而另一些则可能被逐渐淘汰。

最后，可行的职业生涯规划应包含明确的步骤和时间表。这包括短期和长期的目标、达成这些目标所需的行动步骤及时间框架。这样的规划方法有助于个体保持动力和方向，同时允许其在必要时根据个人和环境的变化进行调整。

**2. 适时性**

适时性在职业生涯规划中的重要性体现在对未来职业目标及行动的精确安排上。它要求个体在规划自己的职业路径时，不仅要考虑目标的可实现性，还要着重考虑实施各项计划的最佳时间点。这样的时间规划不仅有利于确保个体在适当的时期集中资源和精力实现特定目标，还有助于其提高整个职业生涯规划的效率和效果。

具备适时性特征的职业生涯规划能够对个人生涯的不同阶段进行合理规划。一个人在年轻时可能更侧重于技能的锻炼和职业探索，中年时可能转向职业稳定和晋升，而在职业生涯的后期，则可能考虑转型或退休规划。适时地规划每个阶段的目标和行动，能够帮助个体充分利用各个时期的优势和机会。

适时性的职业生涯规划还包括对短期和长期目标的均衡考量。短期目标通常更具体、可操作，如完成某个项目、掌握某项技能。而长期目标则更宏观、全面，如成为某个领域的专家或达到高级管理层。适时地设定目标，可以确保个体在追求长远职业发展的同时，不忽视眼前的具体任务和机会。

适时性还强调定期评估和修正职业生涯规划的重要性。随着时间的推移，个体的职业目标、职业环境和个人情况可能会发生变化。定期审视职业生涯规划，并根据最新的情况进行调整，可以帮助个体保持职业发展的正确方向和动力。

3. 灵活性

职业生涯规划的灵活性对学生来说尤为重要，因为他们正处在职业生涯的起步阶段，面临着多变的市场和不断发展的技术环境。灵活性意味着他们的职业生涯规划可以不是一成不变的，而是能够根据外部环境的变化和个人能力的成长进行适时调整的。一个学习信息技术的学生，可能最初计划成为一名程序员，但随着对行业的深入了解和个人兴趣的发展，他可能发现自己对数据分析或网络安全领域更感兴趣。灵活的职业生涯规划允许他在不放弃原有技能基础的情况下，调整职业目标和发展路径。

灵活性还表现在对市场需求的敏感反应上。随着行业趋势的变化，某些职业的市场需求可能会提高。高职学生应保持对行业动态的关注，及时调整自己的学习重点和职业生涯规划，以适应市场的变化。如果市场上对人工智能和机器学习专家的需求增加，有志于这一领域的学生应考虑增加相关课程和实践经验，以提高自身的竞争力。

同时，灵活性意味着在面对个人生活变化时人们能有较强的适应能力。家庭状况的改变、健康问题或其他私人因素都可能影响个人的职业生涯规划。在这种情况下，能够灵活调整职业生涯规划，如选择更加灵活的工作时间或更改职业路径，对保持职业发展的连续性至关重要。

4. 持续性

对高职院校的学生而言，职业生涯规划的持续性意味着他们需要将职业生涯规划视为一个持久的、贯穿整个职业生涯的过程。这不仅包括学生在校期间的学习和实习规划，还包括毕业后的职业发展规划。职业生涯规划的持续性要求学生不仅要关注当前的学习和技能培养，还需要为未来的职业道路做长远规划。一名高职院校的学生可能在学习期间就已经开始规划毕业后的职业发展路径。这可能包括积极寻找实习机会、建立行业联系、参加相关的工作坊和讲座及制订毕业后继续教育或职业技能提升的计划。持续的职业生涯规划还意味着学生需要不断地评估和调整他们的规划以适应个人发展和市场变化。

## 第二节 职业生涯规划的构成要素

职业生涯规划是一个既复杂又至关重要的过程，不仅关乎个人的成长和发展，更涉及对未来职业生涯的决策。在这个过程中，大学生需要全面审视自己的兴趣、能力和价值观，以便找到与自身最匹配的职业方向。同时，还需要深入了解各种职业，探索行业趋势和未来发展，从而做出明智的职业选择。在这个过程中，有六大要素起着关键作用：立志、知己、知彼、抉择、目标和行动。本节将深入地探讨这些要素及它们为大学生职业生涯规划起到的重要指导作用。

### 一、立志

当谈论职业生涯规划中的"立志"这个关键要素时，实际上人们讨论的是个人职业发展的起点和动力源。立志是一个深刻而富有激情的过程，涉及对自己的内在渴望和外部目标的探求。在大学生活中，面对无限的可能性和机会，确定自己的志向和人生目标是至关重要的。

"立志"意味着明确自己的职业方向和愿景。这不仅是选择一个职业，而是定义自己希望在职业生涯中所能达到的成就水平。这可能包括具体的职业目标，如成为一名医生、工程师、教育家，或者更宽泛的愿景，如在社会公益领域作出积极贡献、成为创业家或艺术家。立志帮助个人建立一个明确的方向，使他们知道自己想要前进的方向。

立志是关于激情和动力的过程。当个人拥有明确的志向和目标时，他们通常更有动力去追求这些目标。这是因为目标激发了内在的动力和激情，可以让个人更加专注和坚定地前进。这种激情和动力是克服挫折和困难的关键，可以驱使个人在实现自己的职业梦想时不断努力。

立志也涉及生活方式和家庭目标。从校园走向社会时，个人可能会面临一系列选择，决定生活在哪个城市或地区，追求何种生活质量及如何平衡工作和家庭等。立志可以帮助个人明确在这些方面的期望和愿景，从而更好地规划自己的职业生涯。

## 二、知己

"知己"是职业生涯规划中至关重要的一环，建立在深刻的自我了解的基础上。了解自己是一个复杂而持续的过程，它涵盖了多个方面，包括兴趣、能力、价值观、性格特点，以及个人经历等。这些因素在职业生涯规划中发挥着关键作用，帮助个人更好地选择适合自己的职业领域和工作环境，并制订符合自身特点的职业目标。"知己"在职业生涯规划中的重要性及具体内容如下所示。

### （一）兴趣

了解自己的兴趣是进行职业生涯规划的基础之一。个人的兴趣直接影响着人们在工作中的满意度和动力。如果一个人追求的是与自己兴趣相符的职业，那么他将更有可能在工作中感到快乐和满足。兴趣可以涵盖多个领域，如艺术、科学、社会服务、商业等。通过深入了解自己的兴趣，个人可以更好地选择适合自己的职业方向。

### （二）性格

个人的性格特点对职业选择和工作环境的适应性有很大影响。了解自己是内向还是外向，是更倾向于独立工作还是团队合作，是偏向于冒险还是稳定等，有助于选择更适合自己性格的职业和工作环境。性格外向的人可能更适合从事销售或公共关系工作，而一个内向的人可能更适合从事研究或编程工作。

### （三）能力

了解自己的能力是职业生涯规划的另一个重要方面。每个人都有自己独特的天赋和技能，这些特质可以在不同的职业领域中得到发挥。了解自己的能力有助于个人找到适合自己的工作，并更好地应对职业中的挑战。一个具备良好沟通能力的人可能更适合从事销售工作，而一个掌握相应技术的人可能更适合从事工程或编程工作。

### （四）价值观

个人的价值观对职业选择和决策有深远影响。了解自己的价值观意味着明确自己认为重要的原则和道德观念。有的人强调社会公益和帮助他人，而有的人可能更注重个人成就和财务回报。了解自己的价值观有助于个人选择与自己的核心价值相符的职业，从而在工作中感到更加满足和有意义。

### （五）家庭背景和文化背景

个人的家庭背景和文化背景也可以对职业生涯规划产生重要影响。家庭价值观、文化传统和家庭经济状况都可能影响一个人的职业选择和目标。了解自己的家庭和文化背景有助于个人更好地理解自己的动机和决策及如何在这些背景下实现职业目标。

### （六）个人经历

个人的过去经历，包括教育、工作和社交经历，都塑造了他们的价值观、能力和兴趣。深度认识自己的个人经历有助于人们认识到自己的成长和发展轨迹及如何将这些经历应用到职业生涯中。

## 三、知彼

"知彼"在职业生涯规划中意味着全面、深入地了解外部环境。这不仅是指对就业市场的动态有所掌握,更包括了对行业趋势、技术发展、政策走向及社会文化环境等多方面的综合认知。这种全面的了解,为制订出既具有前瞻性又符合个人实际情况的职业生涯规划提供了不可或缺的信息支撑。在快速变化的时代背景下,"知彼"的重要性越发凸显,它能够帮助个人在职业生涯中避开风险、抓住机遇,从而实现职业发展的最优化。

### (一)社会环境

了解社会环境是职业生涯规划的重要部分,涉及经济发展水平、文化背景、社会趋势等因素。一个国家的经济发展速度可能决定了某些行业的兴衰,文化背景则可能影响职业选择的社会接受度。了解这些因素可以帮助个人识别哪些职业在当前和未来的社会环境中有较好的发展潜力。

### (二)职业特性

每个职业都有其独特的特点,包括工作性质、所需技能、工作压力等方面。例如,创意行业可能需要较强的创新能力和不规律的工作时间,而金融行业则可能要求从业者有很强的分析能力并能适应高压的工作环境。了解这些特性有助于个人评估自己是否适合某个职业,并选择更符合自己期望的职业。

### (三)地域特点

不同地区的职业机会和发展前景各不相同。一些城市可能因为特定的行业集群而在特定领域提供更多的职业机会,而某些地区可能因为其地理位置或经济结构特点而具有另一些独特的职业优势。了解地域特点有助于个人在职业生涯规划时选择适合的工作地区。

### (四)行业与企业所需能力

不同的行业和企业对员工的能力要求各异。了解这些要求有助于个人有针对性地培养相应的技能和知识,提高自己在职业市场的竞争力。例如,技术行业可能更重视技术能力和创新思维,而服务行业可能更看重沟通能力和团队协作。

### （五）就业渠道

了解不同的就业渠道对寻找工作和职业发展非常重要。这包括招聘网站、职业博览会、人才市场、各类招聘会等。掌握多种就业信息获取的渠道可以帮助个人更有效地寻找工作机会，扩大职业选择的范围。

### （六）工作内容

了解不同职业的具体工作内容对做出合适的职业选择至关重要。包括了解该职业需要掌握的基本技能、综合知识、教育背景、所涉工具、操作设备，以及工作环境等。这有助于个人评估自己是否对某项工作感兴趣及是否具备完成这项工作所需的技能。

### （七）工作发展前景

对职业的长远发展前景进行分析是职业生涯规划的重要部分。这涉及职业晋升路径、未来的就业稳定性及长期的职业满意度等因素。了解这些信息可以帮助个人做出更具前瞻性的职业选择。

### （八）行业与职业的薪资待遇

了解不同行业和职业的薪资水平对职业生涯规划同样重要。薪资待遇不仅反映了职业的经济回报状况，还是评估职业价值的一个重要指标。了解薪资情况有助于个人在职业选择时权衡经济因素，同时是衡量个人职业目标和期望的重要依据之一。

## 四、抉择

抉择作为职业生涯规划中的关键环节之一，承载了个人未来职业生活的重大决策。这一阶段需要深思熟虑，因为选择一个职业不仅会影响经济状况，还会影响生活方式、社交圈及个人的幸福感和满足感。下面将深入探讨抉择的重要性及如何在这个阶段做出明智的决策。

## （一）兴趣和激情

兴趣和激情在抉择过程中扮演了关键角色。兴趣构成某一领域或活动对人的内在吸引力，而激情则是人们对特定工作或职业的强烈热爱和情感投入。选择一个与自己的兴趣和激情相契合的职业，往往意味着在工作中更容易获得满足感和成就感。这种内在动力可以推动个人不断进步，追求卓越。

## （二）特长和技能

个人的特长和技能通常在教育和培训中积累而来。了解自己的特长和技能有助于人们找到更适合自己的职业领域，从而在职业生涯中更容易成功。理想的工作状态就是在日常工作中可以用到自己熟练的、擅长的并且愿意使用的特长和技能。

## （三）社会需求

了解社会对不同职业的需求趋势有助于预测职业的稳定性和发展潜力。选择一个在当前和未来都有发展前景的职业，可以增加职业生涯的长期可持续性，也可以减少因职业市场波动而面临的风险。

## （四）个人利益和价值观

不同职业领域会有不同的价值观和利益原则。以价值观和个人利益为衡量依据，可以帮助个人确定其是否与某个职业相匹配。重视工作与生活平衡的人在不久的将来可能会更倾向于选择一个灵活的职业，而一个注重社会责任感的人可能会选择从事非营利性工作。

抉择是一个需要时间和深度思考的过程。个人可以通过自我评估、职业咨询、实习经验和行业研究积累信息，提高洞察力。此外，与行业人士和生涯导师建立联系，获取他们的建议和经验也是非常有益的。最终，抉择是一个个人化的过程，每个人都有不同的兴趣、性格、价值观和能力，因此每个人的职业选择也会有所不同。

在做出职业抉择时，一个明智的决策可以对个人未来的职业生涯产生深远的影响。因此，在进行抉择时，个人需要认真考虑自己的兴趣、特长、社会需求和个人价值观,同时寻求适当的支持和指导,以确保自己做出符合职业生涯目标的决策。抉择是通往成功职业生涯的重要一步,因此应当充分重视,并投入足够的精力和时间。

## 五、目标

目标在职业生涯规划中扮演着至关重要的角色。它是人在经过深入的自我了解(知己)和对外部环境的认知(知彼)之后,制订的个人职业发展方向的具体体现。目标应该具备明确性、可测量性、可行性、相关性和时间性,它们不仅为职业生涯提供了方向和焦点,还有助于个人持续追求和实现自己的职业理想。

### (一)明确性

明确性是好的目标所具备的首要特点。目标应该清晰、具体,让个人明白自己究竟要达到什么水平。模糊的目标容易使人迷失方向,而清晰的目标则能够激发个人的动力和决心。例如,一个明确的职业目标可以是"在 5 年内成为公司的高级项目经理,负责大型项目的策划和执行"。

### (二)可测量性

可测量性是另一个关键特征。个人应该能够量化目标的进展程度和成就。这可以通过设定具体的里程碑、指标和衡量标准来实现。设定可测量的目标有助于个人监控自己的进展,评估自己是否在朝着目标前进及是否需要调整策略。如一个可测量的目标可以是"每月增加客户群体 100 名,以提高销售额"。

### (三)可行性

可行性的意思是目标应该是实际可行的,考虑到个人的能力、资源和外部环境因素。制订过于不切实际的目标可能会使人失望和产生挫败感,从而影响职业生涯规划的可持续性。个人需要在制订目标时进行现实的自我评估,确保目标是在合理的时间内可以实现的。例如,"在两年内完成所需的培训，以获得所需的专业认证"，就是一个具有可行性的目标。时间框架为目标提供了截止日期和时间线，有助于个人制定计划并设定工作重点。时间框架使个人能够将目标分解为更小的任务和步骤，以便逐步实现。它还有助于防止人拖延和失去动力，因为它强调了时间的限制性。例如，一个带有时间框架的目标可能是"在未来3年内，每年完成所需的职业发展课程，以提升技能水平"。

在制订职业生涯目标时，个人应该充分考虑自己的兴趣、特长、价值观及外部职业市场的趋势和需求。这些因素可以帮助个人确定最合适的职业方向和目标。然后，个人需要制订明确、可测量、可行的目标，并将它们与时间框架相结合，以确保职业生涯规划的成功。目标不仅是愿望，还是实现梦想的路标，是个人不断前进和成长的动力源泉。通过有计划的目标制订和坚定的行动，个人可以不断迈向职业生涯的巅峰。

### （四）相关性

相关性也是目标制订应当考虑的一大因素。职业生涯规划目标应当在个人和组织发展中占据核心位置，其与其他目标之间的相关性表现在多个维度上。职业目标不仅关乎个人职业发展的方向和高度，还能直接影响到个人生活质量和满意度。个人设定的职业目标通常涉及技能提升、职位晋升、薪酬增加等，这些目标与个人的生活目标紧密相连，如提高生活水平、实现更好的工作与生活的平衡等。进行职业生涯规划时，明确的目标有助于个人制订具体的行动计划，通过专业成长实现个人价值，促进生活质量的提升。因此，职业生涯规划目标不仅是职业发展的蓝图，还是实现个人愿望的重要手段。

此外，职业生涯规划目标与组织目标之间的相关性同样不容忽视。个人在制订职业生涯规划时，若能充分考虑与组织目标的契合度，不仅能增加个人目标实现的可能性，还能显著提升自己对组织的贡献。例如，一个致力技术创新的公司，其员工如果设定了提高技术专长和创新能力的职业目标，那么个人的努力便能直接支持组织核心竞争力的提升。在这个过程中，组织也更倾向于为员工提供必要的资源和支持，如培训机会、项目经验等，以促进员工职业目标的实现。这样的互惠关系不仅加强了个人与组织之间的联系，还促进了组织目标的达成和组织文化的建设。因此，职业生涯规划目标与组织目标的紧密联系，不仅表现在个人和组织之间的互动上，还体现在促进整个组织向着共同愿景前进的过程中。

### （五）时间性

职业生涯规划目标的时间性是使其具备有效性的关键因素之一，它强调在明确的时间限制内设定和实现目标。这种时间限制的设定以SMART原则（本书第三章第三节有详细介绍）中的"T"，即时间限定（time - bound）原则为理论基础，要求每个目标都有明确的截止日期或处于时间框架之中。这样的时间限定不仅为职业发展提供了具体的时间轴，还增加了目标实现的紧迫感和可行性。

职业生涯规划目标按照时间性可以分为短期目标、中期目标和长期目标。短期目标通常指一年以内可以完成的目标，如获得某个专业证书或完成特定的培训课程；中期目标可能是2~5年的目标，如晋升到管理层；长期目标则是5年以上的目标，如成为某一领域的专家或领导者。这种分级不仅有助于个人更清晰地规划职业路径，还使目标更加具体和实际，从而更容易实现。

明确的时间限制使个人在设定职业目标时考虑实际可行性和资源分配。例如，设定一个短期目标时，个人需要考虑当前资源和时间约束状况，确保目标的实现是基于现实情况的。这种时间框架的设定有助于个人进行更有效的时间管理，优先处理对职业发展最为关键的活动，同时为个人提供了调整目标的机会。随着时间的推移，个人可以根据职业发展的实际进度和外部环境的变化对目标进行适时的调整。

此外，时间限制的设定还有助于提高个人的动力。明确的截止日期增加了实现目标的紧迫感，促使个人采取行动，避免拖延。同时，当个人设定的目标在规定时间内实现时，这种成就感会极大地提升其自信心和满足感，为实现后续的职业目标提供动力。

## 六、行动

行动是职业生涯规划中不可或缺的一环，它将目标转化为现实，是实现职业梦想的关键。行动不仅包括具体的执行步骤，还包括积极的态度、自我管理和不断学习的过程。

制订详细的行动计划是行动成功的关键。行动计划应该包括具体的目标、所需的步骤、时间表和相关资源。一个明确的计划有助于个人明确自己要做什么及如何实现目标。如果个人的目标是晋升为团队领导，行动计划可以包括参加领导力培训课程、提升沟通技巧、设定团队目标等具体步骤。

接受再培训、再教育或技能提升也是行动的一部分。在职业生涯中，个人可能会面临需要新技能或知识的情况。积极主动地获取必要的培训和教育，以满足职业发展的要求，是取得成功的关键。这可以包括参加专业课程、获得认证、参与工作坊等。持续学习和不断提升技能是职业生涯的常态，有助于保持竞争力和适应变化的工作环境。

设定里程碑和及时开展自我评估有助于跟踪目标的实现情况。里程碑是目标实现过程中的节点，可以帮助个人检查自己是否在朝着目标前进，并在需要时进行调整。评估自己的进展也有助于激发动力，因为看到取得的成就可以增加个人的自信心和满足感。如果个人发现自己偏离了原定的计划，他们可以通过重新评估目标和行动计划来重新调整方向。行动不仅是简单的执行，还涵盖了个人的态度、动机和自我管理。

一个积极主动、不断学习和适应的人更有可能在职业生涯中取得成功。通过明确的行动计划、积极的心态和不懈的努力，个人可以逐步实现自己的职业目标，不断成长和进步。行动是将梦想变成现实的桥梁，是职业生涯规划中不可或缺的要素。

## 第三节　职业生涯规划的理论依据

职业生涯规划的理论依据是实践的指导灯塔。职业生涯规划的理论为个体提供了理解职业发展过程的框架，帮助个体识别影响职业选择的各种因素，以及如何有效地规划自己的职业路径。

## 一、金斯伯格的职业意识发展阶段理论

埃利·金斯伯格（Eli Ginsberg）是美国著名的职业生涯发展理论先驱，职业心理学家，他的代表理论是职业意识发展阶段理论。金斯伯格的职业意识发展阶段理论为人们提供了深入理解个体职业心理发展的框架。根据金斯伯格的理论，个体职业心理的发展可以分为幻想期、尝试期和现实期三个阶段，每个阶段都具有其独有的特点和重要性。

### （一）幻想期（4~11岁）

幻想期是职业心理发展的第一个阶段，通常发生在儿童时期，即4~11岁。在这个时期，儿童的职业意识还处于非常初级和朴素的阶段，主要特点是出于单纯的兴趣爱好和模仿行为。

在幻想期，儿童对职业的理解和兴趣主要来自他们直接的社会经验和观察。他们对周围的世界充满好奇，对经常看到或接触到的各类职业都会表现出浓厚的兴趣。这种兴趣通常基于对职业的表面印象和新奇感，而非深入的理解或实际的体验。儿童可能会对消防员、警察或医生等职业感兴趣，因为这些职业在他们的生活中较为常见，且常有一定的英雄主义色彩。

此阶段的另一个显著特征是在游戏中的职业模仿。儿童在游戏中经常扮演他们喜爱的职业角色，如医生、教师或宇航员等。这种模仿不仅体现在游戏行为上，还会延伸到日常的服饰搭配、语言行为等方面。如果这种模仿行为得到了成人和同伴的肯定和赞许，儿童的职业意识还会得到初步的强化。然而，幻想期的儿童通常不会考虑自己的实际条件和能力水平，他们对职业的理解和兴趣完全处于幻想和好奇的层面，还没有形成与社会需要相适应的职业动机。

### （二）尝试期（11~17岁）

尝试期是职业心理发展的第二个阶段，通常发生在青少年时期，即11~17岁。这一阶段的青少年经历了显著的生理和心理变化，开始形成独立的意

识和价值观念，对自己的未来和职业生涯有了更深入的思考。在尝试期，青少年开始积极探索各种职业可能性，并逐渐从单纯的兴趣和模仿转向对职业的更深层次理解。他们开始结合自身的条件和能力对职业兴趣进行考虑，变得更加现实和具体。随着知识和能力的增长，特别是在获得一些社会生产和生活经验之后，青少年能够更加客观地审视自己的条件和能力，开始考虑如何将个人兴趣和能力与社会职业需求结合起来。

在这一阶段，青少年的职业探索不仅是出自对特定职业的兴趣，还包括对职业价值、社会声望和个人发展机会的考量。他们开始评估不同职业的长期前景和个人成长潜力，考虑如何通过教育和技能培训为未来的职业生涯做准备。一个对科学感兴趣的青少年可能会开始考虑学习哪些科学课程，参加哪些科学活动，甚至考虑将来读哪所大学和专业。

金斯伯格还进一步将尝试期分为四个阶段（见表1-1）。

表1-1　　　　　　　　　尝试期的四个阶段

| 兴趣阶段<br>（11~12岁） | 能力阶段<br>（12~14岁） | 价值观阶段<br>（14~16岁） | 综合阶段<br>（16~17岁） |
| --- | --- | --- | --- |
| 开始察觉到社会上不同职业之间的一些重要差异，并对自己较为关注的职业产生兴趣 | 开始注意到不同职业对人的能力要求，注意衡量自己的能力与某些自己感兴趣的职业的差异并自觉进行训练 | 开始注意、了解各种职业的社会价值和个人价值，并运用这些价值审视自己的职业、兴趣和能力，以便进行职业选择 | 开始综合有关职业信息，并综合判断个体职业发展方向，缩小职业兴趣范围，把自己在前几个阶段中形成的职业价值判断和早期职业行动转移到自己初步确定好的职业方向上来 |

## （三）现实期（17岁以后）

金斯伯格的职业意识发展理论中的"现实期"是17岁以后青年向成人过渡和迈进的阶段。这一时期个体开始参与社会劳动并实现就业，其特点是对职业的认识变得更加客观、清晰，并形成了明确且现实的职业生涯目标。现实期可以进一步细分为试探阶段、具体化阶段和专业化阶段。

**1. 试探阶段**

试探阶段是现实期的初期，个体在这一阶段主要进行各种职业的试探活动，如调查、访谈、参观考察、查询和咨询等。这些活动旨在帮助个体了解不同职业的发展方向和就业机会，为未来的职业生涯选择做准备。在这一时期，青年可能还在探索自己的兴趣和能力所在，尝试确定最适合自己的职业路径。

试探阶段的活动有助于青年更加深入地了解各种职业的实际情况和要求，同时使他们对自己的职业兴趣和职业目标有更清晰的认识。一个对医学感兴趣的学生可能会通过实习、与在职医生交流或参与相关的社会活动来探索这一领域的具体工作内容和发展前景。

**2. 具体化阶段**

在具体化阶段，个体会对试探阶段的结果进行更深入的比较和分析。这一阶段的目标是再次缩小职业选择的范围，使自己的职业选择更加具体和明确。个体在这个阶段可能会开始考虑哪些职业更符合自己的兴趣、能力和长期目标，同时考虑这些职业的市场需求和发展潜力。学生在试探阶段发现自己对教育和培训感兴趣，可能会在这一阶段开始具体探索成为一名教师或培训专家的可能性。他们可能会研究不同教育领域的就业前景，考察不同高校的工作环境，甚至可能开始规划相关的学习和培训计划。

**3. 专业化阶段**

专业化阶段是现实期的最后一个阶段，个体在这一阶段确定自己的职业发展方向，并开始实际投入目标实现的行动之中。这可能包括选择相关的专业院校进行学习、申请实习机会或直接进入工作市场。在这个阶段，个体的职业选择已经非常明确，他们开始积极采取行动，以实现自己的职业生涯目标。如在校期间确定要成为软件工程师的学生，可能会选择与计算机科学有关的专业进行深造，寻找软件开发相关的实习机会，甚至开始规划自己的创业项目。在这个阶段，个体的职业生涯规划已经非常具体和现实，他们开始实际操作以实现自己的职业目标。

金斯伯格在 1983 年对他的职业选择理论进行了重新阐述，强调职业选择是一个终生的决策过程，是个体不断增加自己正在变化的职业目标和工作现实之间匹配度的过程。这一过程受最初的职业选择与随后工作经验所给予的反馈及经济与家庭状况等因素的影响。因此，即使最初的职业选择未能达到预期的满意度，个体仍可能重新进行职业选择，并继续受家庭和经济状况等因素的影响。也就是说，职业生涯规划是一个持续的、动态的过程，需要个体不断地评估和调整自己的职业目标和规划，以适应不断变化的个人和社会环境。

## 二、霍兰德职业选择理论

霍兰德职业选择理论是由美国约翰斯·霍普金斯大学心理学教授、著名的职业指导专家约翰·霍兰德（John Holland）在 1959 年提出的。这一理论在职业指导和人力资源管理领域产生了深远的影响，主要涉及劳动者的心理特质与职业选择之间的相互适应问题。霍兰德的职业选择理论首次系统地将劳动者的心理素质与择业倾向联系起来，并提出了人职互择的概念，即劳动者根据自身的性格特征选择适合自己的职业，行业对从业者的筛选亦然。

### （一）霍兰德的六种职业性向类型

霍兰德将劳动者和职业分为六种基本类型（见图 1-1）。

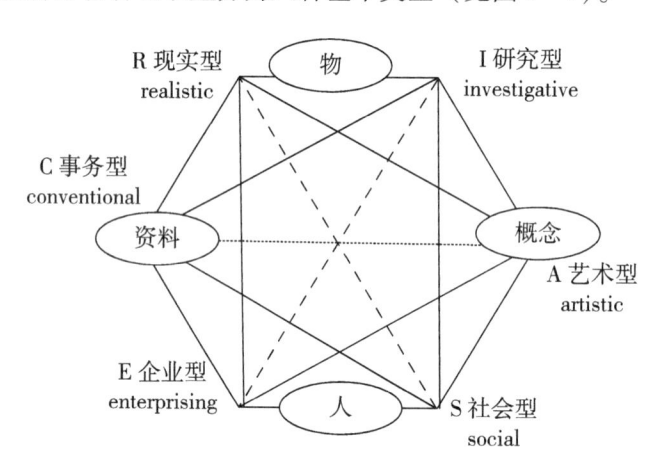

**图 1-1 霍兰德的六种职业性向**

**1. 现实型**

现实型（realistic）的人擅长操作工具、机器，喜欢与物体、动物、植物等非人类实体打交道，适合从事农业、手工艺、机械或技术相关的工作。

**2. 研究型**

研究型（investigative）的人有好奇心、爱分析、独立，喜欢解决和探索未知问题，适合科学研究和数学、工程等领域。

**3. 艺术型**

艺术型（artistic）的人具有创造力、直觉力和表达能力，喜欢自由、非结构化的环境，适合艺术、设计、音乐等创造性职业。

**4. 社会型**

社会型（social）的人善于与人交往、帮助他人，具有教育和治疗能力，适合教育、咨询、护理等领域。

**5. 企业型**

企业型（enterprising）的人具有领导能力、野心和说服力，喜欢影响、控制和管理他人，适合商业、管理、销售等领域。

**6. 事务型**

事务型（conventional）的人喜欢有序、明确和组织化的工作环境，遵循规则和程序，适合会计、行政管理等领域。

**（二）职业性向的互相关系**

根据霍兰德的理论，个体的性向类型不是孤立的，而是相互关联的。在上文的六角形模型中，相邻的性向类型有较高的相关性，这意味着这些性向特质在个体中可能是同时存在的。例如，现实型与事务型之间有较高的相似性，而与社会型则相关性较弱。这种分类可以帮助个体理解自身的多重性向，指导他们在职业选择上做出更合适的决策。

**（三）多种性向的职业选择冲突**

大多数人不是单一性向类型，而往往具有两种或多种性向特征。当这些性向接近时（如现实型与事务型），个体在职业选择上可能会更为明确。然而，如果个体的职业性向相互对立（如同时具有现实型和社会型性向），他们在职业选择上可能会遇到较多的犹豫和冲突，因为不同的兴趣可能会驱使他们在多种不同的职业之间进行选择。

霍兰德的职业人格能力测验是基于其职业选择理论设计的，用于帮助个体发现和确定自己的职业兴趣与能力专长。通过这种测验，个体可以更清楚地认识到自己的职业性向，这对他们在求职和择业时进行决策具有重要意义。

## 三、舒伯的终身职业生涯发展理论

唐纳德·舒伯（Donald Super）的生涯发展理论深入探讨了个体一生中的职业和生活过程，强调生涯发展是一个动态、综合的过程，涵盖了人从出生到离世的一生。有别于其他理论，这一理论不仅关注个体的职业角色，还涉及人们一生中可能扮演的多种角色，如子女、学生、休闲者、公民、工作者和持家者等。

### （一）生涯彩虹图

舒伯的生涯彩虹图为大众提供了一个理解个体复杂角色和人生阶段的有力工具（见图 1-2）。

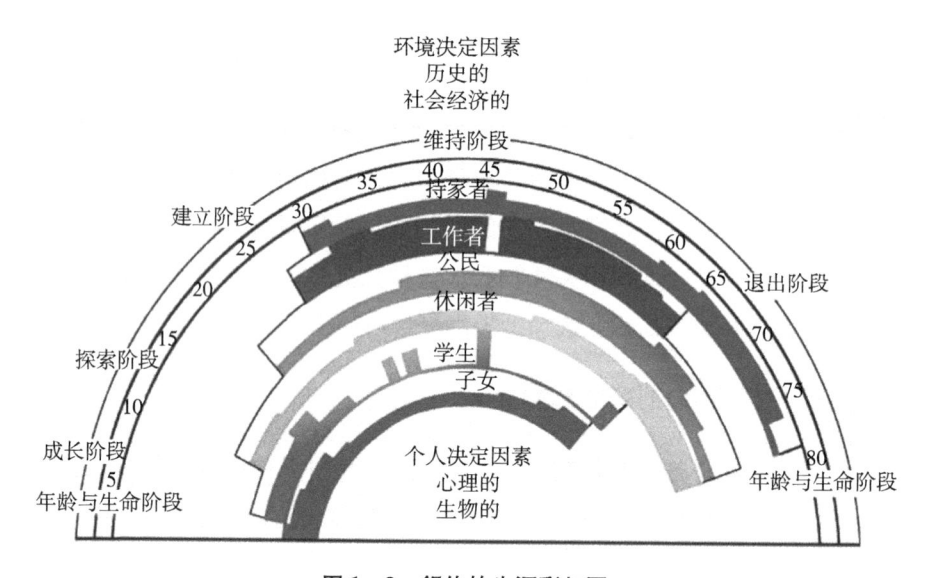

图 1-2 舒伯的生涯彩虹图

在生涯彩虹图中，生涯被视为一个多维度的概念，包括生涯的长度、宽度和厚度。长度代表个体生命的历程，从出生到死亡的整个时间跨度；宽度则代表个体在生命不同阶段所扮演的多样角色；厚度反映了个体在这些不同角色中的投入程度。生涯彩虹图突出了个体生涯发展的多角度性和立体性，显示了个体在不同生命阶段平衡和协调各种角色的方式。

### (二) 角色的多样性与动态性

舒伯的理论强调，个体在不同的生命阶段扮演不同的角色，这些角色相互联系和作用。一名高职院校的大学生的主要角色是学生，其职责在于学习专业知识、掌握应用技能、培养工匠精神及探索行业发展趋势。然而，这并不意味着其他角色，如休闲者或家庭成员的角色就不重要，而是说人要在不同阶段合理安排这些角色的优先级。

### (三) 生涯规划的重要性与早期准备

根据舒伯的理论，职业生涯规划不应仅限于就业前的准备阶段，而应该是一个及早开始、贯穿整个生涯的过程。这种规划不仅关乎职业选择，还关乎生活方式的选择。对个体而言，这意味着要从一开始就思考自己的职业目标和兴趣，探索适合自己的职业道路，并在此基础上建立起对整个职业生涯的规划。

### (四) 生涯规划的综合性与个性化

舒伯的理论强调生涯规划的综合性和个性化。每个人都应根据自身的情况，如生活环境、教育背景、个人兴趣和价值观来制订生涯规划。这一点对大学生尤为重要，他们需要结合自己的专业知识、技能、个人兴趣和职业目标来制订一个全面的生涯发展计划。

## 四、施恩的职业生涯发展理论

美国著名的职业生涯管理专家埃德加·施恩（Edgar Schein），根据人生的不同阶段面临的问题及工作任务，将职业生涯划分为以下 9 个阶段。

### (一) 成长、幻想、探索阶段

在 0~21 岁的年龄段，个人经历着关键的职业发展阶段。在这个阶段，个人的主要任务涉及多个方面，包括自我发展、教育选择、职业探索和技能培养。

**1. 自我发展**

自我发展是这一阶段的核心。年轻人需要发现并发展自己的兴趣、能力和才干。这不仅涉及对自我兴趣的探索，还包括认识自己的独特才能和潜力。通过参加各种活动，如兴趣小组、志愿服务或实习，年轻人可以更好地了解自己的喜好和能力，为将来的职业选择打下坚实的基础。

**2. 教育选择**

学习职业知识和获取信息同样重要。这包括对不同职业领域的了解及对工作世界的认识。年轻人可以通过阅读、咨询职业指导顾问、参加职业介绍会等方式获取这些信息。同时，寻找现实的角色模型极为重要，这可以帮助他们形成更为现实的职业期望，并模仿和学习成功的例子。

**3. 职业探索**

发展和确认个人的价值观、动机和抱负对做出教育选择和职业决策至关重要。这可能涉及参与辩论、志愿服务或其他社会活动，这些活动可以帮助年轻人理解自己的核心信念和驱动力，帮助他们将幼年时期的职业幻想转化为成熟的、现实的职业目标。

**4. 技能培养**

接受教育和培训是这一阶段的一个关键部分。这不仅包括传统的学术教育，还包括职业技能的培养。学习基本的工作技能，养成良好的工作习惯，如团队合作、时间管理和沟通技能等，对未来的职业成功至关重要。

在这一阶段，年轻人通常扮演学生、职业工作者候选人和申请者的角色。这一时段的经历对他们未来的职业道路有着深远的影响。因此，对个人来说，探索、学习和准备是关键。通过有效地利用这一时期，年轻人可以为未来的职业生涯奠定坚实的基础。

### （二）步入工作阶段

进入16～25岁这一年龄阶段，个体开始正式踏入工作世界，这一阶段对职业发展至关重要。在这个阶段，个人面临着从教育环境到工作环境的过渡，涉及多个关键任务和角色的转换。

进入劳动力市场通常是这一阶段的首要任务。对许多年轻人来说，这意味着寻找并获得第一份正式工作,这份工作可能会成为他们职业生涯的基础。在这个过程中,个人需要将在学校或培训中学到的理论知识和技能应用到实际工作中。这不仅是一个学习和适应的过程,还是一个自我证明和展示能力的机会。

与雇主达成正式可行的契约是这一阶段的另一个重要方面。这意味着年轻人不仅要找到工作,还要与雇主建立一种稳定的、互利的关系。年轻人在这一阶段成为一个组织或职业的正式成员,这通常会带来新的责任和期望。他们需要学会如何在组织中有效地沟通、合作,并适应工作环境的文化和规范。

初入职场,年轻人扮演的主要角色包括应聘者和新员工。作为应聘者,他们需要学会如何准备简历、进行面试,并展示自己的技能和潜力。一旦被录用,作为新员工,他们需要快速学习,适应新的工作环境,同时建立专业的人际关系网。此外,这个阶段也是个人职业兴趣和目标进一步发展和成熟的时期。年轻人可能会通过实际工作经验的积累,对自己的职业兴趣和职业目标有更深入的理解。他们可能会发现新的职业兴趣点,或者对之前的职业选择有所调整。

## (三) 基础培训阶段

在 16~25 岁这一年龄段,个人正处于职业生涯的初期阶段,在这一时期他们正式进入职业或组织的大门,主要扮演实习生或新手的角色,面临着多个关键任务和挑战。对此,他们应认真应对任务和挑战,以确保在职业环境中成功融入和发展。

了解和熟悉组织是这一阶段的重要任务之一。新加入的年轻员工需要对他们所在的组织有全面的认识,包括组织的结构、文化、政策及工作流程。他们不仅需要在日常工作中观察和学习,还可能需要通过参与培训课程、会议和其他组织活动来加深理解。

接受和融入组织文化是另一个关键任务。每个组织都有其独特的文化和价值观,适应这些文化对新员工来说至关重要。这包括理解和遵守组织的行为规范及学习如何在工作环境中有效沟通和互动。

成为有效的组织成员意味着不仅要获得必要的技能和知识,还要建立良好的工作关系。这包括与同事建立信任和合作关系,以及与上级建立有效的沟通和报告机制。同时,年轻人还需要在组织中找到自己的定位,并通过积极的态度和表现赢得同事和领导的认可。适应日常的操作程序和完成工作是这一阶段的实际挑战。新员工需要快速学习和掌握工作技能,方可有序和高效地完成日常任务。这可能包括学习特定的技术技能、管理时间和资源及处理工作中的挑战和问题。

基础培训阶段也是个人职业发展的关键时期。年轻员工可以通过实践经验来评估和调整自己的职业目标和规划。他们可能会发现新的职业兴趣或进一步深化某一领域的专业知识。

### (四)早期职业的正式成员资格阶段

在17~30岁,个人进入职业生涯的一个关键阶段,这时他们成为组织的正式成员,并面临多重任务和挑战,应巩固和提升自己在职业领域中的地位。

**1. 承担责任并成功完成与初次工作分配有关的任务**

此时,个人不仅需要展示他们的能力和专业知识,还要证明自己能够独立处理工作任务和挑战,包括有效的时间管理、优秀的团队合作能力及解决复杂问题的能力。成功地完成工作任务不仅有助于建立个人在组织中的声誉,还能增加自己对工作的自信。

**2. 发展和展示自己的技能和专长**

这一阶段,个人应致力于提高自己的专业技能水平,并将之展示出来。这可能包括参加专业培训、积极参与重要项目或承担额外的工作职责。通过这些努力,个人可以为未来的职业晋升或横向发展打下坚实的基础。

**3. 根据自身的才干和价值观,重新评估职业目标和路径**

个人需要在组织提供的机会和限制条件下,考虑自己最初的职业目标是否仍然合适。这可能涉及对职业抱负的深入思考及对工作与个人生活平衡的考量。在这个过程中,个人可能会决定继续留在当前组织或职业领域,或者寻找更适合自己的工作环境。

**4. 寻找个人需要、组织约束和机会之间的最佳配合**

这可能意味着调整工作方式、寻求新的职业机会或改变工作领域。这一阶段的决策不仅会影响个人的即时职业满意度,还会对其长期职业发展产生重要影响。

### (五)职业中期阶段

职业生涯中期通常指 25 岁以上的阶段,在此阶段,个人作为组织的正式成员面临着多项关键任务,这些任务对他们未来的职业道路和发展具有深远的影响。

**1. 选择专业领域或是进入管理部门**

对那些选择专业领域的人来说,这意味着深入一个特定的技术或学术领域,努力成为该领域的专家。而对那些决定进入管理部门的人来说,则意味着需要转变重心,从专业技能的精细化转向领导力、战略规划和团队管理等广泛的管理技能的提高。

**2. 保持在所选领域的技术竞争力**

不论是专业领域还是管理领域,持续学习和发展是至关重要的。这可能包括追求高级学位、参加专业培训,或者定期阅读和更新行业知识。在快速变化的工作环境中,成为领域内的专家或职业能手需要人们不断地适应新技术和新趋势。

**3. 承担更大的责任并确定自己在组织中的地位**

这意味着承担更复杂的工作任务,可能包括管理更大的团队、领导重要项目或在组织中担任关键职位。这些责任不仅要求人们具备一定的专业技能,还要求人们有良好的决策能力、领导力和人际沟通能力。

**4. 制订个人的长期职业计划**

这对职业中期的个人而言至关重要。制订个人的长期职业计划需要深入思考自己的职业目标、生涯规划和个人抱负。长期职业生涯规划可能涉及考虑晋升机会、可能的职业转换或进一步的学术追求。这一计划应当考虑个人的职业兴趣、技能、生活平衡及长期职业满意度。

### (六)职业中期危险阶段

在 35~45 岁这个职业生涯阶段,个人面临着不同于早期职业生涯的任务和挑战。这一阶段,个人已经积累了一定的工作经验和专业知识,因此他们的主要任务不仅涉及对职业目标的反思,还涉及对未来职业道路的思考。

现实地评价自己的进步情况、职业抱负及个人前途是这一阶段的核心任务。这意味着个人需要对自己的职业生涯进行深入的审视,包括评估到目前为止所取得的成就、未能达成的目标以及进行相关原因分析。这个过程也涉及对个人职业抱负的再评估,要考虑是否需要调整目标以适应当前的职业环境和个人生活状态。

这一阶段的另一个重要任务是面对现实情况并做出具体选择。这可能意味着接受当前的职业状态并在此基础上继续发展,或者考虑改变职业道路,寻找新的机会。这种决策要求个人不仅要考虑职业满意度,还要考虑个人生活的其他方面,如家庭、财务状况和个人福祉。

此外,这一阶段还要建立与他人的良师关系。这意味着在职业发展过程中寻找导师或导师般的角色,他们应能够提供指导、支持和反馈。良师关系不仅有助于个人职业发展,还有助于拓展职业网络和提高工作效率。这种关系既可以来自组织内部的高级领导,也可以来自行业内的其他专业人士。

## (七)职业后期阶段

职业生涯的后期阶段,通常从 40 岁开始直至退休,这一阶段,个人面临着独特的职业状况和任务。这一时期是职业生涯的高峰期,也是个人职业经验和智慧可以发挥最大影响的时期。

首先,成为良师并发挥影响力是职业后期的一个重要任务。在这个阶段,个人通常拥有丰富的经验和深厚的专业知识,这使他们有能力指导和影响他人。扮演导师或领导者的角色不仅涉及直接的技能传授,还包括提供职业建议、支持和激励。为年轻或经验不太丰富的同事承担指导责任,帮助他们成长和发展,是这一阶段职业生涯的重要组成部分。

其次,扩大、发展和深化个人技能,以担负更大范围的、更重大的责任是职业后期的关键。即使在职业生涯晚期,持续学习和个人成长仍然是必要的。这可能涉及掌握新技术、学习新的管理方法或拓展专业知识。在职业生涯的这一阶段,个人往往承担着更为关键和复杂的工作任务,这要求他们不断提升自己的技能和能力。

最后，对那些寻求稳定并停滞不前的人，接受和正视自己影响力和挑战能力的下降也是职业后期的一个显著特点。在职业生涯的某些阶段，个人可能会选择减少工作压力，专注于个人生活或其他兴趣。这种决定需要个人正视自己在职业上的位置和影响，同时需要他们调整对工作和个人生活的期望。职业生涯后期也是个人进行职业反思和规划退休生活的时期。这可能涉及对整个职业生涯的回顾，评估个人的成就和学习经验及规划退休后的生活。许多人在这个阶段也会开始考虑传承问题，比如，如何将自己的知识和经验传递给下一代。

### （八）衰退和离职阶段

在40岁直至退休的这一阶段，职业生涯进入了一个转变期。在这一时期，不同的人可能会经历职业能力的衰退或选择离职。这一阶段的主要职业任务包括接受变化、适应新角色和准备退休。

这一阶段，由于年龄的增长，体力、精力方面有所减退，因此学会接受权力、责任和地位的下降是这个阶段的重要任务之一。随着年龄的增长，许多人可能会发现自己在职场中的影响力和责任逐渐变少。这可能是由于组织结构的变化、年轻一代的崛起或个人能力的变化。面对这一变化，重要的是要有一个健康的心态，学会接受和适应这种新的职业现实。

这一阶段，随着竞争力和进取心的下降，个人需要学会接受和发展新的角色。这可能意味着从以前的领导或专家角色转变为顾问、导师或支持性角色。在这个阶段，个人可以利用他们丰富的经验和知识来指导和支持年轻一代，或者参与那些挑战性不太强但仍然具有价值的工作。

评估自己的职业生涯并着手退休是这一阶段的另一个关键任务。这包括反思自己的职业成就、学习经验和遗憾，并开始规划退休生活。这可能涉及财务规划、生活方式的改变及对退休后的兴趣爱好的探索。

### （九）退休阶段

失去工作或组织角色后，个人面临的挑战不仅是职业上的，还涉及身份、生活方式和自我价值观的重大调整。

首先,要保持认同感并适应角色、生活方式和生活标准的急剧变化。失业或退休后,个人可能会感到自己失去了长期以来的职业身份和社会地位。这种变化可能会带来心理和情感上的困扰,如失去目标感或存在感。因此,寻找新的身份认同,如家庭角色、社区成员或其他非职业角色,成为这一阶段的重要任务。同时,适应生活方式和生活标准的变化至关重要,这可能涉及重新评估个人和家庭的财务状况,调整日常活动和消费习惯。

其次,要保持自我价值观并运用自己积累的经验和智慧对他人进行传帮带。即使离开了正式的工作环境,个人仍然可以通过参加志愿工作、咨询、培训等来发挥作用,贡献自己的知识和技能。这不仅有助于人们保持个人的活力和自我价值感,还能为社会带来积极的影响。分享经验和智慧可以在不同的领域进行,如指导年轻人、参与社区服务或加入兴趣小组。通过这些活动,个人不仅能够与社会保持联系,还能继续在社会中发挥作用,这对于保持积极的生活态度和自我认同感很有帮助。

## 五、格林豪斯的职业生涯发展阶段理论

美国心理学博士杰弗里·格林豪斯(Jeffrey Greenhaus,1987)根据人在不同年龄段职业生涯所面临的主要任务,将职业生涯划分为五个阶段,提出了格氏职业生涯发展阶段理论(见图1-3)。

| 01 | 职业准备阶段(0~18岁) |
| 02 | 进入组织阶段(18~25岁) |
| 03 | 职业生涯初期(25~40岁) |
| 04 | 职业生涯中期(40~55岁) |
| 05 | 职业生涯后期(55岁至退休) |

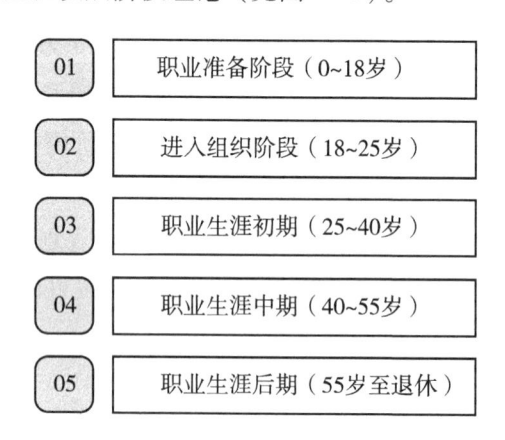

图1-3 格林豪斯的职业生涯发展阶段

## （一）职业准备阶段（0~18岁）

在这个阶段，个体主要关注于探索不同的职业选择和发展职业兴趣，关键任务如下所示。

(1) 发展职业想象力。探索不同职业的可能性，形成初步的职业认识和兴趣。

(2) 评估和选择职业。对各种职业进行初步评估，开始思考哪些职业可能适合自己。

(3) 接受职业教育。在学校接受基础的职业教育和技能培训。

## （二）进入组织阶段（18~25岁）

这个阶段的个体开始正式进入工作市场，并努力找到合适的工作岗位，关键任务如下所示。

(1) 获得工作。在理想的组织中获得一份合适的工作。

(2) 职业选择。基于充足的信息和个人兴趣，做出满意的职业选择。

## （三）职业生涯初期（25~40岁）

这个阶段是职业生涯的建立期，个体开始稳定下来并提高自己的专业技能，关键任务如下所示。

(1) 学习职业技术和提升工作能力。在工作中不断学习和提升自己的专业技能。

(2) 适应组织文化。了解并适应组织的纪律和规范，融入工作环境。

(3) 为未来职业成功做准备。通过积累工作经验和技能提升，为未来的职业生涯打下基础。

## （四）职业生涯中期（40~55岁）

职业生涯中期是个体反思和调整职业方向的重要时期，关键任务如下所示。

(1) 重新评估早期职业生涯。对之前的职业生涯进行评估，考虑是否需要调整。

（2）确定并努力实现职业目标。确立清晰的职业目标，并致力在选定的领域取得成就。

### （五）职业生涯后期（55岁至退休）

这个阶段主要关注于维护已有的职业成就，并逐渐准备退休，关键任务如下所示。

（1）维持职业成就。继续保持个人的职业地位和成就，维护尊严。

（2）准备退休。开始规划退休生活，逐步减少工作负担。

## 第四节 职业生涯规划的主要目的及意义

尽管有观点认为职业仅是一种谋生方式，人生的真正满足感可能来源于生活的其他方面，但幸福感较高的人往往能够将职业生涯与他们的生活目标有效地结合起来。生活目标往往较为固定和静态，而职业生活却是不断变化和动态的。在这种动静结合的背景下，找到一个平衡点，选择一条适合自己的职业道路，看似简单，实际操作起来却颇为复杂。职业生涯规划是解决这个难题的关键工具，它可以帮助人们提升幸福感和生活的整体满意度。

### 一、职业生涯规划的主要目的

职业生涯规划是站在比就业指导更高的层面上，对人的整个职业生涯的规划，促使个体制订目标、确定方向，顺利走好自己的人生道路。求职者如果拥有科学的职业生涯规划，就可以更早地确定目标，更有效率地朝着目标迈进，更好地实现人生价值。

#### （一）实现自我认识与明确目标

职业生涯规划的一个核心内容是帮助个人深入了解自己的兴趣、能力、价值观和职业倾向。这一过程涉及多方面的自我探索和反思，包括四个方面的内容。

**1. 兴趣与能力的探索**

通过各种自我评估工具,如职业兴趣测试、能力评估,个人可以识别出自己的核心兴趣和天赋所在。了解自己在哪些领域感到最有激情及自己在哪些方面表现最为出色,是制订有效职业生涯规划的第一步。

**2. 价值观的明确**

职业生涯规划还涉及识别个人的核心价值观,这包括对工作环境、工作与生活平衡、职业成就等方面的偏好。了解这些可以帮助个人选择与自己的价值观相符的职业道路。

**3. 明确职业目标**

基于对自己兴趣、能力和价值观的理解,个人可以设定具体的长短期职业目标。这些目标应具体、可衡量、可实现、有相关性和时限性,确保其实际可行性和执行效果。

**4. 规划实施路径**

设定目标后,接下来是确定实现这些目标的具体路径。这可能包括进行额外的教育或培训、积极建立专业网络,或者寻找实习和工作机会来积累经验。

## (二) 适应市场和社会变化

职业生涯规划还涉及适应不断变化的经济和社会环境。在当前快速变化的职业市场中,灵活性和适应能力变得尤为重要。具体需要从以下四个方面着手。

**1. 市场趋势的洞察**

持续关注行业动态和市场趋势对职业生涯规划至关重要。职业生涯规划可使个人了解到哪些技能正在变得越来越重要,哪些职业领域正在扩张,可以帮助个人做出更明智的职业选择。

**2. 灵活性和适应性**

在变化中保持灵活和适应性意味着愿意学习新技能,适应新环境,并能对职业路径进行必要的调整。这可能涉及转换职业方向,或者在当前职业内部寻求新的机遇等。

### 3. 把握机遇与挑战

有效的职业生涯规划能够帮助个人及时把握出现的机遇并有效应对职业生涯中的挑战，这包括识别潜在的职业机会和提升自己把握这些机会的能力。

### 4. 持续学习与发展

在职业生涯规划中，持续学习和个人发展是必不可少的。这不仅意味着技能的更新和增强，还包括对新知识和技术的不断探索和吸收。

## （三）提升职业竞争力

在快速变化的职业市场中，持续提升职业竞争力是每个专业人士的关键任务。职业生涯规划在这方面扮演着至关重要的角色。

### 1. 促进持续学习和技能发展

在职业生涯中，持续学习不仅是专业知识的更新，还包括技能的提升和扩展。这可能涉及参加相关的工作坊、在线课程或获取额外的证书和资格。对快速发展的行业，如科技和医疗，持续学习是保持行业相关性的关键。

### 2. 强化专业强项

职业生涯规划应关注个人的核心优势，强化这些优势可以使个人在特定领域内的成绩更加突出。通过识别和拓展自己的独特技能和专长，个人可以在职业市场中占据一个独特的位置。

### 3. 改善职业弱项

识别并改善个人的职业弱点同样重要，这可能包括技能提升、情绪智力的发展或公共演讲能力的提高等方面。改善这些弱点有助于减少职业发展中可能遇到的障碍。

### 4. 适应性和灵活性

在不断变化的职业环境中，适应性和灵活性是很宝贵的特质。这意味着个人能快速适应新情境，灵活应对变化。

## （四）实现个人生活与职业的平衡

职业生涯规划还涉及在个人生活和职业之间找到一个平衡点，包括实现工作与生活质量的平衡、家庭和个人兴趣的平衡、职业满足感、职业和个人生活的融合四个方面。

**1. 工作与生活质量的平衡**

职业生涯规划不仅追求职业上的成功与成就,更关注高质量生活的体验。这意味着要在工作与个人福祉之间找到平衡点,确保工作不会侵蚀个人的身心健康与幸福感。灵活的工作安排和远程工作机会等创新方式,可以帮助个人更好地平衡工作和家庭生活。

**2. 家庭和个人兴趣的平衡**

个人的兴趣、爱好和家庭生活也是职业生涯规划的重要组成部分。这些因素对维持个人的整体幸福和满足感至关重要。规划应包括为个人兴趣和家庭生活留出时间及提高工作的灵活性以适应这些需求。

**3. 职业满足感**

在职业生涯规划中,寻求满足感意味着探寻那些与个人价值观和兴趣紧密相连的职业机会。这涉及考虑工作的深层意义与核心目的,以及如何将个人长远的目标与抱负融入其中。工作不仅是职责的履行,更是实现自我价值、追求理想生活的桥梁。

**4. 职业和个人生活的融合**

理想的职业生涯规划可以帮助个人在职业与个人生活之间找到完美的平衡点。这不仅是对时间的合理分配与管理,还是关于如何将工作巧妙融入更广阔的人生画卷和生活方式之中。

### (五)长期职业满足感与成功

职业生涯规划对于实现长期的职业满足感和成功具有举足轻重的意义。有效的规划不仅聚焦于短期目标的达成,更涵盖了长远的职业发展视角。

**1. 目标设定与持续追踪**

明确的长期目标设定和短期目标设定是实现职业满足感的基础。这些目标应当具体、可测量、可实现、相关性强并且时限明确。持续追踪目标实现的进展和定期评估目标的实现情况,有助于保持职业发展处于正确的方向。

**2. 职业成就与个人成长**

职业生涯规划鼓励个人不断追求职业成就,这不仅包括显著的成就,如项目成功或业绩提升,还包括个人软实力增长等隐性成果。个人成长是职业满足的重要方面,包括专业技能的提升、领导能力的培养和情感智力的发展等。

### 3. 职业稳定与安全感

职业生涯规划如同指南针,有助于人们在不断变化的市场环境中保持职业稳定性。通过前瞻性规划,个人可以更好地应对行业动荡或职业不确定性。职业安全感的建立,离不开对个人能力的信心及对未来职业路径的清晰认知。

## (六)应对职业生涯中的转折点

职业生涯中充满了不可预测的转折点,有效的职业生涯规划可以帮助个人准备和适应这些变化。

### 1. 预见和准备转折点

规划应包括对可能的职业转折点的预见,如升迁机会、行业变化、转行需求或退休准备。通过提前考虑这些情况,个人可以发掘必要的技能和资源,以便在这些转折点出现时做好准备。

### 2. 灵活性和适应性

职业生涯规划的一个重要方面是培养个体的灵活性和适应性。这意味着个人应能够灵活地调整自己的职业路径,以适应新的工作环境或行业要求。灵活和适应性强的职业态度有助于个人在面临不确定性或变化时保持积极和开放的态度。

### 3. 从挑战中学习与成长

职业生涯中的挑战和转折点为人们提供了学习和成长的机会。面对困难时,个人可以发展解决问题的能力和抗压能力。职业挑战也是检验和提升个人能力的机会,可以帮助个人在职业生涯中达到新的高度。

# 二、职业生涯规划的意义

## (一)实现稳定就业

职业生涯规划在帮助大学生实现稳定就业方面扮演着至关重要的角

色。这个过程不仅涉及择业观念的塑造、未来职业的探索，还包括提升就业能力和促进稳定就业的策略实施等内容。

**1. 择业观念的培养**

大学生在面临职业选择时往往会受多种因素的影响，包括社会趋势、家庭期望和个人兴趣。有效的职业生涯规划可以帮助学生建立基于自身兴趣、能力和职业市场现实的择业观念。这不仅涉及对个人兴趣和能力的深入了解，还包括对不同职业路径的实际需求和未来发展趋势的认识。通过这样的规划，学生可以更加理性地评估各种职业选项，从而做出更符合自身发展和市场需求的职业选择。

**2. 未来职业探索**

职业生涯规划在职业探索方面发挥着关键作用。大学生在校期间面临的不仅是学业学习，更是对未来职业世界的探索。职业生涯规划可以帮助个人明确自己未来的职业方向，包括理想的行业、职位和职业发展路径。通过参加实习、职业咨询和行业讲座等活动，个体可以更直观地了解不同行业和职位的具体情况，从而更好地规划自己的职业未来。

**3. 提升大学生的就业能力**

职业生涯规划对提升大学生的就业能力有积极的作用。在当今竞争激烈的就业市场中，仅凭学历已无法保证顺利就业，个体需要具备一定的专业技能和软技能。职业生涯规划能够通过帮助学生识别所需技能并制订相应的学习计划，有效提升个人的就业竞争力。这包括专业知识的学习、实践技能的培养，以及沟通能力、团队合作能力等软技能的提升。

**4. 促进大学生稳定就业**

稳定的就业不仅是指获得一份工作，更重要的是找到一份适合个人职业发展目标的、能够长期从事的工作。职业生涯规划通过帮助个体深入了解自己的职业兴趣和目标、评估不同职业的优劣和发展潜力，可以大大增加个体找到满意并能够长期从事的工作的可能性。此外，通过规划，个体可以更有针对性地准备求职过程中的各个环节，如简历撰写、面试技巧等，从而提高求职成功率。

### （二）促进社会融入

职业生涯规划对促进学生平稳、有序地融入社会有着不可忽视的作用。通过系统的职业生涯规划,个人不仅能够更好地了解社会和市场的需求,还能更有效地适应和融入社会,最终提升自身对社会的价值和贡献。

**1. 帮助学生了解社会**

职业生涯规划可以帮助个体,特别是学生,了解社会上的工作机会和职业路径。通过职业咨询、实习机会、行业讲座等方式,学生能够接触到社会的多样性和职业世界的实际情况。这种了解不仅是对职业角色具体内容的了解,还包括对行业趋势、组织文化、工作环境等的认识。

**2. 帮助学生融入社会**

职业生涯规划通过完成目标设定和达成目标过程,促进个体适应和融入社会。这一过程涉及个人能力的提升、职业态度的塑造和社交网络的建立。明确的职业目标能促使个人学习新技能和知识,提高解决问题的能力,这些都是适应社会所必需的。同时,职业生涯规划还涉及对职业道德和工作态度的培养。此外,通过参与职业相关的社交活动,个人能够建立起行业内的人脉网络,促进社会融入。

**3. 提升对社会的价值和贡献**

职业生涯规划有助于提升个人对社会的价值和贡献。通过明确的职业目标和持续的个人发展,个体能够在其专业领域内达到更高水平,为社会提供更专业和高质量的服务。在职业上取得成功的个人往往会更愿意参与社会服务和公益事业活动,如志愿服务、捐赠和公开演讲等方式,将自己的成功经验和资源回馈社会,从而在更广阔的层面上提升自身对社会的价值和贡献。

# Chapter 02 第二章 高职院校职业生涯规划教育的独特性

在高职教育领域，职业生涯规划教育呈现出独有的特征。高职院校的职业生涯规划教育不仅关注学生职业技能的培养和实际应用，还深入探讨如何将这些技能和知识与个人的职业愿景相结合。高职教育中的职业生涯规划教育着重为学生提供实践导向的学习经验，以及对职业市场的深入理解，从而使学生能够在快速变化的职业环境中稳健前行。

## 第一节 高职教育的核心定位

高职教育的核心定位是对高素质技术技能型人才的培养，旨在消除理论知识与职业实践之间的差距。这种教育形式专注为学生提供直接对接行业需求的专业知识和职业技能，培育学生成为即刻可上岗的专业人才。

### 一、高职教育

高等职业教育作为一种新型的高等教育模式，既是经济建设和社会发展的产物，也是现代高等教育体系的重要组成部分。根据联合国教科文组织的《国际教育标准分类》，高等职业教育被定义为一种注重社会实践和技术技能的高等教育形式。在中国，高等职业教育始于20世纪80年代，并于90年代得到快速发展。然而，由于传统观念、教育体制、就业条件和社会环境等因素的影响，高等职业教育面临着实践能力不足、专业特色不明显和专业定位模糊等挑战。

这些问题在很大程度上源于人们对"高等职业教育"这一新型教育模式认识的不足。在定义教育的概念时，人们可以从社会文化价值或人的发展前途两个角度出发。由于教育的概念本身具有不确定性，因此对"教育"及其子类别"高等职业教育"的理解存在多种视角和差异。此外，"高等职业教育"的内涵和外延也在随着社会发展而变化，但这并不妨碍人们对其进行准确理解。

内涵定义是通过列举特征来描述概念内涵的方法，这些特征通常是概念的本质特征。因此，对高等职业教育内涵定义的探索实际上是寻找其本质特征和特点的过程。在这个过程中，"职业""技术""职业教育"和"专业"等基本概念是密切相关的。理解这些概念之间的关系有助于人们更深入地认识高等职业教育的本质，从而更好地促进其发展。

### （一）职业与职业教育

职业与职业教育之间的关系是复杂且相互依存的。职业在社会中扮演着关键角色，不仅是个人实现价值和为社会作贡献的途径，还是社会劳动分工和专业化的表现。职业的本质特征，如专业性、目的性、时代性，以及它在社会中的功能，如群集式的工作资格、规范内的工作领域、阶级型的工作层次和社会实践中的工作价值，都对职业教育的发展和实施有影响。

职业教育与职业的关系并不是简单地一一对应。职业教育的目标是为社会培养具备必要职业能力、方法能力和社会实践能力的劳动者，而不是专门为某个个体服务。这意味着职业教育需要建立在职业的专业特征基础之上，同时要适应职业劳动的变化和发展。

从现代中国的职业教育发展状况来看，职业教育的内容和方法都是以职业的形式进行的。职业的内涵不仅规范了职业劳动的范围，还规范了职业教育的各个方面，包括专业设置、课程设计和考核标准。这种职业性原则确保了职业教育能够紧密地与职业需求相结合，同时保证了职业教育的质量和实用性。

### （二）职业与专业

职业与专业之间的关系深刻且复杂，它们共同构成了社会分工和价值体系的基础。专业作为社会分工和社会价值的产物，不仅承担着职业定向、主导和社会保障的功能，还在职业教育中发挥着至关重要的作用。首先，专业的数量和种类与社会对各种职业分工的需求直接相关。这种需求随着科技进步和教育效益的变化而不断变化。因此，专业的划分必须广泛覆盖社会的职业和工作岗位，以适应社会和经济发展的需要。其次，职业教育中的专业设置必须反映职业的内涵，主要包括以下四个方面。

一是专业划分应与职业资质相统一。专业的设定应与职业资质标准相一致，确保专业教育与职业需求的对接。

二是专业培养目标的制订应与职业功能相统一。这意味着专业教育的目标应与职业的实际功能和要求相匹配。

三是专业教育的教学方法应与职业的实际情境相统一。教学过程、工作环境和活动空间应反映职业的实际需求和特点。

四是专业的社会认同度应与职业的社会地位和价值相统一。专业的设立和发展应得到社会的广泛认可，反映出该职业在社会中的地位和影响力。

### （三）职业与技术

最早的职业诞生是基于对基本社会分工的需求。假如社会中每个人都可以独立处理生活中的每件事情，那么就不需要社会分工了。因此，需要解决问题的数量或者难度超出了具体个体的能力范围时，就会变相地使社会共同体中的成员进行分工与合作。为了达到解决问题的目的，群体必须掌握每个环节应当具有的对应的技术能力。因此，推动原始职业形成的一个重要原因就是人们对大自然的改造已经不能由某个个体的能力完全覆盖。从某个角度说，人们对某一事物的技术创造能力催生了职业的创立。所以，某种新兴职业的产生往往是因为某种技术创新或技术革命，如高新技术引发的职业变革。

职业能够得到持续的生存和发展离不开其核心技术性能的不可替代性。一项职业的发展出自社会的需求，因此从业者必然要不断地提高自身的职业技术能力，避免被其他职业顶替或者直接取代。这也充分说明，在各个行业领域中从业人员之间在技术能力上存在着明显的差别。所以，职业划分还能够在一定程度上促进人们技术能力的发展和提高。另外，只要是职业活动就具有劳动的本质，从根本上离不开创造能力和技术。在社会上，一种职业的教育程度、社会地位、经济利益很多情况下也主要是由该职业技术水平含量的高低决定的。但并不是任何一种技术都是指向职业的或者说是以某种职业为载体的，职业人员以外的人在非职业问题上也离不开技术。职业和技术是相互联系的，但并非是可以相互替代的两个定义。

### （四）职业教育与本科教育

**1. 结构功能不同**

在当今多元化的教育生态中，高等职业院校承担了向社会输送专业化应用技术人才的重要角色。这类院校的教育模式深受大众教育理念的影响，致力培养适应职场需求变化的高素质技术技能人才。为了适应人才市场的持续演进，这些院校不断调整和优化专业设置及人才培养计划，确保教育内容与时俱进，满足经济发展的实际需要。

与此同时，传统的本科教育机构，特别是以教学为核心的本科院校，采纳了一种融合精英教育与大众教育精髓的教学策略。这种教育模式既注重培养学生的研究能力和创新思维，以便优秀毕业生能够进入研究型大学深造，提升其学术及研究水平；也为那些来自高职院校，期望进一步提升自我专业技能的毕业生，开放了进修和学习的大门。通过这样的教育体系布局，校内形成了一个互补互助的学习环境，可以为社会培养出更多具备专业知识和技能的人才，以促进社会经济的全面发展。

**2. 培养目标不同**

高等职业教育主要致力于培养学生的实操技能，强调动手实践的能力和应用知识的能力。在这种教育模式下，人才培养的重点放在了使学生能够掌握专业技能，以适应工作岗位的直接需求上。相比之下，本科教育更倾向于深化理论知识的学习，培养学生具有专业理论分析、研究及开发创新的能力。这种教育层次的设置，旨在为学生毕业后的职业生涯提供坚实的理论基础和专业水平，确保学生能够在各自领域发挥专长，进行专业理论的探究或直接投入实际工作之中。这样的教育分层既满足了市场对高技能人才的需求，也为学生未来的职业发展奠定了多元化的基础。

**3. 学制年限不同**

依据《中华人民共和国高等教育法》，高等职业教育所需的标准学习期限定为 2~3 年。对本科层次教育，该法律明确规定其基本学习期限应在 4~5 年。这一规定体现了我国高等教育体系在培养周期上的差异性，旨在确保不同教育阶段学生能够获得充分的学习时间，以达到各自教育阶段的学习目标和培养要求。这种方式既强调对教育质量的保障，也体现了对学生学业成就的不同要求。

**4. 学业标准不同**

《中华人民共和国高等教育法》对高等教育阶段的学习目标和成就标准有明确规定。在这一框架下，高等职业教育旨在培养学生深入理解其专业领域内的核心理论和专业知识的能力，同时，学生应习得必要的实践技能与初步的职业能力，以适应专业领域的具体工作。相比之下，本科教育的目标则更为广泛，不仅要求学生系统性地掌握所学学科或专业的基础理论知识，还需掌握关键的技能和方法论，包括相关领域的知识，为学生从事专业相关的实践工作及开展研究工作奠定坚实基础。

**5. 教学方法不同**

在本科教育阶段，教学内容侧重于向学生系统性地介绍科学和专业知识，涵盖已被广泛认可的学术成果、前沿的科学发现、多样的学术派别与观点，以及那些仍待深入探索和研究的领域问题。这一过程不仅能传递知识，还能激发学生的批判性思维，促进学生对知识的深层次理解和应用能力的培养。相比之下，高等职业教育的课堂教学则更聚焦于课程的基础概念和体系结构，旨在提供清晰、精练的教学内容，以满足学生掌握应用技能的需求。这种教学模式强调知识的实用性和对技能的直接应用，对信息的丰富度和理论的深刻性的要求相对较低。

## 二、高职教育的高质量发展

### （一）教育高质量发展

教育高质量发展是一个涵盖广泛领域和深层次的概念，其核心在于提升教育系统整体的效能和质量，实现教育资源的优化配置和教育成果的最大化利用。"高质量发展"这一概念最初在经济领域被提出，随后被教育界广泛接纳和讨论，逐渐形成了具有丰富内涵的教育理念。

在理解教育高质量发展时，人们需要考虑两个维度：质和量。这意味着教育不仅要在数量上满足社会需求，更要在质量上达到优质状态。这种状态表现为教育的享用价值与质量合意性的提升，涵盖教育规模的合理性、结构的均衡性、发展的公平性、对社会进步的推动力，以及对个人全面发展的促进作用等多个方面。

在高等教育领域，高质量发展意味着高等教育发展方式的全面转变，这标志着高等教育内涵发展进入了更高级的阶段。这是一个动态的、螺旋式上升的过程，涉及高等教育体系的各个方面，包括时代性、创新性、持续改进性、全面发展性和公平均衡性。高等教育的高质量发展不仅是教育系统内部的提升，还是对经济社会发展和个人全面发展的深远影响。

对职业教育而言，高质量发展强调职业教育的动力机制、要素结构、特征的改善和发展目标的最终实现，更加强调职业教育的本质特征。这要求职业教育的供给与经济社会的需求应高度匹配，并与民众的职业教育权利诉求精准契合。

### （二）高职教育的高质量发展内涵

高职教育的高质量发展是一个多层次、多维度的复合概念，涉及"高职教育""高质量"和"发展"三个核心方面。每个方面都有其独特的本质特征，共同构成高职教育高质量发展的整体框架。

**1. 高职教育的高质量发展相关解读**

（1）高职教育的本质特征。

高职教育的本质特征是其主要聚焦于为社会培养实用型、技术型人才，强调职业技能和实际操作能力的培养。高职教育不仅提供专业技术教育，还包括培养学生的技术创新能力和适应社会发展的综合素质。高职教育的建构需要在教育内容、教学方法、师资力量和教育资源等方面都能达到优质标准，并在教育成果的社会认可度、学生就业率和社会服务能力提高上有不俗的表现。

（2）高质量。

"高质量"在高职教育发展中是一个关键概念，它涵盖了多个维度和方面，旨在确保高职教育能更好地满足社会和个人需求。在高职教育领域，人们将质量的本质属性与主体体验进行了有机结合。质量不仅关涉教育服务的内在属性，更是学生、教师、雇主及社会等各方对教育服务的体验和感知。这种质量观强调教育内容、教学方法、资源配置等方面必须与教育参与者的实际需要和体验紧密相连。

高质量对今天的社会发展有着积极的意义。随着社会对个性化和舒适性体验需求的增长，高质量的高职教育应能提供高性能、特色明显、符合标准、可靠耐用、实用美观且社会认可度高的教育产品和服务。这些特征共同构成了高质量教育体验的基础。高质量的高职教育意味着职业教育系统作为一个整体能够有效地满足社会、行业和学生的实际需求。这不仅包括教育内容的实用性和相关性，还涉及教育体系的适应性和响应性。

高质量发展的核心还在于提高所有利益相关方的满意度，包括学生对教育质量的满意度、雇主对高职学生技术和能力的满意度及社会对职业教育贡献的认可度。这就要求高职教育不断调整和优化其内容和方法，确保教育活动能够真正反映和满足民众和社会的需求及期望。

（3）发展。

从哲学角度来看，"发展"是指事物的运动变化过程，它涉及从低级到高级、从旧到新的转变。好的、健康的发展强调遵循自然规律，同时结合社会发展的新目标和需求，注重人的全面发展和可持续性。因此，高职教育的高质量发展不仅是提高教育质量的过程，还要求人们将教育模式和内容与社会经济发展紧密结合，符合时代的要求和趋势。这意味着高职教育不应仅限于传授技术技能，还应致力培养学生的创新能力、批判性思维和社会责任感，确保教育活动的结果和手段相协调，促进教育体系的可持续发展。高职教育的高质量发展还包括对教育体系进行不断的创新和改革，以适应社会发展的需求，同时关注教育公平和社会均衡，努力实现社会和个人的共同进步。

**2. 高职教育高质量发展的依托理论**

高职教育高质量发展的理论基础及其内涵是在现代化理论、马克思主义的全面发展学说及新发展理念的指导下构建的。这些理论基础共同指导着高职教育朝着更高的质量标准发展。

（1）现代化理论。

现代化理论强调教育系统必须与时代发展同步，注重科技、经济和社会文化的综合进步。在这一理论指导下,高职教育的高质量发展强调教育体系的现代化,即通过技术和管理创新提升教育质量。

(2) 马克思主义全面发展学说。

该学说提倡人的全面发展,强调教育应满足人的多方面需求。基于此,高职教育的高质量发展应注重培养学生的全面能力,包括专业技能、创新思维和社会责任感。

(3) 新发展理念。

新发展理念强调创新、协调、绿色、开放、共享的发展模式。在高职教育中,这意味着采用灵活多样的教学方法,促进教育的均衡和公平,同时开放和分享教育资源。

未来,要实现高质量发展,高职教育应优化自身类型定位,与新的发展格局相适应,形成高水平的发展新样态,在教育政策、课程设计、教学方法和评价体系上进行创新和改革,探索建立一个满足人们美好生活需要的高职教育体系。结合现代化的本土性特征和国际经验,培养全面发展的复合型技术技能人才,在专业技能、道德素养、文化底蕴和社会责任感的培养及塑造上探索出具有中国特色的高职教育发展道路。

## 三、高职教育高质量发展的目标定位

高职教育的高质量发展在不同层面上有着独特的目标定位,它们共同构成了一个全面、多维度的发展蓝图(见图 2-1)。

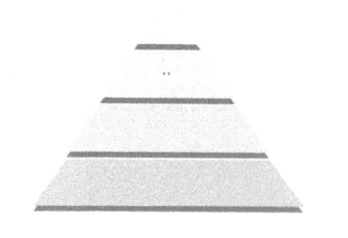

实现教育强国
助力产业转型升级和支撑经济社会高质量发展
建设高质量教育体系
满足多样化教育需求

图 2-1 高职教育高质量发展的目标定位框架

### (一) 满足学习者多样化教育需求

高职教育的办学目标之一是满足学习者的多样化教育需求。高职院校在一定程度上可以提供广泛而多样的实操课程和与行业发展更贴近的专业教育,以适应不同学生的职业生涯规划和社会发展需求。同时,高职院校还应在提升教学质量和学习体验上下功夫,确保教育内容既实用又有吸引力。

### (二) 建设高质量教育体系

高职教育高质量发展的目的之一是补充完善高质量教育体系建设,从而为实现教育强国的宏伟目标作出贡献。这包括提升职业教育的内涵发展,强化教师队伍的建设,优化教学设施和资源,以及提升研究和创新能力。高职院校应致力于培养具有扎实专业知识、实践技能和创新能力的学生,为社会培养出既有专业技术能力又具备良好职业素养的高素质人才。同时,高职院校还应加强与国际教育机构的交流与合作,提升自身的国际影响力,为实现教育现代化作出贡献。

### (三) 助力产业转型升级和支撑经济社会的高质量发展

高职教育的高质量发展目标也包括为产业转型升级和经济社会的高质量发展提供支撑。高等职业教育应当与国家的经济发展策略紧密相连,培养能够适应新兴产业、高技术领域和现代服务业的技术技能人才。高职教育需要与产业发展同步,更新教育内容和课程,以确保学生能够掌握最新的技术和技能,满足劳动市场的需求。此外,高职院校还应积极参与地方经济发展和社区服务,努力成为推动地方经济转型和社会进步的重要力量来源。

### (四) 实现教育强国的宏伟目标

高职教育的最终目标是助力实现教育强国的宏伟目标。高等职业教育在整个教育体系中扮演着至关重要的角色,其发展质量直接关系着国家的教育水平和人才队伍的完整性。为实现教育强国的目标,高等职业教育需要不断提升办学质量,培养更多、更好的技术技能型人才。这意味着要建设高质量的教育体系,包括优化课程设置、提升师资水平、创新教学手段、加强与产业对接等方面的努力。高职院校还需要不断改进管理和服务,提高透明度和公平性,确保教育资源对所有学生而言均等可及。通过实施这些措施，高职教育能够更好地满足国家经济社会发展的需要，助力教育强国建设，为实现经济持续健康发展和社会全面进步的目标提供支撑。

总而言之，高职教育高质量发展的目标定位既体现在推动国家经济社会发展上，也表现在满足个体学习需求和推动个人发展上，还体现在构建全面发展的教育体系上。这些目标不仅要求高职教育在内容和教学方法上持续创新，还要求其在服务社会、满足学生需求和提升整体教育质量上不断进步。

### 四、高职教育对学生能力培养的特殊要求

当前，以知识教授为导向的教育思维仍然在高职院校中占据主流地位。其中许多学校在分析学生的职业能力时，更注重专业知识的考核，而弱化了实际技能和应用能力的培养。实际上，高职教育的核心目标是培养符合职业需求的技术型人才，这就要求其教育模式和内容必须紧密结合具体的职业和行业需求，与普通高等教育中的理论知识导向有显著区别。在这一背景下，高职学生的职业能力培养有其特殊性，主要体现为以下三个方面（见图2-2）。

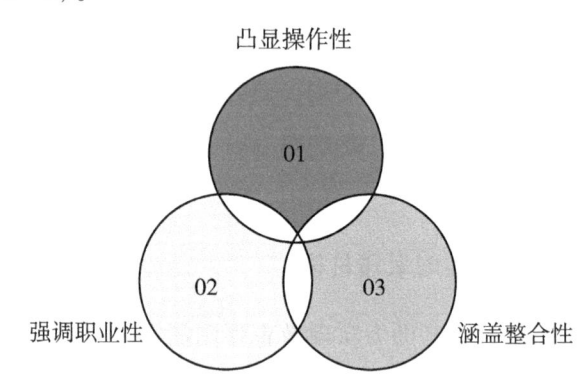

图2-2 高职学生的职业能力培养的三个方面

#### （一）凸显操作性

操作性是高职教育中一个至关重要的概念，强调技能和知识的实际应用能力。高职学生的职业能力不仅是知晓理论知识，更重要的是掌握这些

知识转化为实际操作技能及解决实际问题能力的方法。

在实践技能的培养方面，高职教育能够通过实验、实习、实训等方式，使学生在实际操作中学习和应用知识。这种学习模式方便学生更好地理解理论知识，并将其应用于实际工作中。同时，实际案例研究、项目式学习等，可以加深学生对理论知识的理解，提高实际运用水平。

操作性还表现为课程设计的聚焦，课程内容更聚焦于具体职业的技能需求，注重实际操作技能的培养。这包括专业技能的教学和综合能力的培养，如团队合作、问题解决等。在行业接轨方面，高职院校与行业合作紧密，这能确保教育内容和教学手段能够满足行业的实际需求，帮助学生毕业后快速适应工作环境，提升就业竞争力。

### （二）强调职业性

职业性是高职教育的另一个核心特征。高职教育旨在培养能够直接投入工作的技术技能型人才，这要求教育内容和目标必须紧密围绕具体的职业需求而设计。课程和教学活动始终以职业需求为导向，关注行业趋势和技术发展，确保教育内容与职业市场的需求相符合。除注重技术知识与实际技能的结合外，高职教育还着重培养学生的职业素养和终身学习能力，包括职业道德、职业生涯规划等方面的教育，以使其适应不断变化的职业市场。

### （三）涵盖整合性

在高职教育中，强调整合性的教育目标对学生职业能力的培养至关重要。这种教育模式不仅专注于传授特定的职业技能或知识，更重要的是可以培养学生适应不断变化的职业环境和岗位需求的综合能力。整合性的教育意味着教学内容不局限于单一领域，而是能通过跨学科的课程设计，结合不同领域的知识和技能，促进学生的全局思维和创新能力的发展。

此外，整合性教育还强调岗位胜任力与通用能力的结合。既需要培养学生掌握从事具体职业所必需的专业技能，又需要培养他们在职业变动和岗位转换时迅速适应环境的通用能力，如批判性思维、问题解决能力、沟通技巧和团队合作能力等。这些通用能力在职业生涯中都是极为重要的。

同时，情境迁移能力的培养是整合性教育的一个重要方面，即能够将在一个领域或情境中学到的知识和技能应用到另一个领域或情境中去，这对适应多变的职业环境而言非常重要。

## 第二节 高职学生职业生涯规划特点

高职学生与本科学生的区别在于，高职学生需要发展成为职业型应用技术人才，故而更需要明确的目标，而职业生涯规划对生涯目标的确定和实现提供了方向。因此，高职学生职业生涯规划具有其显著的特点，这些特点符合职业生涯规划的一般原则，同时有高职教育的特殊性。

### 一、高职学生职业生涯规划的现实性

对高职学生而言，职业生涯规划的现实性尤为重要。这意味着他们的职业生涯规划必须是基于个人的实际情况和所学专业的应用前景。现实性在这里指的是职业生涯规划必须建立在个人实际情况的基础上，并与学生所学专业、市场需求及未来职业发展趋势相适应。这种规划的核心在于将学生的个人特点与职业机会相结合，以实现可行且有效的职业发展路径。

#### （一）考虑个人兴趣和能力

考虑个人兴趣和能力对确保职业生涯规划的实现至关重要。高职学生应该深入探索自己的兴趣所在，了解自己在哪些领域表现最为突出。通过识别自己的强项和兴趣点，学生可以更好地确定适合自己的职业方向。例如，那些对数字和数据分析特别感兴趣的学生，可能会倾向于选择与大数据分析相关的职业路径。

#### （二）关注所学专业的应用前景

学生需要关注所学专业的应用前景。这意味着学生需要对所学专业的

市场需求及这些专业技能在未来职场中的应用方式有清晰的认识。例如，一个学习机械工程的学生，需要了解该领域的就业市场和未来技术趋势，以便制订符合行业需求的职业生涯规划。

### （三）可行性

高职学生的职业生涯规划还应注重目标的实际可行性。高职学生的职业生涯规划的目标不应仅停留在理想层面，而应具备明确、具体、可操作的特征。学生需要根据自身条件和市场情况制订切实可行的职业目标，如通过实习、技能培训等方式逐步积累经验，为未来的职业生涯打下坚实基础。

## 二、高职学生职业生涯规划的时限性

职业生涯规划的时限性对高职学生而言非常重要。它要求学生根据不同的学习和发展阶段设定相应的目标和行动计划。学生可以在学习初期关注基础知识的积累，在中期关注专业技能的提升，在学习后期则着重于实习和职业技能的实践应用。这种分阶段的规划有助于学生更加有序地实现职业目标，也有助于他们更有效地适应不断变化的职业要求和市场趋势。

在职业生涯的初期阶段，高职学生应专注于基础知识的积累。这一阶段的目标是学习知识，为后续的专业学习打下基础。学生可以专注于学习基本的理论知识、掌握必要的学科基础并掌握关键的学习技巧和方法。在这一阶段，学生还应开始探索自己的职业兴趣和潜在的职业方向，为未来的职业生涯规划做准备。

进入中期阶段，高职学生的焦点应转向专业技能的提升。在这一阶段，学生需要深入学习特定领域的知识和技能，强化实践能力。学生可以参与专业实验、项目研究或者专业实训来应用和加深理论知识。这一阶段的目标是让学生能够在专业领域内提升技术熟练度和积累足够的实操经验，为将来的就业做好充分准备。

在学习的后期阶段，职业生涯规划的重点应放在实习和职业技能的实践应用上。这一阶段,学生需要将所学知识和技能运用到实际工作中,并通过实习或兼职等形式获得真实的工作经验。这不仅有助于学生理解职场的实际运作,还能帮助他们建立职业网络、提升就业竞争力,并对未来的职业发展方向有更清晰的认识。

在整个职业生涯规划的过程中,高职的学生还需不断对自己的规划进行评估和调整。这意味着在职业生涯的每个阶段,学生都需要根据个人成长状况、市场发展和职业目标的变化调整自己的学习和发展计划,其职业生涯规划具有非常明显的时限要求,环环相扣。

## 三、高职学生职业生涯规划的灵活性

第一,由于职业发展路径往往具有不确定性,如市场需求的变化、个人兴趣的转变、行业技术的革新等,相比普通高等教育的学生,高职学生的职业生涯规划更具灵活性。学生可随时调整他们的职业生涯规划,以适应外部环境的变化和个人成长的需求。这种灵活性不仅有助于学生更好地适应职业市场,还有利于他们充分利用新的学习平台和发展机会。

第二,职业生涯规划也要考虑个人兴趣和能力的发展。随着时间的推移,学生可能会发现新的兴趣点或者在某些领域展现出更强的能力。灵活的职业生涯规划允许他们根据自身的成长和兴趣变化,调整或改变职业方向。这不仅有助于学生在职业道路上获得更多的满足感,还能让他们发挥自身最大的潜能。

第三,高职学生的职业生涯规划还应注重终身学习。在当今快速变化的职业环境中,持续学习成为人们不断适应新技能要求的关键。因此,职业生涯规划中应包括对专业知识和技能的不断更新以及对新领域知识的探索。这种灵活性不仅能够使学生适应当前的市场需求,还为他们未来的职业生涯创造了更多的可能性。

第四,灵活的职业生涯规划还意味着学生需要具备应对不确定性的能力,培养其解决问题的能力、适应新环境的能力及面对挑战时的韧性。通过培养这些能力,学生们不仅能够更好地适应职业生涯中的起伏变化,还能在面对职业挑战时展现出更强大的发展潜力。

## 四、高职学生职业生涯规划的发展性

高职学生的职业生涯规划的发展性，不仅仅局限于高职教育阶段，而是一个长期、动态的过程，贯穿于个人的整个职业生涯。这意味着学生需要在不同的生涯阶段不断评估和调整自己的职业目标，并持续地学习和发展以适应不断变化的职业环境。

职业生涯的发展性规划要求学生在接受高职教育之时，就开始构建对未来职业发展的认知，包括对未来职业道路的初步探索和对个人兴趣、技能以及潜在职业机会的评估。在此阶段，职业生涯规划的重点应放在建立坚实的知识和技能基础上，同时培养必要的职业素养，为未来的职业生涯打下坚实的基础。随着职业生涯规划的开展，基于对新兴技术和行业趋势的关注以及对个人职业目标的定期评估，学生对所学知识和技能不断深化，同时应不断地调整和完善职业生涯规划。在这个阶段，职业生涯规划的重点可能会从最初的技能积累转变为更加专注于职业发展和对上升通道的探索。进入职业生涯的中后期，发展性的职业生涯规划变得尤为重要。此时，个人可能需要考虑职业转型、进一步的专业发展或是职业生涯的其他重大调整。这个阶段的职业生涯重点可能会转向领导力的培养、管理技能的提升或是专业领域的深度拓展，并涉及个人对工作与生活平衡的考虑以及对职业满足感和个人成就感的追求。终身学习成为这一阶段的关键词，意味着个人需要持续更新他们的知识和技能，以适应变化了的工作环境和职业要求。

对高职的毕业生而言，职业生涯的中后期会是跨越式的越级发展还是逐步落伍的人生洼地，很大程度取决于个体的职业发展规划是否具有时代进步的发展性和行业需要的可持续性，这对高职学生的职业生涯发展具有重要意义。

## 第三节 高职职业生涯规划教育与学校、企业、社会、家庭的互动

在高等职业教育中，职业生涯规划不仅是学生个人的事务，还是一个涉

及学校、企业、社会和家庭多方互动的复杂过程。这一互动不仅丰富了职业生涯规划教育的内容和形式,还提升了其实践性和有效性(见图2-3)。

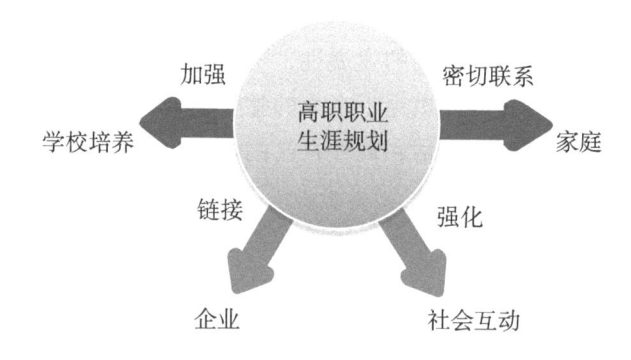

图2-3 高职职业生涯教育与学校、企业、社会和家庭的互动

## 一、高职职业生涯规划教育与学校的互动

当下的时代背景受快速的科技进步、经济全球化和社会的多样性影响最大。高职院校在指导学生进行职业生涯规划时,需要帮助学生理解这些时代特征对未来工作和职业选择的影响。在科技方面,数字化和人工智能的兴起正在改变多个行业的运作方式。自动化技术在制造业中的应用、大数据分析在商业决策中的作用以及可持续技术在环保领域的重要性,甚至影响了行业的发展方向。高职院校应安排课程和讲座,介绍这些技术的基本原理、应用领域及其对职业环境的重大影响,以引起学生对科技改变的重视和关注。另外,经济全球化带来了跨国公司的增多和国际合作的加强。学生需要了解如何在多元文化的工作环境中有效沟通和协作以及如何适应不断变化的国际市场需求。加上社会的多样性发展,学生应当认识到社会成员背景、性别、文化和能力的多元性,提高对新鲜事物的包容性,这对培养团队合作能力和创新思维至关重要。

总体来说,高职院校可通过课程设计和实际案例研究,使学生充分理解和适应这一时代背景下的职业环境。

## （一）提供个性化职业生涯规划

随着职业世界的不断发展，个性化职业生涯规划变得尤为重要。高职院校应提供一系列工具和资源，帮助每位学生根据自己的兴趣、能力和职业目标制订个性化的职业路径。

**1. 进一步完善职业兴趣测试**

职业兴趣测试是一种科学的测试方法，旨在帮助学生深入挖掘自己的兴趣所在，并评估与各类职业的潜在匹配度。这些测试基于心理学原理设计，能够深入分析个人的职业倾向和对不同工作环境的适应性，为学生选择未来职业方向提供有力指导。

**2. 根据实际需要构建职业生涯规划课程体系**

完善的职业生涯规划课程体系应当全面涵盖职业探索、技能评估、目标设定以及职业发展策略等内容。这些精心设计的课程内容旨在为学生提供丰富的知识和实用的工具，帮助学生更好地规划自己的职业生涯。

**3. 提供一对一的职业咨询服务**

一对一的职业咨询服务是非常重要的一环。通过个案咨询，学生可以获得有针对性的建议和指导，解决个人职业生涯规划中的具体问题。学校可以提供简历指导、面试技巧、职业生涯规划等职业咨询，或持续更新行业知识，帮助学生了解不同行业的发展趋势和就业市场动态，也可以设计一套标准化的咨询流程，如初次咨询、需求分析、方案制订、跟踪反馈等。除此之外，学校还应提供实习和职业体验机会，使学生能够在真实的工作环境中测试和发展自己的职业兴趣和技能。

## （二）关注实践与创新能力的培养

在职业生涯规划中，强调实践经验和创新能力的重要性是实现职业成功的关键因素。高职院校应通过各种方式，如实习、项目合作、建立创业训练营和创新工作坊、跨学科学习等，为学生提供丰富的实践学习机会。

**1. 实习**

实习是一种有效的方法，可以让学生在真实的工作环境中学习和锻炼。学校应与不同行业的公司建立合作关系，为学生提供多样化的实习机会。这不仅能够帮助学生将在课堂上学到的理论知识应用到实践中,还能增强他们对特定职业领域的理解。

**2. 项目合作**

项目合作也是重要的实践学习方式。学校可以鼓励学生参与跨学科的项目,解决真实工作世界的问题。这样的项目不仅能提供实践经验,还能提高学生的创新思维和团队协作能力。

**3. 建立创业训练营和创新工作坊**

创业训练营和创新工作坊可以提供一个平台,让学生尝试自己的创意和商业模型。这种经历不仅能够激发学生的创新精神,还能帮助他们学习风险评估和资源管理等重要技能。

**4. 跨学科学习**

现实的工作环境越来越注重多学科背景和综合技能的应用,因此,高职院校应鼓励学生进行跨学科学习,使其能够获得更广泛的知识储备和技能掌握。

跨学科学习可以通过多种形式实现。例如,开设跨学科课程,鼓励学生选择不同领域的选修课;或鼓励学生参与跨学科项目,帮助学生从不同视角理解复杂问题,让学生在解决实际问题的过程中学习如何融合和应用不同领域的知识和技能。此外,学校可以提供研讨会和讲座,让学生有机会接触到不同学科的专家和思想。这不仅扩展了学生的知识视野,还能帮助他们建立跨学科的思维模式。

在跨学科学习的过程中,除了技能的培养,学校还应注重学生国际视野的培养。通过国际交流项目或与国外院校的合作,学校可以让学生了解不同文化背景下的学科知识和团队运行模式,为其在经济全球化的职业世界中获得成功提供坚实的基础。

## 二、高职职业生涯规划教育与企业的互动

随着经济的快速发展和行业需求的不断变化,高职教育已成为培养专业技术人才的重要途径。这种强调实践技能和职业适应性的教育模式,为学生提供了与市场需求紧密对接的教育和培训平台。

在实际的互动过程中,企业应当为高职职业生涯规划做以下努力。

## (一) 校企合作模式的创新与深化

在当前的高职教育体系中,校企合作已成为重要趋势,而且学校与企业将在未来有更为紧密的联系。企业与高职院校的紧密合作通过多种形式实现,其中,共同设计课程内容是核心。一方面,企业可以参与课程的具体开发过程,确保所教授的内容与实际的行业需求保持一致。这不仅涉及理论教学,更重要的是,将实操技能的培养纳入课程体系。

另一方面,企业还可以通过派遣专业人员作为兼职教师或客座讲师的方式,将行业的最新动态、技术革新以及市场需求直接带到课堂上。这种直接来自行业的声音对学生了解未来职场环境至关重要。此外,实际的工作案例研究还可以让学生在解决真实业务问题的过程中完成学习和成长。

通过这种深入的合作,学生能够获得与行业紧密相关的教育内容,能提前适应未来的工作环境。这一举措还有助于学校教育内容的持续更新,确保教学内容与行业发展同步。

## (二) 实习和职业体验机会的提供

实习对高职学生来说是一个宝贵的学习机会,可以帮助他们将在课堂上学到的理论知识应用于实际工作中。企业可以提供多样化的实习机会,从而使学生能够在真实的工作环境中获得宝贵的经验。这不仅仅是简单的体验工作,更是学生职业技能和职业素养的培养。

除了传统的实习机会,企业还可以考虑提供更灵活的职业体验计划,如提供轮岗实习、参与项目的机会。企业还可以定期举办开放日或工作坊,让学生有机会深入了解企业文化和工作流程。

实习和职业体验对学生来说是一个实际了解和评估自己职业兴趣的机会,对企业来说则是发掘和培养未来人才的平台。这种互利的合作有助于缩小学校教育内容与实际工作之间的差距。

## (三) 职业发展指导和培训

企业与高职院校的合作不仅有实习,还包括职业发展指导和培训。企业可以与学校合作，举办系列讲座和研讨会，帮助学生了解不同职业路径的特点及所需技能。这些活动应涵盖如何制订有效的职业生涯规划、如何提升就业竞争力、职业道德和职场文化等方面的内容。

除了大型的讲座和研讨会，企业还可以提供小规模的职业咨询服务，如一对一的职业指导或小组辅导。这种个性化的指导更能针对学生的具体需求，提供定制化的职业生涯规划建议。另外，通过在线平台提供的职业发展课程，学生能够在灵活的时间内接受企业培训。职业技能培训是企业可以提供的重要资源。通过职业技能培训，学生不仅可以学习具体的技能，如软件使用、数据分析等，还可以增强自己的软技能，如沟通能力、团队协作和领导力等。

### （四）创业支持和创新培养

鼓励和支持高职学生的创新精神对培养未来的创业者和行业领导者至关重要。企业可以通过多种方式支持学生的创业项目，如提供创业指导、业务规划建议、市场分析等，帮助学生将创意转化为可行的商业模式。

企业也可以提供资金支持，如设立创业基金或奖学金，帮助学生克服创业初期资金方面的困难。此外，举办创业竞赛或提供孵化器服务也是鼓励学生创业的有效方式。这些平台不仅可以为学生的创业项目提供资源支持，还可以为其提供展示自己想法和接受真实反馈的机会。

在这些活动中，学生可以尝试解决实际业务问题，或探索新的技术应用，这不仅能提高他们的实践能力，还能激发他们的创新潜能。

## 三、高职职业生涯规划教育与社会的互动

当前，社会经济的迅速变革，尤其是技术的进步和行业结构的调整，对劳动力市场产生了深远的影响。这些变化要求高职教育不仅要关注专业技能的传授，还要培养学生终身学习的能力和适应社会发展的能力。

**1. 社会需求与课堂教育内容的对接**

社会需求与课堂教育内容的对接是高职教育质量提升的重要途径之一。社会各界可以通过与高职院校建立紧密的合作关系，为教育机构提供

宝贵的行业动态和就业市场需求信息，从而引导教育机构调整课程设置和教学内容，使之更贴近社会需求。

首先，社会可以不定期地向高职院校提供行业发展趋势分析、职业技能要求等方面的报告，以帮助教学机构了解当前和未来就业市场的需求变化，从而灵活调整课程设置，优化教学内容，确保学生所学专业与市场需求保持一致性。

其次，社会可以通过提供专业讲师或邀请行业专家参与课堂教学的方式，直接将实践经验和行业动态带入课堂。专任教师和行业专家可以结合自身的工作经历和实践案例，为学生提供真实的行业知识和技能培训，帮助学生更好地理解和应用所学知识。双方还可以分享行业内部的最新发展趋势、技术创新以及就业前景等信息，激发学生的学习热情和创新意识，引导他们更加积极地参与学习和实践活动。

最后，社会还可以鼓励企业、行业协会等组织与高职院校开展合作项目，共同开发教学资源、举办专业讲座、组织实践实习等，为学生提供更加丰富和多样化的学习机会。通过这些合作项目，学生可以直接参与真实的工作场景，接触到最前沿的技术和管理经验，提升自己的实践能力和竞争力。

**2. 社会需求与实践教学内容的结合**

社会各界与高职院校共建实践基地或实习基地是促进高职教育与社会需求紧密对接的重要途径之一。通过这种合作方式，社会能够为学生提供更多的实践机会，使其能够在真实的工作环境中学习和实践。通过参与实际项目和实习实践活动，学生能够更深入地了解行业特点和职业要求，培养自己的实际操作能力和解决问题的能力。同时，社会方面还可以提供导师制度，为学生提供个性化的指导和辅导，帮助他们进行职业生涯规划。

共建实践基地或实习基地，既能够满足社会的人才需求，又能够为高职院校的教育教学工作提供更多的支持和资源。社会可以通过提供实践基地和导师资源，与高职院校建立长期稳定的合作关系，共同培养具有实践能力和创新意识的高素质技能型人才。这种合作方式有利于促进校企合作，加强教育教学与实践应用的深度融合，为学生的顺利就业和职业发展提供更好的支持和保障。

社会方面与高职院校共建实践基地或实习基地，可以为学生提供更多的实践机会和个性化的指导与辅导，有助于高职教育更好地满足社会需求，培养更能适应市场的人才，推动高职教育与社会的深度融合，实现教育培养目标的真正提高。

**3. 社会政策与学校教育的互动**

社会上的政策支持和资金投入，可以有效促进高职院校的教育改革和发展，从而更好地满足社会需求，培养更优秀的人才。

（1）建立奖励机制。

社会可以建立奖励机制，鼓励高职院校开展创新实践教育。这样的举措可以激发高职院校教师和学生的创新潜能，推动教育教学模式的转变，培养更具实践能力和创新精神的人才。

（2）加大经济投入。

社会可以加大对高职院校的经费支持力度，提高教育资源的配置水平。通过增加经费投入，高职院校可以优化教学设施，改善师资队伍，丰富教育资源，提高教育教学质量，为学生提供更优质的教育服务。

（3）设立就业培训基金。

社会还可以设立就业培训基金，支持高职院校开展职业生涯规划教育。这类基金可以用于开展职业生涯规划指导、举办就业技能培训、提供职业发展咨询等活动，帮助学生更好地规划未来职业发展，增强就业竞争力。

## 四、高职职业生涯规划教育与家庭的互动

### （一）明确目标与期望

高职院校与家庭之间的紧密协作对学生职业生涯规划的成功至关重要。这种合作的核心在于共同明确和设定学生的职业发展目标，这一过程需要充分考虑学生的个人兴趣、能力和职业倾向，同时各方需对未来的职业市场需求有一个清晰的认识和理解。确保所设定的目标不仅反映了学生的个人愿景，还是在现实和市场需求的背景下可实现的，是这一协作过程中的关键。这不仅要求学校提供专业的职业生涯规划指导，还要求家庭成员提供支持和见解，以确保学生的职业生涯规划既符个人的长远发展，又能适应未来职场的变化。

此外，通过有效的沟通，高职院校和家庭可以对彼此及学生本人的期望进行调整和管理。这种沟通不仅包括对职业目标的讨论，还涉及对学生职业发展路径的共同规划和支持策略的制订。在这一过程中，双方共享信息、观点和资源，为学生提供一个有支持性的环境，确保家校双方对学生的职业生涯规划持有共同的理解和支持。此种协作不仅增强了家庭和学校之间的联系，还为学生提供了一个更为全面和坚实的职业生涯规划基础。这种基于共识和合作的职业生涯规划过程，使学生能够在理解个人价值和市场需求的基础上，制订出既现实又富有挑战性的职业目标，从而为未来的职业生涯奠定坚实的基础。

### （二）沟通与信息共享

为了促进家庭与学校之间的有效沟通，建立定期的交流机制至关重要。这种机制可以通过组织家长会、发送电子通信或定期报告来实现，旨在确保家长能够及时了解学生在职业生涯规划教育中的进展、面临的挑战以及取得的成就。这样的定期交流不仅让家长感觉到被纳入了学生教育的过程中，还为他们提供了机会，以更积极的方式参与孩子的职业发展之中。

利用现代技术手段，如在线平台和社交媒体，各方可以进一步加强这种沟通。这些平台提供了一个便捷的途径，让家长能够随时获取关于职业生涯规划教学内容、即将举行的相关活动和学生参与情况的更新信息。这种信息的透明化不仅增强了教育过程的透明度，还使家长能够在日常生活中更好地支持学生的职业生涯规划。通过这些综合的交流机制，家长可以更有效地与学校合作，为学生提供一个支持和鼓励的环境，帮助学生在职业生涯规划的道路上取得成功。

### （三）家庭参与机制

通过实施家访和举办家长工作坊，高职院校可以采取更为主动和个性化的方式支持学生的职业生涯规划。家访让教师有机会直接进入学生的生活环境，深入了解学生的家庭背景、个人兴趣及生活条件。这种直接的观察和交流为教师提供了宝贵的信息，使其能够根据每个学生的具体情况，提供更加个性化和贴切的职业生涯规划建议。

同时，通过组织家长工作坊，学校能够教育家长如何有效地引导孩子的职业生涯规划，介绍当前职业发展的趋势、必备的技能以及如何与孩子进行有效沟通的策略。这些工作坊不仅增强了家长对职业生涯规划过程的理解和参与感，还为家长提供了实用的工具和知识，帮助家长在家庭内部支持孩子的职业发展。通过综合落实家访和家长工作坊这两种策略，高职院校能够在家庭和学校之间建立起一个更加紧密的合作网络，为学生提供一个全方位的支持系统，促进学生在职业生涯规划上迈出成功的第一步。

### （四）共同参与活动

鼓励家庭成员参与学生的职业探索活动及职业咨询或辅导过程，是加深家庭对学生职业兴趣的理解和支持的有效方式。通过参与企业参观、职业体验日等活动，家庭成员不仅能直观地看到不同职业的实际工作环境和要求，还能更好地理解学生的职业兴趣和潜力，从而提供更有针对性和鼓励性的支持。

当学生参与职业咨询或辅导时，邀请家长共同参与这一过程，可以增强家长的参与感，使其成为学生职业生涯规划的积极参与者。这种共同参与不仅促进了家庭与学校之间的沟通，还为学生提供了一个更加全面的支持网络，帮助他们在职业决策过程中感到更加自信和坚定。鼓励家庭成员共同参与活动，能够有效地构建一个充满包容、支持和理解的家庭环境，为学生探索职业道路、做出明智决策提供坚实的后盾。

### （五）评估与反馈

定期评估学生在职业生涯规划中的进展并与家庭分享评估结果，是确保职业生涯规划有效性的关键环节。这一过程涉及对学生的学习成果、技能发展以及实习体验等多个方面的综合评价。通过这种评估，学校能够向学生和家庭提供具体的反馈，家庭也能够清楚地了解学生在职业路径上的当前位置和未来方向。这种透明的信息共享有助于家庭更好地支持学生，同时为学生提供了反思和改进的机会。

进一步地，基于这些评估结果以及家庭的反馈，学校和家庭可以共同参与职业生涯规划策略和计划的调整过程。这可能意味着对学生的学习目标进行重新设定，或者根据学生的需求和兴趣增加额外的支持和资源。例如，如果发现学生在某个领域的技能发展状况不如预期，家庭可以考虑提供其他领域的专业培训或实习机会。同样，如果学生对某个行业表现出高度兴趣，家庭和学校可以一起探索提供更多相关探索机会的方法。

这种基于评估和反馈的动态调整过程，不仅确保了职业生涯规划的灵活性和适应性，还加强了家庭与教育机构之间的合作，共同为学生的职业成功打下坚实的基础。通过这样的合作机制，学生能够在一个支持性高和响应性强的环境中成长，最大限度地发掘个人潜力和实现职业目标。

# Chapter 03 第三章 寻找学生认知职业生涯规划的新视角

随着时代的变迁和社会的发展,传统的职业观念和规划方式已经不能适应新的市场需求和个人的发展需求。因此,学生需要更新视角,更充分全面地认识到职业生涯规划的重要性,以便更好地适应时代的变化。从不同的视角认识职业生涯规划可以帮助学生更好地了解自己和市场,提升竞争力,实现个人价值,获得成就感。本章旨在探索如何引导学生深化对职业生涯规划的理解,超越传统观念,适应新的职业趋势和市场需求。

## 第一节 对自我的全面认知

自我认知是职业生涯规划的基础,也是制订有效职业生涯规划的前提。只有深入了解自己,才能确定适合自己的职业路径。但是,在没有科学工具和正确理论的指导下,每个人对自己的认知都带有一定的片面性。错误的自我认知可能导致职业选择与个人特质和兴趣不符,从而影响职业满意度和职业发展。因此,对自我的科学认知在职业生涯规划中的意义是多方面且深刻的。对自我的科学认知可以提高职业生涯规划的有效性,而客观真实的自我评估则有助于识别个人的优势和不足,避免在职业选择和发展中的盲目和偏差。对自我的科学认知既强调了解自己的局限,又强调更有针对性地进行职业生涯规划,最大化地实现职业生涯的成功。自我的科学认知能增强职业适应性和满意度,使个人更好地理解自己的价值观和职业目标,从而选择更加符合自身期望的职业路径。

一般来讲，自我的科学认知包括个人对自己的兴趣、气质、能力、价值观等方面的深入了解和评估。它不仅是职业生涯规划的起点，还是整个规划过程中最基础且核心的环节。

## 一、对兴趣的认知

### （一）兴趣概述

**1. 兴趣的含义**

兴趣作为一种心理倾向和非智力因素，体现了某些事物或活动对人们的内在吸引和人们的积极情绪反应。它是基于个人的精神需求（对科学、文化知识的追求）。当个人感受到对某事物或活动的需求时，他们会表现出对这件事物或活动的热心态度，愿意主动接触、观察，并深入探索其内在奥秘。

兴趣也是认识和情感的结合。没有对事物的全面认识，个人就不可能对其产生情感，不会对它产生兴趣。相反，随着对某个领域认识的加深和情感的增强，兴趣也会随之增强。兴趣的形成和发展，是一个动态的、互动的过程。它不仅反映了个人的内心世界和情感取向，还影响着个人的行为选择和行动动力。

兴趣的生成和发展受多种因素影响，包括个人的经验、教育背景、社会文化环境等。一个人如果从小在艺术氛围浓厚的环境中成长，可能会对艺术产生浓厚的兴趣。兴趣也可以通过教育和自我探索的方式被发现和培养。因此，兴趣不是固定不变的，而是可以通过个人努力和外部条件的变化而改变的。

**2. 兴趣的特点**

（1）倾向性。

兴趣的倾向性表现为个人对不同事物兴趣的差异，这种差异是个体差异的体现，意味着每个人的兴趣都是独特的。兴趣的倾向性可以是高尚的，也可以是低级的。高尚的兴趣倾向指的是对有益于人类社会的事物产生兴趣的倾向，如科学研究、文化创作等；而低级的兴趣倾向则是对可能有害于社会的事物产生兴趣的倾向。教育在培养高尚兴趣倾向方面发挥着重要作用，可以积极引导、帮助个人形成对社会有益的兴趣。

（2）广阔性。

兴趣的广阔性涉及兴趣范围的宽窄，有的人可能对多种事物感兴趣，表现出兴趣的广泛性；而有的人则可能只对特定的事物感兴趣，表现出兴趣的狭窄性。兴趣的广泛性通常与个人的知识面和生活经验有关。广泛的兴趣有助于个人视野的拓展和全面发展，但这同时需要与个人的中心兴趣相结合，实现兴趣的深度与广度的平衡。

（3）持久性。

兴趣的持久性强调的是兴趣的稳定程度，有的兴趣可能会在时间的推移中持续存在，而有的兴趣则可能会因为外部环境或内在因素的变化而改变。持久的兴趣对个人在特定领域的深入学习和成就的实现至关重要。因此，培养持久的兴趣，特别是有益于个人发展和社会发展的兴趣，是教育和自我发展的重要目标。

（4）效果性。

兴趣的效果性关乎兴趣是否能转化为实际行动的动力，积极的兴趣能够推动个人实际参与和探索感兴趣的事物，从而产生积极的效果；而消极的兴趣则可能仅停留在向往层面，无法转化为实际行动。因此，培养能够转化为具体行动的积极兴趣是实现个人发展和职业目标的关键。

**3. 兴趣的类型**

兴趣作为人类心理活动的重要组成部分，对个人的行为、情感和认知有深远的影响。兴趣类型多样，主要可以从两个维度进行分类：内容维度和动机维度。

（1）内容维度的分类。

从内容维度划分，可以将兴趣分为物质兴趣、精神兴趣、社会兴趣三个方面。

第一，物质兴趣。物质兴趣与人的物质需求紧密相关，主要表现为对物质事物的追求和喜爱。这种兴趣类型通常与个体的生活环境、社会文化背景和个人经验有关。收藏爱好者对古董、艺术品或邮票等的收集和欣赏，体现了对物质事物的浓厚兴趣。物质兴趣的一个显著特点是它往往与实际物质价值或审美价值相关，个体通过物质兴趣的满足获得心理上的愉悦和满足感。

第二，精神兴趣。精神兴趣更多地涉及人的精神世界和内心感受，通常与文化、科学和艺术相关。这类兴趣强调个人对知识、艺术创作和科学探索的追求。喜欢写作、绘画、摄影或参与发明创造的人，有更多深刻探究精神层面的渴望。精神兴趣不仅能够提升个人的文化素养和审美能力，还能促进心灵的成长和情感的丰富。

第三，社会兴趣。社会兴趣是指个体对参与社会活动、服务社会的兴趣，这类兴趣往往涉及社会参与和社会服务，如志愿服务、社区活动或参与公共事务。社会兴趣不仅反映了个体的社会责任感和公民意识，还能够促进社会的和谐和进步。通过社会兴趣的参与，个体可以获得归属感、成就感和社交满足感。

（2）动机维度的分类。

从动机维度划分，可以将兴趣分为直接兴趣和间接兴趣两类。

第一，直接兴趣。直接兴趣是指个体对某项活动本身就有强烈的喜好和热情，这种兴趣不需要外部的激励。有些人喜欢跳舞、画画或打球，这些活动本身就能带给他们愉悦和满足感。直接兴趣通常与个人的天赋、爱好和性格特点相关，是最自然、纯粹的兴趣形式。

第二，间接兴趣。间接兴趣则是基于某项活动所带来的结果或收益而产生的，个体可能对活动本身并不感兴趣，但由于认识到从事这项活动能带来某种利益，如学习外语可以获得更好的职业机会、出国学习的机会等，因此表现出积极参与的态度。间接兴趣往往与个人的目标、需求和期望紧密相关。

直接兴趣和间接兴趣可以相互转化。在某些情况下，原本是间接兴趣的活动，随着个体参与的深入和认识的提高，可能会转变为直接兴趣。反之，直接兴趣也可能因为外部因素或个人认识的改变，而转化为间接兴趣。这种转化和互动使兴趣的影响更加广泛和深远。

**4. 兴趣的发展阶段**

兴趣的发展一般会经历从初级阶段的"有趣"到中级阶段的"乐趣"，再到高级阶段的"志趣"的过程。这一过程不仅涉及兴趣深度和稳定性的变化，还反映了个体对兴趣对象认识的深化和情感的升华（见图3-1）。

```
┌─────────────────────────┐
│   初级阶段的"有趣"      │
└─────────────────────────┘
┌─────────────────────────┐
│   中级阶段的"乐趣"      │
└─────────────────────────┘
┌─────────────────────────┐
│   高级阶段的"志趣"      │
└─────────────────────────┘
```

图 3-1　兴趣发展的三个阶段

（1）初级阶段：有趣。

"有趣"是兴趣发展的起点，通常与个体对某事物的新奇感有关。这一阶段的兴趣往往是短暂的、易变的，它更多是由外部刺激引起的一种心理反应。在这个阶段，个体对多种事物都可能表现出兴趣，但这种兴趣缺乏深度和持久性，很容易随着新奇感的消退而转移或消失。

在"有趣"阶段，人们通常没有明确的目标和持续的动力。一个人可能今天对绘画感兴趣，明天又对音乐产生兴趣，但这些兴趣往往只是一时的好奇或想尝试新鲜事物的表现。在这个阶段，个体的兴趣很容易受外部环境和情绪的影响，缺乏稳定性和深度。

（2）中级阶段：乐趣。

当"有趣"的兴趣得到了一定的培养和深化，就可能转变为"乐趣"阶段的兴趣。这个阶段的兴趣更加稳定和持久，个体对兴趣对象的认识更加深入，情感也更加丰富和扎实。在"乐趣"阶段，兴趣不再仅仅是外部刺激的结果，而是个体内心的需要和追求。

"乐趣"阶段的兴趣通常伴随着主动的学习和实践。个体不仅对兴趣对象产生了深厚的情感，还愿意投入时间和精力去深入探索和实践。例如，一个对计算机维修感兴趣的人，不仅会主动学习相关知识，还会寻找机会进行实际的装配和修理。在这个阶段，兴趣开始影响个体的行为选择和时间分配，个体也可能因为这种兴趣而获得更大的成就感和满足感。

（3）高级阶段：志趣。

"志趣"是兴趣发展的最高阶段，它不仅代表了兴趣的深化和稳定，还意味着个体的爱好与社会责任、人生理想的结合。

在这个阶段，兴趣已经超越了纯粹的自我满足，成为推动个体为更高目标和理想奋斗的动力。"志趣"阶段的兴趣与个体的价值观和生活目标紧密相关。在这一阶段，个体的兴趣不仅是个人爱好的表现，更是个人对社会贡献和实现自我价值的追求。爱迪生的发明创造就是他对科学探索的浓厚兴趣和对社会进步作贡献的理想的结合。在这个阶段，兴趣成为个体生活和工作的重要部分，也是个体身份和角色的重要组成部分。在职业发展中，兴趣的重要性不容忽视。职业兴趣作为个体对某种职业的心理倾向，对职业选择和职业满意度有着显著的影响。职业兴趣能够帮助个体更快地熟悉并适应职业环境和角色，提升工作效率和创造力，同时是个体发掘潜能的关键因素。职业兴趣不仅是进行职业选择的依据，还是个体在职业生涯中持续成长和发展的动力源泉。一个人如果能够在其感兴趣的领域工作，就更容易展现出主动性和创造性，也更容易取得职业成就，获得满足感。因此，理解和培养个人的职业兴趣对职业生涯规划和个人发展至关重要。

### （二）霍兰德的职业兴趣理论

关于兴趣理论，最著名的是霍兰德的职业兴趣理论。心理学家霍兰德在论述人的生涯兴趣时，将其分为六类（见表3-1）。

表3-1　　　　　　　　　　霍兰德的职业兴趣类型

| 分析类型 | 特点分析 | 选择领域 | 代表人物 |
| --- | --- | --- | --- |
| 现实型 | 偏好与物质世界打交道，如机械、动植物、工具等，喜欢具体、有序的操作。他们通常不太倾向于选择理论研究或社交类职业 | 机械管理、生产技术、手工艺技术、动植物管理等 | 爱迪生、鲁班 |
| 研究型 | 喜欢系统地观察自然和文化现象，倾向于思考和分析，不太喜爱重复单调的工作或需要较强管理能力的环境 | 分析、设计、科学研究等 | 达尔文、钱学森 |
| 艺术型 | 倾向于自由、无拘束的活动，他们通常富有想象力和创造力，并对艺术类工作有强烈兴趣。他们可能不太喜欢传统的文字处理工作 | 音乐、绘画等 | 莫扎特 |
| 社会型 | 喜欢与他人互动，参与社会化活动热衷于助人和教学工作。他们不太喜欢有实际操作性质的工作 | 教育、社会福利、医疗保健、商品营销等 | 南丁格尔 |

续表

| 分析类型 | 特点分析 | 选择领域 | 代表人物 |
| --- | --- | --- | --- |
| 企业型 | 喜欢领导和策划，渴望引人注目，善于说服他人和领导团队以实现目标。他们通常不太适合需要细致观察或研究的职业 | 销售、企业管理、政治或行政管理等 | 马云、福特 |
| 事务型 | 偏好有秩序、有系统性的工作，如文字处理、数字资料整理等。他们通常不太喜欢涉及文艺元素的工作 | 银行、图书管理、会计、出纳、计算机操作和办公室工作等 | 洛克菲勒 |

### （三）兴趣评估方法

常见的兴趣评估方法主要包括心理测验、自我评估表格、职业兴趣卡片排序、兴趣访谈、兴趣日记和兴趣工作坊等。这些方法各有特点，适用于不同的场合和目的。

**1. 心理测验**

心理测验是评估个人兴趣的常用方法。这些测试通常由心理学专家设计，包括一系列标准化的问题和任务，旨在系统地评估个人对各种活动的兴趣和倾向。最著名的心理测验之一是霍兰德职业兴趣测验，它将兴趣分为六大类，能帮助个体了解自己的兴趣类型。测试结果可以帮助个体更好地了解自己的兴趣和适合的职业领域。

**2. 自我评估表格**

自我评估表格的特点是简单而有效，个人可以通过填写这些表格来评估自己对不同活动和领域的兴趣程度。这些表格通常包括一系列的陈述任务或问题，参与者需要根据自己的感受来回答。这种方法的优点是操作简单，能迅速给出结果，但缺点是较为主观，较容易受到个人情绪和当前状态的影响。

**3. 职业兴趣卡片排序**

这种方法涉及对一组描述不同职业或活动卡片的使用。参与者需要根据自己的喜好对这些卡片进行排序。这种方法的优势在于有互动性，能够让参与者直观地了解自己对不同领域兴趣的排序情况。这种方法通常在职业指导和咨询中使用。

**4. 兴趣访谈**

兴趣访谈有个性化这一评估特点，通常由职业顾问或心理咨询师进行。在访谈中，咨询师通过一系列问题引导个人探索和表达自己的兴趣。这种方法的优点是可以深入探讨个人的兴趣，并提供个性化的反馈和建议。

**5. 兴趣日记**

兴趣日记是一种自我探索的方法，要求个人在一段时间内记录自己对不同活动的兴趣和感受。通过回顾这些记录，个人可以更好地了解自己的兴趣模式和偏好。这种方法的优点是可以长期跟踪个人的兴趣变化，但需要持续的自我观察和记录。附录中提供了兴趣日记样表以供参考。

**6. 兴趣工作坊**

兴趣工作坊强调在集体活动中发现兴趣所在，通常情况下参与者可以在工作坊中通过体验不同的活动和讨论探索自己的兴趣。这种方法不仅为参与者提供了自我探索的机会，还能让参与者在团队环境中得到反馈和支持。兴趣工作坊通常在学校、职业培训中心和社区中心举办。

这些兴趣评估方法各有优势和局限，个人可以根据具体需求和条件选择最合适的方法来评估个人兴趣状况。

## 二、对气质的认知

### （一）气质概述

气质，作为个体心理活动和行为的一种基本特征，是与生俱来的，反映了个体高级神经活动的特点。气质是一种稳定的心理特征，从心理活动的强度、速度、稳定性、灵活性、指向性等方面表现出来。人从出生时开始，气质特征就已经开始显现，有些婴儿天生活泼好动，对外界的刺激反应迅速，而有些则表现得更为平静，行动缓慢。这些早期的气质特征在随后的成长过程中，如在学习、社交、生活等方面，会变得更加明显。

气质是人的心理活动和行为方面的动力特征，影响着个体如何感知世界，如何与环境互动以及如何处理和回应外界的刺激。一个多血质的孩子在学校可能更活跃和外向，而一个抑郁质的孩子可能更倾向于内省和独处。这些气质的特征对个体的社交方式、学习习惯、兴趣和爱好等都有深远的影响。

需要强调的是，气质本身并不会决定一个人的社会成就或智力水平。尽管它对个体的活动和行为方式有一定的影响，但气质不是决定个体能否获得成功的唯一因素。个体可以通过后天的努力、学习和适应，克服气质带来的限制，发挥其积极方面，从而实现个人目标。

气质的分类以公元前 5 世纪古希腊医生希波克拉底的分类最为著名，他提出人的气质可以分为不同的类型，即多血质、胆汁质、黏液质、抑郁质四种类型。每种类型都有独特之处：胆汁质的人较为积极主动，多血质的人通常情绪稳定且外向，黏液质的人则更加稳重和细致，抑郁质的人则更擅长深思和内省。这些气质类型在不同的职业领域中可能会表现出不同的适应性。多血质和胆汁质的人可能更适合要求快速反应和活跃互动的工作，如销售和公关，而黏液质和抑郁质的人可能更适合需要持续专注和细致工作的职业，如科研和写作。气质对职业选择的影响在于，不同的工作环境和职业可能更适合某些特定的气质类型。了解自己的气质类型可以帮助个体更好地认识自己的优势和局限，从而做出更适合自身特点的职业选择。一个天生善于社交和富有领导力的胆汁质个体，可能会在管理或领导岗位上表现出色。反之，如果一个黏液质个体从事需要频繁社交和快速反应的工作，可能会感到压力和不适应。

然而，更重要的是，要认识到气质可以为职业选择提供指导，但它不是唯一的决定因素。个人的兴趣、技能、价值观以及其他个性特质同样重要。

尽管气质是先天形成的，具有相对稳定性，但并非完全不可改变的。在社会生活和教育的影响下，个体的气质可以有一定程度的调整和发展。一个本来较为内向的抑郁质个体，通过参与社交活动和公共演讲的训练，可能会逐渐自信，社交能力增强。同样，一个天生活跃好动的多血质个体，也可以通过练习和自我控制，学会在需要专注和耐心时保持稳定。气质的可塑性意味着个体有潜力通过后天努力来优化自己的行为和反应模式。在教育和职业培训中，了解学生或员工的气质特点，可以帮助教育者和管理者设计更有效的教学和培训计划，以适应不同气质类型的需求。同时,个体可以通过自我认知和自我调节,克服气质上的某些限制,发挥其积极方面,从而更好地实现个人发展和职业目标。

### (二) 气质类型与职业之间的关系

气质类型与职业之间存在着密切的联系,不同的气质类型在各种职业中能发挥不同的优势,同时需要面对不同的挑战(见表3-2)。

表3-2　　　　　　　　四种气质与职业之间的关系

| 分类 | 特点 | 适合的职业 | 优势 | 挑战 |
| --- | --- | --- | --- | --- |
| 胆汁质 | 以情绪兴奋性高、反应迅速、情绪体验强烈而持久为特点 | 销售经理、企业家、政治家、律师、紧急响应专业人员等 | 能在繁忙、竞争激烈的环境中发挥领导力,擅长快速决策和应对突发情况 | 可能需要学习如何控制冲动,提高耐心,以适应需要细致规划和持久关注的工作 |
| 多血质 | 情绪变化迅速,反应灵活,具有较大的可塑性 | 公关专家、市场营销人员、演员、艺术家、导游等 | 在需要创新和快速适应的环境中表现出色,善于人际交往和沟通 | 需要提高专注力和持久性,以适应需要长时间专注和细致工作的职业 |
| 粘液质 | 反应速度慢但稳定,情绪稳重 | 研究人员、会计师、图书管理员、程序员、行政人员等 | 在需要细致规划和长期专注的工作中表现良好,善于处理复杂的信息 | 可能需要努力提高适应性和灵活性,以应对快节奏和变化多端的工作环境 |
| 抑郁质 | 反应较慢,感情细腻,做事小心谨慎 | 作家、艺术家、心理咨询师、科学研究人员、历史学家等 | 在需要深度思考和高度专注的工作中表现出色,能够深入挖掘和理解复杂的概念 | 可能需要学习如何应对压力和不确定性,提高社交和沟通技巧,以适应需要团队合作和快节奏的工作 |

## 三、对能力的认知

### (一) 能力的含义

能力的定义涵盖了个人成功完成各种活动所必需的心理特征,包括智力、性向和成就三个关键组成部分。它们共同构成了一个人的综合能力,影响着人在生活和职业领域中的表现和成就。

### 1. 智力

智力是能力的基本组成部分，指的是个人处理信息、解决问题和适应新情境的一般能力。智力包括了一系列认知过程，如感知、记忆、推理、理解和判断。这些过程对学习、理解复杂概念、有效决策和完成日常生活中的各种认知任务至关重要。智力是个人学习新技能和知识、适应新环境和解决问题的基础。智力水平影响着个体接收和处理信息以及利用这些信息来应对生活中挑战的方式。

### 2. 性向

性向是指在某一特定领域或活动中的自然倾向，指个人可以发展的潜在能力，与个人的兴趣、倾向和天赋相关，如音乐、艺术、科学或体育等。个体的性向可以决定他们在某一领域内学习和成长的潜力以及他们对这些领域的热情和投入程度。了解性向有助于个体识别和发展自己的特长和兴趣，使个体能够在特定领域实现自我发展并取得职业成就。个人的性向往往决定了他们在职业生涯中的选择方向和发展路径。

### 3. 成就

成就则指个人通过教育或培训在学识、知识和技能方面达到的较高水平，是个体在特定领域通过学习和实践所获得的专业能力和技能，反映了个人在某一领域的知识储备、技能水平和实践经验。高水平的成就不仅能提高个体在职业市场的竞争力，还能增强从业者在职业生涯中的自信和满足感。

## （二）能力的分类

能力受遗传因素和环境因素的共同影响，因此在不同个体之间存在显著差异。这种差异主要体现在能力的质和量两个方面。

从质的角度来看，不同人的能力各不相同。这种不同不仅表现在人们所拥有的特定能力上，还表现为，即使是同一种能力，其组成元素和表现形式也可能有所不同。例如，两个人都可能在音乐领域表现出特殊才能，但其中一个可能擅长演奏，另一个则可能在作曲方面有独到之处。高职教育作为一种专业教育，也会根据不同的专业培养学生不同的能力。不同专业的教育重点和培养目标不同，因此学生在完成高职教育后会展现出不同领域的特殊能力。从量的角度来看，个人能力的发展水平和发展速度存在差异。受遗传属性和环境条件的影响，个人能力的发展在总体发展水平、不同领域能力特质上的表现也不尽相同，即便是同一个人，在不同能力特质的发展程度上也可能存在差异。某人可能在逻辑思维方面表现出较高水平，而在社交能力方面则相对较弱。在成长和学习的过程中，这两大因素相互作用，促进个人能力的不断发展和完善。

根据这些差异，人类的能力可以从多种角度进行分类。这种分类有助于人们更好地理解个人能力的多样性和复杂性，为个人发展和职业生涯规划提供指导。

**1. 模仿能力和创造能力**

模仿能力是人类和动物共有的一种基本学习能力，指的是通过观察他人的行为、活动，学习其中的知识，进而以相似的方式做出反应的能力。模仿不仅是对即时行为的复制，还包括对观察到的行为进行内化、存储，并在适当的时机表现出来的过程。在人类发展的不同阶段，模仿能力扮演着重要的角色。在儿童早期发展中，模仿是学习基本社会行为和技能的关键方式。孩子们通过观察成人和周围环境，学习语言、社交规则和日常技能。在成年后，模仿能力依然是习得职业技能和适应社会的重要途径。在工作场所中，新员工能够通过观察和模仿经验丰富的同事，快速学习工作技能、了解公司文化。

模仿能力的一个重要特点是有普遍性和直观性。几乎所有人都具备模仿能力，而且这种能力的发挥往往是无意识的。人们可以通过模仿快速适应新环境，学习新技能。然而，模仿能力也有局限性，它依赖于已有的行为模式和知识结构，因此在解决新问题和创新方面可能受到限制。创造力是指产生新思想、新概念和新产品的能力。它涉及超越现有知识和经验的边界，通过原创性思维发现新的联系和关系，提出创新的解决方案和创作的过程。与模仿能力不同，创造力需要更高层次的认知能力，包括批判性思维、问题解决和概念整合能力。具备高创造力的人通常能够打破常规思维模式，探索未知领域。尤其是在艺术、科学和技术等领域，创造力是推动创新和进步的关键驱动力。作家运用创造力编写新的人物和故事，增加文学作品的丰富性；科学家运用创造力提出新理论和模型，推动科学知识的发展。在商业和工业设计领域，创造力同样是设计开发新产品和服务的重要基础。

创造力的培养和发展是一个复杂的过程，受个体经验、知识背景、心理特征以及环境因素的影响。创造力不仅是天赋，也可以通过教育、实践和环境激励而提升。在教育和职业培训中，鼓励探索、批判性思考和自由表达是培养创造力的重要策略。

虽然模仿能力和创造能力在本质上有所不同，但它们之间存在密切的联系。在很多情况下，模仿是创造的前提和基础。通过模仿，个体可以学习和内化现有的知识和技能，为后续的创新和创造打下基础。科研工作者在提出具有独创性的实验设计之前，往往需要先通过观察和模仿现有的实验方法和技术。类似地，艺术领域的学习者在形成自己独特风格之前，通常会先临摹前人的作品，了解和掌握基本技巧。这一过程不仅能帮助他们掌握技术，还能激发其对新方法和新风格的探索。

**2. 一般能力和特殊能力**

一般能力指的是个体在不同类型的活动中普遍表现出来的能力，如抽象概括力、学习力、创造力等，具有广泛性、通用性和基础性等特质。这些能力是智力的重要组成部分，对完成各种日常和专业活动至关重要。其中，抽象概括能力被认为是一般能力的核心，因为它涉及理解复杂概念、识别模式和关系以及从具体信息中提取和形成一般原则的能力。一般能力的发展对个人的整体发展和适应社会生活的过程有着非常重要的影响。可以说，一般能力是个体在教育、工作和日常生活中成功的基础，使个体能够有效地学习新技能、适应新环境，并在各种情境中做出恰当的反应。此外，一般能力也为特殊能力的发展奠定了基础。例如，良好的基础听觉能力是发展音乐和言语听觉能力的前提。因此，一般能力的培养和提高对个体的全面发展具有重要意义。

特殊能力是指个体在某种专业或特定活动中表现出来的特有能力。这些能力是完成特定专业活动的心理条件，通常与个体的专业技能和专长紧密相关。例如，画家的色彩鉴别能力、音乐家的旋律区分能力、舞蹈家的肢体表现能力等。特殊能力通常是基于个体的兴趣、天赋和后天培养而形成的。这些能力使个体能够在特定领域内表现出色，完成复杂和专业的任务。一名舞蹈家通过长期的训练和实践，可以在身体协调性、节奏感和表现力方面具有高超的能力，这些特殊能力使其能够完成高难度的舞蹈表演。特殊能力的培养通常需要有针对性的教育和训练。随着特殊能力的不断提升，个体在其专业领域内的成就和满足感也会相应增强。

**3. 操作能力和社交能力**

操作能力是指个体操作自己肢体以完成各种活动的能力，包括劳动能力、艺术表演能力、体育运动能力等。这种能力是在操作技能的基础上发展而来的，并且是掌握操作技能的重要条件。操作能力的核心在于动手能力和身体协调性，这些能力使个体能够有效地完成物理任务和活动。操作能力的发展对个体在多个领域中有出色表现至关重要。在职业领域，操作能力使工人能够熟练地完成工作任务，使艺术家能够创作出精美的艺术作品，使运动员能够在体育竞技中表现出色。在日常生活中，操作能力也是完成各种家务活动和日常任务的基础。

操作能力的提高通常需要实践和练习。通过重复练习和技能训练，个体可以逐渐提升自己的操作技能水平，更有效地完成各种任务。此外，操作能力与认知能力密切相关，良好的认知能力能帮助个体更快地学习和掌握操作技能，而操作经验的积累又能反过来促进认知能力的发展。

社交能力指的是个体在社交活动中所表现出来的能力，包括组织管理能力、言语感染力、判断决策能力以及调解纠纷和处理意外事故的能力。这种能力对组织团体、促进人际交往和沟通信息来说影响深远，是个体在社会生活中不可或缺的能力。良好的社交能力使个体能够有效地与他人沟通、合作和解决冲突，这对个人的职业发展和社会适应至关重要。优秀的组织管理能力能够使个体在工作中领导团队，有效地完成任务；而强大的言语感染力则有助于个体在公开演讲和销售中吸引听众，传达自己的观点。

社交能力的培养通常需要实际的社交实践和经验积累。通过参与社交活动、团队合作和公共演讲等，个体可以逐渐提升自己的社交技能，更好地适应社会环境。社交能力的发展也有助于个体建立良好的人际关系，提高其对生活和工作的满意度。

**4. 流体能力和晶体能力**

流体能力是指个体在信息处理和问题解决过程中所展现的能力，如认识关系、类比推理、演绎推理及形成抽象概念的能力。这种能力的显著特点是它较少依赖于已获得的知识和文化内容，更多地依赖于个人的先天禀赋。换句话说，流体能力是人类智力的一个原始组成部分，与个体的原始思维能力和处理新信息的能力紧密相关。流体能力在个体的一生中有特定的发展趋势。研究表明，流体能力通常在人 20 岁左右达到顶峰，随后随着年龄的增长而逐渐下降。这意味着年轻时人的思维更为灵活，但随着年龄的增长，这种本能的、未经训练的思维能力会有所衰退。

流体能力的个体差异相对较小，受教育和文化背景的影响也较小。因此，在编制跨文化适用的智力测试时，流体能力常被作为评估不同文化背景个体智力的基准。流体能力在多种智力测验中被广泛应用，以评估个体处理新问题和挑战的基本能力。

晶体能力则是指通过后天学习获得的语言、数学知识和技能，与社会文化背景和个人经历有着密切的关系。它包括个体在特定领域，如语言理解、数学计算、事实记忆等方面的知识和技能。晶体能力是个体教育和文化经验的积累，反映了他们对所学知识的掌握和应用能力。与流体能力不同，晶体能力会在个体的一生中持续发展，尤其在 25 岁以后，尽管发展速度渐趋平稳，但个体的知识和技能仍在持续积累。晶体能力的提升依赖于教育、文化经历和持续的学习过程。经过多年的教育和实践，一个人可以在特定的学科或技能上达到较高水平。

晶体能力在一定程度上依赖流体能力。一个具有较强流体能力的人，在相同的学习和经验条件下，可能会发展出更强的晶体能力。然而，即使是流体能力较强的个体，如果处于教育资源较匮乏的状况中，其晶体能力的发展也可能受限。这说明晶体能力的发展不仅取决于个体的原始智力水平，还受环境和教育条件的影响。

流体能力和晶体能力虽然在本质上有所不同，但也存在密切的关系。流体能力是发展晶体能力的基础，它决定了个体处理新信息和解决新问题的原始能力。晶体能力则是对这种原始能力的延伸和应用，体现了个体在特定领域的知识和技能的积累。在个体的发展过程中，通过教育和实践，流体能力和晶体能力相互作用，共同促进个体的认知发展和智力成熟。

### （三）能力的影响因素

**1. 知识与技能对能力的影响**

知识和技能是影响个体能力水平的关键因素。知识是指个体通过学习和经验积累获得的信息、事实和对原则的理解,而技能则是指个体运用知识进行具体操作和实践的能力。这两者共同构成了个体解决问题和完成任务所必需的基础。

知识的广度和深度直接影响个体在特定领域内的能力。丰富的知识储备使个体能够在面对问题时有更多的参考和选择,能够从不同角度和层面进行思考和分析。同时,对知识的深入理解和应用也是个体创新和创造的基础,使个体能够在现有的基础上进行创新。技能的熟练程度同样对个体的能力有重要影响。技能不仅涵盖了物理操作方面的能力,如手工技能、艺术表现能力等,还包括认知技能,如沟通技能、决策技能等。技能的提升通常需要长期的实践和经验积累,熟练的技能能使个体更高效、更精准地完成任务。

**2. 素质对能力的影响**

素质指的是个体的内在品质和特性,包括心理素质、道德素质、身体素质等,这些素质对个体的能力有着深远的影响。

第一,心理素质如情绪控制能力、压力承受能力、自我激励能力等,对个体在各种情境下的表现有重要影响。良好的心理素质使个体能够在面对挑战和压力时保持稳定和清晰的思维,有效地处理复杂的问题。

第二,道德素质包括责任感、诚信、同理心等,能对个体在社会和职业活动中的行为和决策产生影响。高道德素质的个体在团队合作和社会交往中更能获得信任和尊重,有利于其形成良好的人际关系和社会网络。

第三,身体素质也是影响个体能力的重要方面。良好的身体机能和健康水平使个体能够有效地进行日常活动和工作,提高工作效率和生活质量。

**3. 教育对能力的影响**

教育是影响个体能力发展的重要因素。通过教育,个体不仅能够获得知识和技能,还能够培养思维方式、价值观和各类习惯。

教育的质量和内容对个体的认知发展、技能培养和道德素养有着深远的影响。高质量的教育能够为个体提供丰富多样的知识和信息,激发个体的好奇心和探索欲,同时能够为其提供对批判性思维和创造性思维的训练。

教育还包括继续教育和终身学习。在快速变化的社会和工作环境中，终身学习是个体实现持续发展的重要途径。通过不断学习新知识和技能，个体能够适应新的挑战，把握新的机遇。

### 4. 社会实践对能力的影响

社会实践是个体能力发展的另一个关键因素。通过参与社会活动、工作实践和社区服务，个体能够将理论知识应用于实际情境中，培养实际操作能力和问题解决能力。

社会实践为个体提供了与现实世界互动的机会，使其能够体验不同的社会角色，理解社会运作的复杂性。这种经验对培养个体的社交能力、组织管理能力以及适应能力至关重要。

此外，社会实践还能促进个体的自我认识和自我发展。在实践过程中，个体能够发现自己的兴趣和潜力，同时也能够认识到自己的局限和需要改进之处，为个人成长和职业发展奠定基础。

### （四）能力对职业的影响

职业能力对职业发展的影响是显而易见且至关重要的。职业能力不仅决定了一个人是否能够胜任特定的工作岗位，还在很大程度上决定了个体在职业生涯中成功的可能性和职业成就的高低。

首先，职业能力是胜任工作的基础。每个职业岗位都有其特定的职责要求，包括技术技能、决策能力、团队合作能力等方面。个体的职业能力包括硬技能（如专业知识、技术操作能力）和软技能（如沟通能力、领导力、团队协作能力），是满足这些要求的关键。如果个体缺乏与岗位相匹配的能力，其可能难以有效地完成工作任务或达到工作要求。其次，职业能力也决定了个体的职业选择。虽然职业兴趣可以引导个体选择特定的职业路径，但最终能否在该领域中取得成功，则取决于他们是否具备必要的职业能力。个体的能力优势不仅有助于他们在选定领域中表现出色，还能提高他们在该领域中取得成功的可能性。最后，职业能力与个体在职业生涯中的发展和成绩紧密相连。一个具备强大职业能力的个体更有可能在工作中表现出色，创造新的价值和成果。随着职业能力的提升，个体能够处理更复杂的任务，承担更大的责任，并在职业生涯中攀登更高的阶梯。

综合发展的各种能力不仅有助于提高工作效率，还能促进创新思维和解决问题能力的发展，进而提高工作绩效和职业满足感。职业能力的持续发展是取得职业成功的关键。随着工作环境的不断变化和职业要求的不断提高，个体需要不断地学习新知识、掌握新技能，并不断地提升自己的综合能力。只有通过终身学习和不断的职业实践，个体才能够保持竞争力，适应不断变化的职业要求，实现持续的职业发展。

### （五）职业能力的培养

**1. 通过专业知识学习培养职业能力**

培养职业能力的首要途径之一是学习专业知识。专业知识包括特定行业或职业所需的理论和技术知识，如法律、医学、工程技术等。这些知识不仅涵盖基本原理和概念，还包括行业特有的操作方法和技巧。专业能力作为职业能力的核心，在个体完成职业任务和履行岗位职责的过程中发挥着重要作用。在现代职业环境中，随着工作的日益专业化和技术化，个体必须具备扎实的专业知识基础。这种知识不仅能够使个体理解和执行复杂的职业任务，还能使其快速适应行业发展和技术变革。专业知识的学习通常要通过正规的教育，如高等教育、职业培训课程以及工作中的持续学习来实现。

专业知识的学习不仅有理论知识的掌握，还包括将理论应用于实际工作环境的能力。因此，个体不仅需要学习和理解专业知识，还需要通过实践和模拟等方式，不断提高将理论知识转化为实际操作的能力。

**2. 通过通识知识的学习培养职业能力**

除专业知识外，通识知识的学习也是培养职业能力的重要途径。通识知识所涉领域广泛，如人文、社会科学、自然科学等，它为个体提供了广阔的视野和多元的思维方式。这些知识对培养个体的适应能力、组织管理能力、沟通协调能力和创新能力有重要作用。当前，在不断变化的工作环境和多元化的社会背景下，单一的专业知识已不能满足职业发展的需求。对通识知识的学习可以提高个体的综合素养，使其能够更好地理解复杂的社会现象，有效地与来自不同学科背景的人交流合作以及在面临新问题时提出创新解决方案。

通识教育的目标培养具备批判性思维、创造性思维和全面分析能力的杰出个体。这不仅能够助力个体在专业领域内脱颖而出，更能够赋予其独特的洞察力和解决问题的能力。通识教育不仅关注知识的传授，更注重思维方式和综合能力的培养，令个体能够迅速适应新的环境和挑战，保持职业生涯的灵活性和适应性。

**3. 通过参与社会实践培养职业能力**

社会实践涉及个体在实际工作环境或社会活动中的经历，是理论知识和技能应用于实际情境的过程。通过社会实践，个体不仅能够积累宝贵的工作经验，还能发展解决实际问题的能力。社会实践活动能够增强个体的实际应用能力和专业技能。实习、志愿服务和项目参与等活动能够使个体将所学知识应用于实际情况中，同时还能培养团队协作、时间管理和进程管理等重要技能。此外，社会实践还能提高个体对专业知识的理解和拓展的水平。

通过社会实践，个体不仅能够积累宝贵的实践经验，更能在此过程中磨炼出独特的创新能力和创业精神。面对各种复杂多变的挑战和问题，个体能够从过往的实践经验中汲取智慧，以创造性思维寻找突破性的解决方案。这种实践经验不仅使个体在应对职业生涯中的变化时更加灵活自如，更能让其在机遇来临时迅速把握，实现个人价值的最大化。

## 四、对价值观的认知

### （一）什么是价值观

价值观是个体对是非、好坏、善恶、美丑的基本看法和判断标准，在个人的职业选择和职业生涯发展中起着决定性作用。价值观不仅反映了个人的内在信仰和考虑事物的优先级，还指导着个体的行为和决策过程。在职业选择的过程中，价值观是决定一个人投身于特定职业领域，并坚持下去的核心因素。每个人的价值观都是独一无二的，受个人成长环境、教育背景、文化传统等多种因素的影响。在职业选择上，即使是具有相似兴趣、性格和能力的人，也可能因为不同的职业价值观而选择不同的职业路径。一些人可能更重视职业稳定性和收入水平，而另一些人可能更看重工作的创造性和社会影响力。

清晰而坚定的职业价值观有助于个体在复杂多变的职业世界中做出明智的选择。它不仅能帮助个体确定适合自己的职业方向，还有助于其在遇到职业挑战和选择时保持坚定和自信。价值观在个体的职业发展和职业创造中扮演着核心角色。职业能力确实是职业成功的基础，但价值观则是推动个体在职业生涯中不断前进的内在动力。个体的价值观直接影响个体的工作态度、工作满意度、职业目标的设定以及对职业成就的理解。

价值观还能影响个体在工作中的行为和决策方式。重视团队合作和社区参与的人可能会在职业生涯中寻求更多的协作机会，而重视个人成就和创新的人可能会更倾向于独立工作和探索新的领域。在职业生涯的不同阶段，价值观还可以帮助个体评估和调整他们的职业道路，确保其职业选择与个人的长期目标和信念相符合。

价值观的形成是一个长期且复杂的过程，受个人经历、社会文化、教育程度等多种因素的影响。明确和强化个人的价值观需要个体进行深入的自我反思和探索。通过对自己过往经历的回顾、对当前生活和工作的评估以及对未来职业和生活目标的规划，个体可以更清楚地了解自己的价值观。与此同时，融入社会的主流核心价值观，学会在不同价值之间进行排序和取舍，对个体实践自身的价值观也有非常重要的意义。社会主义核心价值观中，国家、社会和个人层面的价值目标和准则，为个人提供了一种更广泛的参考框架。

### （二）认识职业价值观

职业价值观是个体对工作和职业生活的核心信念和态度，在个人的职业决策和工作行为中起关键作用。这一概念是个体的一般价值观在职业生活中的具体体现，反映了个人看待工作、职业成功和工作中满足感的方式。通常在个体长期的社会化过程中形成，是个人的职业经验和感受的综合体现。

职业价值观可以被定义为人们根据自身需求和社会要求，对职业行为和工作成果所形成的稳定、有概括性的信念系统。这一信念系统是个性倾向的一部分，影响着人们的职业选择、工作态度和职业满意度。

职业价值观不仅会影响个体的择业决策，还决定了个体在职业生涯中的发展方向。重视工作安全和稳定性的人，可能倾向于选择传统和稳定的职业路径，而重视个人成长和挑战的人，可能更倾向于追求创业或参与新兴行业。职业价值观使个体在面对职业选择时，能够更加清晰地认识自己的期望和目标。

职业价值观还决定了个体对工作的态度和投入程度。个体的职业价值观与他们在工作中的行为、工作满意度和工作绩效密切相关。将工作视为实现自我价值手段的人，可能会在工作中展现出更高的热情和投入度。相反，如果工作内容和环境与个体的职业价值观不符，可能会导致个体对工作产生不满，出现低效的工作表现。

职业选择和职业发展不仅影响个体的职业状况，还进一步影响他们的生活方式和生活质量。个体的职业价值观决定了其追求何种类型的职业生活和生活方式，进而影响到个体的整体幸福感和生活满足感。从价值观的角度来看，职业成功的标准在于个体的工作和生活是否符合其内在价值观和期望。只有当职业生活与个体的价值观相符时，个体才能体验到真正的职业成就感和生活满足感。

对职业价值观的培养和发展是个体职业生涯规划的重要组成部分。个体需要通过自我反思、参与社会活动和不断地学习来明确和强化自己的职业价值观。了解和坚持自己的职业价值观有助于个体做出更适合自己的职业选择，实现职业满足和个人发展。同时，在现实世界的影响下，职业价值观需要不断被认识和提高，这也是个体适应社会变化和职业发展的必要条件。

### （三）关于职业价值观的分类

美国著名心理学家米尔顿·洛特克（Milton Rokeach，1973）在《人类价值观的本质》一书中，提出了13种价值观，涉及成就感，审美追求，挑战，健康，收入与财富，独立性，爱、家庭与人际关系，道德感，欢乐，权利，安全感，自我成长和社会交往。我国学者阚雅玲（2005）将职业价值观分为12种，内容如下所示。

**1. 收入与财富**

收入与财富作为一种职业价值观，强调工作所带来的经济收益和财务安全。对重视这一价值观的人来说，工作的主要目的是获得良好的经济回报，提高生活质量，并通过收入和财富来展现个人的社会地位和成就。在这种价值观下，个体通常会选择那些能带来高收入和稳定经济回报的工作，同时可能将工作中的金钱回报作为评价自己工作表现和成功的主要标准。

**2. 兴趣与特长**

以兴趣与特长为导向的职业价值观，强调个人爱好和专长在职业选择中的重要性。这类人倾向于选择能够激发其兴趣和才能的工作，认为在工作中能够发挥个人特长并从中获得乐趣和成就感是至关重要的。这类人往往不愿意从事自己不感兴趣或不擅长的工作，而是寻求那些能够与自己的兴趣和特长相契合的职业机会。

**3. 权力与地位**

对权力和地位的追求反映了个体对控制、影响他人和获得社会认可的渴望。重视权力与地位的人在职业选择上倾向于那些能够提供权力和高社会地位的工作，如管理职位或领导角色。这一部分群体可能认为高权力地位不仅会带来影响力和控制力，还是获得尊重和成就感的重要途径。

**4. 自由与独立**

自由与独立的职业价值观强调在工作中的自主性和独立性，倾向于这种价值观的个体希望在工作中拥有较高的自由度，能够自主地控制自己的时间和行动。这类人可能更偏好那些能提供灵活工作安排和较少人际纠纷的职业，如自由职业或远程工作。

**5. 自我成长**

强调自我成长的价值观着重于工作带来的个人发展和学习机会，这类人在职业选择时会考虑工作是否能提供充分的学习资源、培训机会以及有挑战性的任务，以促进自己的知识、技能和经验的增长。这部分人认为工作应该是促进个人成长和发展的平台，尤其重视工作中的学习和提升机会。

**6. 自我实现**

追求自我实现的职业价值观重视工作所能提供的自我表达和挖掘个人潜能的机会。这类个体希望自己的工作能够充分发挥个人的专业能力，实现个人价值和职业理想。这一部分群体通常寻求那些能够充分展示自身才华和能力的职业，以及能够为社会带来积极影响的工作。

### 7. 人际关系

重视人际关系的职业价值观强调工作中良好的人际互动和关系，这类人在职业选择上更倾向于那些能够提供良好人际交往环境的工作，如团队合作密切的工作或与客户服务相关的职业。这部分人认为和谐的工作关系和良好的人际环境对提升工作满意度和工作效果至关重要。

### 8. 身心健康

身心健康的职业价值观关注工作对个人健康和幸福的影响，这种价值观的拥护者会选择那些能保证身心健康，避免过度压力和劳累的工作。

这类人可能会避开那些高压或对身心健康有潜在威胁的职业，而偏好那些工作强度适中、能够保持工作与生活平衡的职位。

### 9. 环境舒适

环境舒适的职业价值观强调工作环境的重要性，这类人在选择职业时会考虑工作环境是否舒适、宜人。这部分人认为一个良好的工作环境对提高工作效率和满意度更为重要。

### 10. 工作稳定

工作稳定的价值观强调职业的安全性和稳定性，重视这一价值观的人倾向于选择那些能提供长期稳定职位的工作，如公务员或大型企业的长期职位。这一部分群体认为工作稳定性是职业选择中的重要考虑因素，认为其有助于提高经济安全感和生活稳定性。

### 11. 社会需要

社会需要的职业价值观看重工作对社会的贡献和意义，这类人在职业选择上倾向于那些能够为社会作出实质贡献和响应社会需求的工作，如公共服务、非营利组织或社区服务等。这类人认为工作应该是服务社会、回馈社群的手段，这种社会责任感驱使他们追求有社会价值的职业。

### 12. 追求新意

追求新意的职业价值观强调工作内容的多样性和创新性，这种价值观的支持者喜欢不断尝试新事物，寻求创新和变化。这类人可能会选择那些工作内容多变、充满创新和挑战的职业，如创业、项目管理或创意行业。

对这群人来说，工作中的新鲜感和各种学习机会是获得职业满足感的重要来源。

### （四）职业价值观培养中的几个关系

**1. 处理好职业价值观与个人的兴趣及特长之间的关系**

正确理解和平衡这两者之间的关系对个人的职业满意度和长期发展至关重要。金钱作为成就报酬的一种，在职业生涯中扮演着重要角色。它不仅是工作的直接动机，还是衡量职业成功与否的一个重要指标。然而，金钱不应该成为职业选择的唯一或主要标准。特别是对刚步入职场的高职学生来说，过分追求高收入可能会导致对职业发展的其他重要方面的忽视，如职业兴趣、职业成长和职业稳定性。

理性地看待金钱意味着将其视为职业发展过程中的一个组成部分，而不是终极目标。在做出职业决策时，个体需要同时考虑个人的兴趣、特长、职业目标以及长期职业发展状况。选择一个收入较低但能够提供良好成长机会的职位，可能比选择一个高薪但缺乏发展潜力的职位，更有利于个人的长远发展。

对初入职场的人来说，重要的是要有合理的收入期望。在职业早期，个体可能需要通过积累经验、提升技能逐渐提高收入水平。一夜暴富的心理不仅不现实，还可能导致不良职业决策的出现和不良生活方式的形成。因此，从业者应该把重点放在职业技能的提升和职业经验的积累上，这样才能在长期职业生涯中获得稳定和持续的收入增长。在职业发展的过程中，应选择那些能够促进个人能力提升、拓宽职业视野，并与个人职业兴趣和目标相契合的工作，使个人在职业道路上获得更多满足感和成就感，追求自我成长和实现。这种对职业的深度投入和对个人成长的重视，才能带来更大的职业成功和经济回报。

**2. 处理好职业价值观中的排序与取舍问题**

处理好职业价值观中的排序与取舍问题，是实现职业成功和为社会作出贡献的关键。由于职业价值观具有多样性，且人们在现实生活中往往面临资源和机会的诸多限制，职业价值观天然存在先后之分。因此，明智地排序和取舍成为实现职业目标的重要步骤。

个体需要对自己的职业价值观进行深入的反思和分析，确定个人职业价值观的优先级。这包括识别哪些价值观对自己最为重要，哪些较为次要。对有些人而言，职业发展和晋升机会可能是最重要的；而对有的人来说，工作与生活的平衡或社会贡献可能位列首位。理解自己的核心职业价值观是制订有效职业计划的必备条件。人们需要认识到，在职业选择中不可能"鱼和熊掌兼得"。因此，理想的职业可能需要在收入、工作稳定性、个人兴趣等方面做出取舍。追求高收入的工作可能需要牺牲工作与生活的平衡，或者追求个人兴趣的职业可能会导致收入减少。明确这些取舍有助于个体做出更符合自己长远规划的决策。

在确定了职业价值观的优先级后，个体应将其应用于职业决策过程中。这意味着在职业选择时，首先考虑那些与自己核心价值观相符的选项。如果个人最看重的是职业成长，那么在选择工作时就应优先考虑那些能提供学习和发展机会的职位。处理好职业价值观的排序与取舍也意味着个体需要不断地调整和适应。随着个人经历的积累和生活阶段的变化，个体的职业价值观可能会发生变化。因此，应定期重新评估和调整职业价值观，确保其始终符合当前的需求和长期目标。

理解和接受取舍所带来的结果也非常重要，这可能意味着接受某些职业目标或愿望无法实现的事实，但同时意味着要更加专注于实现那些最符合个人价值观的职业目标。这种"接受"有助于个体在职业生涯中保持清晰的方向感。

**3. 处理好职业价值观中的个人与社会之间的关系**

处理好职业价值观中个人与社会之间的关系，是实现个人职业满足和社会发展双赢的关键。这一关系的平衡不仅关乎个人的职业发展和幸福程度，还对社会的整体进步和繁荣具有重要的影响。

选择职业价值观首先要厘清个人价值与社会贡献的关系。在工作实践中，个体需要认识到个人在工作中不仅是为了实现自身的职业价值，还是在为社会作出贡献。个人的职业发展和满足感与其对社会的贡献程度密切相关。个人在专业领域的成就不仅提升了个人的职业地位和满足感，还可能对社会进步产生积极影响。因此，个人的职业选择和发展应考虑其对社会的潜在贡献。

另外，个体需要平衡个人兴趣与社会需求。在职业选择和发展中，个人应该追求那些既能契合和发挥自己的职业兴趣和特长，又能满足社会需求的职业路径。科学研究者应在其擅长和热爱的领域内进行研究，同时考虑这些研究可以如何满足社会需求。这样的平衡有助于个人职业潜力的最大化，同时为社会带来最大的价值利益。

特别需要注意的是，片面的职业价值观并不可取。有些人的职业价值观只考虑个人因素或完全忽视个人的兴趣和特长，片面追求个人利益，忽视社会责任和贡献，或者过分强调社会需求而牺牲个人的职业发展和满足感，都不是理想的职业取向。正确的职业价值观应该是个人兴趣、特长与社会需求和贡献之间的有机结合。

## 第二节　对职业环境的多样化感知

制订个人职业生涯规划的关键是深入分析职业环境的各个方面。每个人都处于特定的环境之中，这个环境与个体的成长和发展有紧密的联系。"适者生存"，要想在职业道路上成功，就必须全面考虑多方面的因素，包括职业环境的特征、职业环境的演变趋势、个人与职业环境之间的相互作用、个人在特定职业环境中的位置、职业环境对个人提出的要求或挑战以及对个人有利和不利的环境因素等。

所谓的职业环境感知，其实就是识别并理解所选择的职业在整个社会环境中的发展现状、技术层次、社会地位以及社会进展趋势对该职业产生的影响。只有对这些环境因素有充分的了解和认识，个体才能制订出适应职业环境的职业生涯规划，从而在复杂的职业环境中实现职业生涯的发展。

### 一、职业环境的多样化分析

#### （一）社会环境分析

**1. 社会环境分析的概念**

所谓社会环境分析，指的是对个人所处的宏观社会环境进行深入研究和理解的过程。这种分析涉及对国家或地区的政治、经济、法制等多方面的考察,旨在揭示这些要素是如何影响个人和集体的发展机遇的。通过社会环境分析,个人可以更好地理解并适应所在环境,从而在职业发展和生活规划中做出更明智的选择。

在社会环境分析中,重点是识别和解读那些对个人职业选择和生活方式有着重大影响的宏观因素,政治稳定性、法制的发展、经济增长模式等因素都是社会环境分析中的关键内容。通过对这些因素的深入理解,个人能够发现和利用各种发展机会,同时能够更好地规避可能的风险和挑战。社会环境分析的目的在于帮助个人和组织准确把握社会大趋势,使其能够在快速变化的环境中做出合理的决策。通过分析政治、经济和法制的发展方向,人们可以预测未来的职业机会和挑战,从而有效地规划个人职业生涯和组织发展的策略。

**2. 社会环境分析的内容**

(1) 政治环境。

政治环境包括国家的政治体制、政府政策、政治稳定性等方面。这些对经济结构、企业组织、个人职业发展都有深刻影响。一个稳定的政治环境有利于经济增长和企业发展,能为个人提供更多的职业机会。政治体制和政策也会影响人们的价值观和职业追求,进而影响职业选择和发展。

(2) 经济环境。

经济环境的因素包括经济形势、经济发展水平和人们的收入水平等因素(见图3-2)。

图3-2 经济环境的三大因素

第一,经济形势是影响职业选择和职业发展的关键因素之一,包括国家或地区的宏观经济政策、市场需求、行业增长趋势等。当一个国家的经济处于增长期时，通常会出现就业机会的增加和工资水平的提高，从而为人们的职业发展提供更多的机遇。相反，在经济萧条时期，企业可能会减少招聘，限制薪资增长，进而导致职业选择和发展的机会减少。因此，理解当前和未来的经济形势对制订有效的职业生涯规划十分重要。

第二，经济发展水平反映了一个地区的经济实力和综合发展程度。在经济发展水平较高的地区，通常拥有更多的企业、更先进的技术和更多行业，这些因素共同创造了更为多样化和高质量的职业发展空间。发达城市或地区由于其经济实力强大，往往能提供更高的福利薪资、更好的职业发展机会和更高的生活质量。相反，在经济发展水平较低的地区，就业机会可能相对有限，且工作条件和薪酬水平也可能较低。

第三，收入水平。收入水平直接影响着人们对商品和服务的需求，从而影响到职业市场的形态。在收入水平较高的社会，人们对高质量商品和服务的需求会明显增加，这在一定程度上能够促进相关行业，如教育、健康、娱乐等服务行业的发展，增加这些行业的就业机会。相反，在收入水平较低的地区，人们的消费能力有限，这可能导致某些行业就业机会的减少。

（3）文化环境。

文化环境涉及教育条件、文化设施等。良好的教育条件可以为个人的职业发展奠定基础，而丰富的文化设施则为个人提供了更多学习和发展的平台。文化环境还包括社会的价值观念和生活方式等，这些都会间接影响个人的职业选择和发展。

（4）区域环境。

区域环境包括地区的基础设施、社会功能和生活条件等。不同地区经济和文化发展水平不一，这会直接影响到就业机会和生活质量。发达地区，如北京、上海，通常能提供更多的就业机会和更好的生活条件，吸引了大量求职者。而发展较为落后的地区则可能有就业机会较少和生活条件相对较差的问题。

**3. 社会环境分析的作用**

关于社会环境的分析对高职学生在职业选择和职业生涯发展中的作用是不可忽视的。在市场化程度不断加深的社会经济背景下，职业选择和职业发展不仅是个人决策的结果，更是社会大环境对个人的影响和制约的体现。

（1）了解和适应工作价值观。

在当代社会中，对工作价值观的理解和适应对个人的职业选择和发展至关重要。工作价值观是社会对工作意义、目的和方式的普遍认知和期望，反映了一个社会在特定时期对职业和工作的看法。对高职学生而言，了解当前的工作价值观有助于他们在职业选择上做出更符合社会期待的决策。

随着社会的发展，工作价值观也在不断变化。现代社会越来越重视工作与生活的平衡、职业发展的可持续性以及工作中的个人满足感。这一转变使学生在职业选择时考虑更多因素，如职业安全、工作环境的舒适度、职业成长机会等。此外，社会工作价值观的变化也反映在对不同职业的社会地位和职业道德的认识上。如今，越来越多的人倾向于选择那些能够提供个人成长、社会贡献机会和创新空间的职业。因此，学生在职业生涯规划时需要考虑到这些因素，选择那些不仅能满足个人兴趣和能力，还能反映时代价值观和社会需求的职业。

（2）把握政治经济形势。

政治稳定性和经济发展趋势是决定职业市场动态状况的关键因素。在政治稳定和经济增长的环境中，通常会出现更多的就业机会，有更好的职业发展前景。因此，高职学生在进行职业生涯规划时需要关注国家和地区的政治经济状况。

在政治方面，国家政策、政府的稳定性和国际关系等因素都可能对就业市场产生影响。政府对某些行业的扶持政策可能会创造新的就业机会，而政治动荡则可能导致职业市场的不稳定。学生需要了解这些政治因素会如何影响他们所关注的职业领域，以做出更合理的职业选择。

在经济方面，全球和国内的经济趋势、行业增长率、就业市场的供需关系等，都直接影响着人们的职业选择和发展。在经济增长期，高科技和新兴行业可以提供更多就业机会。因此，学生还需要密切关注这些经济形势和行业动态，以便在职业生涯规划中做出有前瞻性的决策。

（3）适应产业结构的调整和变动。

社会产业结构的调整和变动对职业选择和职业发展有着深刻的影响。随着科技进步、经济发展和社会需求的变化，某些行业可能会迅速崛起，而另一些行业则可能逐渐衰落。高职学生在进行职业生涯规划时，应了解并掌握这些产业结构的变化趋势。

科技的进步是推动产业结构变化的主要动力，数字化和自动化的发展导致信息技术、人工智能等领域专业人才需求的增加，社会需要不断对产业结构进行调整和变动。同时，一些传统行业可能会因技术革新而发生根本性的变化，或者需求减少。经济发展和社会需求的变化也会影响产业结构，随着社会的进步，人们对环保、可持续能源、健康医疗等领域的关注在增加，这些领域的就业机会也在相应增多。青年学生应当关注这一趋势，选择那些有可持续发展潜力的行业，考虑将其作为职业发展的方向。

此外，深入的社会环境分析有助于高职学生更好地适应劳动力市场的需求和变化，从而更精准地定位自身发展方向。同时，还能促进学生国际视野与本地实践的有机结合，为其职业发展注入更多活力和创新元素。

## （二）行业环境分析

### 1. 行业环境分析的概念及内容

行业环境分析是一种针对特定行业进行的深入调查和研究，旨在帮助个人或组织理解和评估自己所在或打算进入的行业的当前状态和未来发展趋势。这种分析涵盖了对行业各个方面的综合考量，包括行业的发展历史、现状以及预测未来的趋势和可能性。

（1）对行业的发展状况进行全面评估。

评估行业的发展状况包括对行业规模、增长速度、盈利能力、竞争格局等方面的考察。通过这些信息，人们可以评估行业的整体健康状况和盈利潜力，为个人或组织提供决策依据。

（2）评估国际和国内重大事件对行业的影响。

国际和国内重大事件主要包括政治变动、经济危机、技术革新等，这些事件对行业的影响可能是深远的，能够改变行业的运作方式、市场需求，甚至是整个行业的发展方向。

（3）识别当前行业所面临的主要优势和问题。

通过了解当前行业所面临的主要优势，如技术、市场占有率、品牌形象以及供应链效率等方面的优势，并认识到该行业可能面临的挑战，如市场饱和、法规限制、成本增加等，能够使个人或组织更准确地做好发展决策。

（4）预测行业的发展趋势。

主要涉及对行业未来的市场需求、技术进步状况、竞争态势等方面的预测，这有助于个人或组织制订长期的战略规划。

**2. 行业环境法分析的作用**

行业环境分析的作用是为高职生提供稳固的现实基础，高职生可将之用于进行有效的职业生涯规划，从而增加在未来职业生涯中取得成功的可能性。这种分析的重要性主要体现在以下四个方面。

（1）确定适合个人的行业。

职业生涯规划理论强调，适合个人的职业才是最佳选择。为了进入最适合自己的行业，个人必须对目标行业有一个全面和深入的了解。行业环境分析能够使个人合理评估自己的技能、兴趣和价值观是否与目标行业相符合，从而做出更明智的职业选择。

（2）把握行业发展趋势。

了解行业的发展状况和趋势对职业生涯规划至关重要。如果一个行业正处于上升趋势，那么它就可能会提供更多的就业机会和更广阔的职业发展空间。通过科学的分析，人们才能够准确发现哪些行业正迎来增长期，哪些行业正在衰退，从而更好地确定个人职业发展方向。

（3）评估行业需求和人才市场。

行业的人才需求和就业市场状况直接影响着个人的职业价值和就业机会。通过分析行业环境，人们可以了解特定行业对人才的需求程度以及这个行业目前和未来对技能和专业知识的要求。这有助于个人根据行业需求提高自己的技能和知识水平，提高就业和职业发展的竞争力。

（4）发现新兴行业和机遇。

行业环境分析还可以帮助个体发现新兴行业和潜在的职业机遇。随着技术发展和社会需求的变化，新的行业也在不断出现。对这些新兴行业的深入了解可以帮助个人抓住新的职业机会，实现职业生涯的突破。

### （三）企业环境分析

**1. 企业环境分析的概念**

企业环境分析是指个人在选择就业或职业发展时，对想要入职的具体企业进行深入了解和综合评估的过程。这种分析涵盖了对企业的多方面考量，包括企业的经营状况、市场地位、文化氛围、管理制度等。通过企业环境分析，个人可以获得关于企业内部运作和外部影响因素的全面信息，这对做出明智的职业选择至关重要。

在进行企业环境分析时，个人可以通过多种渠道收集信息，如公司的官方网站、新闻报道、行业分析报告、社交媒体等。这些信息来源可以提供关于企业产品或服务的详细情况、财务状况、历史发展、领导团队和企业文化等方面的信息。通过这些综合的信息，个人可以对企业的整体状况和未来发展潜力有一个全面的认识。

**2. 企业环境分析的内容**

企业环境分析包括企业实力、企业领导人，以及企业文化和企业制度等方面。

（1）企业实力。

企业实力是衡量一个企业综合实力的重要标准，包括企业在社会中的地位、声誉、产品或服务的市场表现、技术实力、财务状况等。分析企业实力时，要考察企业的市场份额、竞争力、是否处于行业领先地位以及企业的发展战略和未来目标。企业处于扩张期还是收缩期，在行业中的地位是否稳固，都是重要的考察因素。此外，企业的财务状况，如盈利能力、资产状况、投资情况等，也是评估企业实力的关键指标。

（2）企业领导人。

企业领导人的能力和价值观对企业的发展方向和文化有着深远的影响。在分析企业领导人时，应关注其管理理念、领导风格、对创新和风险的态度以及社会责任感等。领导人的事业心和战略眼光直接关系到企业的长远发展和市场竞争力。领导人的个人价值观和经营哲学往往会影响企业的决策和文化建设，因此，了解企业领导人的背景和特点对预测企业的未来发展也是十分重要的一个方面。

（3）企业文化和企业制度。

企业文化和企业制度是企业内部运作的重要方面，包括企业的领导体制、组织机构情况和管理制度等。分析企业文化时，要关注企业的核心价值观、工作氛围、员工关系以及对创新和多样性的态度等。优秀的企业文化能够提高员工的积极性和创造力，提高团队合作和工作的效率。同时，企业的制度，包括用人制度、培训制度等的设计和实施情况，直接影响着员工的工作体验和职业发展机会。企业的人力资源政策、晋升途径、教育培训机会等，对个人职业生涯规划和发展而言影响深远。

**3. 企业环境分析的作用**

对企业环境分析的主要作用是为个人提供一个全面和深入了解目标企业的框架，从而使其能够做出明智的职业选择和规划。这种分析对于个体职业生涯的成功和满意度的提高至关重要，主要体现在以下几个方面。

职业定位方面。通过对企业环境的分析，个人可以确定自己的职业定位和发展方向。了解企业的经营状态、市场地位和未来发展前景，有助于评估自己在该企业中的职业发展潜力和提升空间。

文化适配方面。企业文化对员工的工作满意度和职业发展有着重要影响。企业环境分析能帮助个人了解企业的发展目标、文化精神、社会责任等，从而选择一个与自己价值观和工作风格相匹配的工作环境。

风险评估方面。企业环境分析还涉及对企业潜在风险的识别，如财务状况、市场竞争力、领导团队的稳定性等方面的风险。这有助于个人评估加入该企业可能面临的风险，从而做出更加审慎的决策。

发展机会方面。分析企业的发展阶段和战略目标可以了解到个人在该企业中的成长空间和晋升机会。了解企业是否能提供持续的学习和发展机会，能够帮助个人选择一个对其长期职业发展有帮助的工作环境。

总之，企业环境分析不仅能帮助个人更好地了解潜在的工作环境，还为个体提供了关于评估自身在企业中的职业发展可能性的重要信息。通过这种分析，个人可以做出更符合自己职业目标和个人价值观的职业选择。

## （四）职位分析

**1. 职位分析的概念**

职位分析是对组织内特定职位进行系统性研究的过程，其目的在于全面了解并描述该职位的关键特征。这一过程包括对职位的职责、工作内容、必需技能、资格要求、工作环境、与其他职位的关系等方面的详细分析。职位分析可以清晰地揭示某个特定职位的本质和要求，也可以帮助个体更好地理解工作角色和职业发展路径。

**2. 职位分析的内容**

职位分析包括某一职位的作用、趋势、专业知识技能、价值、报酬、满足程度等方面的信息,以"食品安全检测员"这一职位为例进行以下分析(见表3-3)。

表3-3　食品安全检测员的职位分析

| 职位分析的维度 | 具体内容 |
| --- | --- |
| 职位的长期存在性和发展趋势 | 随着全球人口增长和食品消费量的提升,食品安全已成为公众、企业乃至政府层面高度关注的问题。此外,食品科技的发展,如基因编辑食品、新型食品添加剂的出现,也对食品安全检测提出了新的挑战和需求。政策法规的不断更新,加强了对食品安全的监管要求,也确保了这一职位需求的稳定增长。预计未来几年,由于消费者对食品质量和安全性的关注不断提高,食品安全检测员的需求将保持增长趋势 |
| 所需专业知识技能 | 化学与生物学知识、检测技术、法规与标准、数据分析能力等 |
| 专业知识技能的深度及积累时间 | 食品安全检测员需要具备丰富的专业知识和技能,这通常需要通过高等教育及参与专业培训获得。本科学位通常是入门级别要求,专业领域包括食品科学、化学、生物技术等。此外,持续的在职培训和专业发展是必需的,以跟上技术进步和法规变化。专业知识和技能的积累可能需要数年时间,具体取决于个人的学习能力和工作经验 |
| 价值创造方式 | 食品安全检测员通过确保食品产品符合安全标准,为消费者健康提供保障,从而为企业和社会创造价值。他们帮助减少食品安全事故的发生,减轻公共卫生系统的负担,同时维护企业的品牌和声誉,避免因食品安全问题导致经济损失 |
| 报酬水平 | 报酬水平因地区、经验、教育背景以及雇主类型而异。一般而言,食品安全检测员的起始薪资可能低于其他科学研究领域,但随着经验的积累和专业技能的提升,薪资水平有显著的增长潜力。在某些地区和高需求领域,资深食品安全检测员的薪资待遇比较优厚 |
| 需求满足程度 | 食品安全检测员的需求普遍较高,特别是在食品制造、进出口贸易、公共卫生等领域。随着全球对食品安全标准的重视,这一需求预计将继续增长。因此,对具有相关专业知识和技能的人才来说,就业机会相对充足 |
| 分析结论 | 食品安全检测员是一个长期需求稳定、专业技能要求高、可以为社会健康和安全作出重要贡献的职业。尽管初始报酬水平可能不是特别高,但随着经验的积累和专业能力的提高,个人发展空间和薪资水平都有显著提升的潜力。对有志于在食品安全领域发展的人来说,这是一条值得考虑的职业道路 |

## （五）专业分析

专业分析是高职生规划职业生涯的重要步骤，涉及对所学专业及其对应的职业群体的全面了解和分析。专业分析的目的在于帮助学生了解自己所学知识与未来职业发展之间的关系，从而做出明智的职业选择。以下是专业分析的三个关键方面。

**1. 与本专业对应的职业资格**

专业与对应职业资格之间的关系是专业分析的重要组成部分。对每个专业的学生来说，了解与自己专业相关的职业资格不仅有助于其明确未来的职业发展方向，还是获得职业成功的关键。以会计专业为例，学生不仅需要掌握会计学的核心知识和技能，还应了解与统计、金融、保险、证券和仓储等领域相关的执业资格。这包括了解这些领域的专业知识、技能要求、资格认证过程以及行业标准等。

获得这些资格认证有助于学生在就业市场上脱颖而出，提高竞争力。例如，拥有会计从业资格证书的学生可能比没有此类技能证书的同学更有机会获得优质的就业机会。此外，理解各种执业资格如何与行业发展趋势相关联以及如何使人适应市场的变化需求，同样非常重要，能够帮助个体更好地抢占就业先机。因此，专业分析应包括对相关职业资格的深入了解以及获取和利用这些资格的策略。

**2. 科技进步对从业者的影响及演变趋势**

科技进步对职业群体影响深远，不仅改变了职业的性质和要求，还推动了职业资格标准的不断调整。在专业分析中，理解科技如何影响特定职业群体是至关重要的。科技进步可以带来对新技能需求的增加，同时使某些旧技能变得过时。随着信息技术的发展，许多传统职业开始要求人们掌握相关的计算机技能和软件应用知识。

从业者必须认识到，科技进步不是一次性事件，而是一个持续的过程。因此，个体需要培养终身学习的观念，不断更新和提升自己的技能以适应时代的变化。学习最新的数据分析技术、人工智能应用方法或数字营销技巧，可能会为传统专业的学生打开新的职业机会。

科技进步还可能导致新职业的出现，为个体提供全新的职业路径。因此，高职学生在进行专业分析时，不仅要考虑当前的职业市场，还要预测未来可能出现的职业趋势和技能需求，以便更好地规划自己的职业生涯。

**3. 与本专业相关的职业机会与前景**

所学专业与相关职业机会及前景之间的关系是专业分析的核心。理解和评估所学专业在未来职业市场中的应用和需求状况对高职学生规划职业生涯至关重要。以计算机专业为例，随着经济全球化和数字技术的发展，计算机行业的人才需求和重要性显著增加。计算机专业的学生应深入了解这一行业的当前状况和未来趋势，包括市场需求、技术发展、行业规模和就业机会等方面。

计算机行业特别需要具备国际视野、网络安全分析能力和技术应用能力的专业人才。随着跨国贸易和网络购物的普及，社会对物流策划、管理和营销专业人才的需求日益增长。高职生应当把握这些发展机遇，积极提升相关的专业技能，如技术流程改造、软件应用和安全维护等。此外，计算机专业的学生还应关注行业内的创新趋势，如 AI 技术、AR 技术等新兴领域。这些领域的发展不仅为计算机专业学生提供了新的职业发展方向，还要求其具备相应的创新思维和适应能力。因此，进行专业分析时，高职学生需要综合考虑自己的兴趣、技能和市场趋势，以找到最适合自己的职业路径。

## （六）家庭环境分析

**1. 家庭环境分析的概念**

家庭环境分析是一种对个人成长家庭条件的综合评估，旨在理解家庭对个人成长、价值观形成和职业生涯规划的影响。这种分析通常包括两个主要方面：家庭的硬环境和软环境。家庭硬环境涉及家庭的物质条件，如经济状况、居住环境、教育资源等。这些硬环境因素为个人的成长和职业发展提供了基础条件，直接影响个人的生活水平和教育机会。家庭软环境主要指家庭内部的情感气氛、成员间的关系和沟通模式、家庭文化和价值观等非物质因素。这些软环境因素对个人的内在情绪、性格发展和社交能力有深远影响，从而间接影响其职业选择和发展。

家庭环境分析的目的在于帮助个人全面了解家庭背景对自身成长和职

业发展的影响。通过分析，个体可以更清楚地认识到家庭环境对职业理想和规划的影响，从而更有效地制订和调整个人的职业发展计划。

**2. 家庭环境分析的内容**

家庭环境分析是对家庭内部的各种因素及其对个人职业生涯规划影响的全面评估。这种分析包括家庭成员的社会关系、家庭经济状况、教育背景等多方面内容。以下是家庭环境分析的三个关键方面。

（1）家庭教育方式的影响。

家庭教育方式对个人的价值观、性格和行为模式有深刻影响，会潜移默化地影响个体职业理想和目标的形成。专制型家庭可能会培养出顺从或逆反的个性；溺爱型家庭可能导致个人形成对他人的依赖性或好高骛远的态度；民主型家庭则可能培养出主动性强、自信的人；忽视型家庭可能导致孩子在职业生涯规划上缺乏方向或动力。因此，了解自己所受的家庭教育类型，对了解自身在职业选择上的倾向性和可能的职业发展路径选择极为重要。

（2）家庭经济状况的影响。

家庭的经济状况直接影响着个人的职业选择和发展。经济条件较好的家庭可以为个人提供更多的教育资源和更高的职业选择的自由度。相反，经济条件较差的家庭可能会使个人在职业选择上更加注重经济回报和稳定性。因此，家庭经济状况的分析对理解个人在职业生涯规划中可能面临的限制和机会至关重要。这也可能影响个人对未来职业的期望和目标的设定。

（3）家庭关系氛围的影响。

家庭成员的心理状况和相互关系对个人的心理健康和职业生涯规划同样具有重要影响。家庭成员间的和谐关系、支持和鼓励可以增强个人的自信和抗压能力，有助于其职业生涯的成功发展。相反，缺乏支持和理解的家庭环境可能导致个人在职业发展中遇到心理障碍。因此，对家庭心理环境的分析有助于个人认识到家庭对其职业生涯规划的潜在影响，从而在规划职业生涯时做出更加科学和合理的决策。

**3. 家庭环境分析的作用**

家庭环境分析的作用在于帮助个人理解家庭背景对职业生涯规划的影响，从而做出更符合个人情况的职业选择。具体来说，家庭环境分析的作用体现在以下三个方面。

(1) 自我认知的促进。

家庭环境，尤其是家庭教育方式，对个人性格的形成和价值观有着深远的影响。一个在民主型家庭环境中成长的个人和一个在专制型或忽视型的家庭环境中成长的个人所形成的性格是截然不同的，这会直接影响到他们的职业选择和职业发展方向，也可能导致其在职业生涯中遇到特定的挑战。通过对家庭教育方式的分析，个人可以更深入地了解自己的性格特点和行为模式，从而在职业生涯规划中做出更科学的选择。

(2) 职业生涯规划的指导。

家庭的经济状况和家庭成员的职业类型在很大程度上影响着个人的职业选择。家庭的经济条件通过影响个体的教育资源和职业探索机会，在一定程度上决定了职业选择的空间和方向。另外，家庭成员的职业类型也可能影响个人的职业倾向，如父母的职业背景可能潜移默化地影响个人对特定职业的看法和选择。因此，对家庭经济状况和职业类型的分析有助于个人在职业生涯规划中考虑家庭因素，做出更符合自己和家庭实际情况的决策。

(3) 心理准备和适应能力的提高。

家庭氛围，包括家庭成员间的关系和沟通模式，对个人的心理健康和适应能力有显著影响。在和谐、支持的家庭环境中成长的个人可以在职业生涯中展现出更强的自信和抗压能力；在冲突或忽视的家庭环境中成长的个人可能会在职业发展中遇到心理障碍，如焦虑、自卑或沟通障碍。通过对家庭心理环境的分析，个人可以更好地了解自己在心理层面上的优势和弱点，从而在职业生涯中采取相应的策略提高自己的心理适应能力和职业竞争力。

## 二、职业环境分析的多样化探索

### (一) 职业探索

**1. 职业探索的概念**

职业探索是指对个人感兴趣或希望从事的职业进行深入的理论分析和

实际调研的过程。这一过程的目的在于全面理解目标职业，包括职业的本质、工作内容、发展前景、所需技能和潜在挑战等，以便在明确个人与职业之间差距的基础上制订有效的求职策略。职业探索不仅有助于让个人更清晰地认识到自己的职业兴趣和职业目标所在，还能够帮助个人规划大学生活，以更好地为未来的职业生涯做准备。

职业探索的过程通常包括对职业的全面了解，从职业的概况描述到职业的核心工作内容，再到职业的发展前景和薪资待遇等多个方面。这一过程要求个人主动收集信息、进行调研和反思，以确保所获得的信息全面且准确。职业探索既包括对职业理论知识的学习，也包括与从业者的交流、参加相关的实习和工作体验等实践活动，以获得更直观、具体的职业认识。

**2. 职业探索的内容**

（1）职业的概况描述。

职业的概况描述是职业探索的起点，涉及对职业内涵的探索和总结，包括职业名称及各方对其的理解。这不仅是理解职业的基础，还是对职业进行深入探索的前提。职业描述通常包含对职业角色、工作范围和职责的全面概括。学生可以参考联合国国际劳工组织发布的文件、美国和加拿大的职业展望手册、中国的中华人民共和国人力资源和社会保障部发布的文件等权威资源以及企业招聘广告中的职业描述来获取相关信息。此外，通过与从业者的交流和实地考察，学生可以形成对职业更为深入和个性化的理解。

（2）职业的核心工作内容。

理解职业的核心工作内容对确定该职业是否与个人的兴趣和能力相符至关重要。职业的核心工作内容通常反映了该职业所需的关键技能和专业知识要求。例如，一个营销专业的职位，其核心工作内容可能包括市场分析、客户关系管理和销售策略等。了解这些工作内容有助于学生评估自身与职业之间的匹配度，并在必要时调整自己的学习内容和技能提升计划。权威的人事部门、企业招聘广告、行业协会和资深从业者都是获取这些信息的重要来源。

（3）职业的发展前景及其对社会和生活产生的影响。

职业的发展前景是评估职业吸引力的重要因素之一。这包括了解职业在国家和社会发展中的角色、对社会和公众生活的影响，以及职业的长期需求和稳定性。

例如，对互联网行业，了解相关职业如何推动技术创新、对经济发展的贡献以及未来的就业趋势等都是十分重要的。这种分析不仅有助于学生评估职业的长期潜力，还能帮助他们理解自己在选择该职业时可能对社会产生的影响。相关信息可以通过行业报告、职业趋势分析、新闻报道和专业论坛等渠道获得。

### （二）行业探索

**1. 行业探索的概念**

行业探索是一个关键过程，旨在通过综合的理论分析和实际调研来全面理解特定行业的各个方面。行业，作为社会分工的一个大类，包括该领域的历史背景、发展现状、未来趋势、主要公司和组织、行业标准和规范，以及该行业对社会和经济的影响等多个方面。通过对行业的深入探索，个人可以更好地了解职业世界，为自己的职业选择和职业发展规划打下坚实的基础。

行业探索的过程通常包括对行业的市场规模、增长潜力、竞争格局、技术变革、政策环境等方面的研究。这种探索有助于揭示行业的核心驱动因素和关键挑战，同时能帮助个人识别行业内的机遇和风险。通过对行业的全面了解，个人能够对职业选择做出更加明智和有信息支持的决策，并在职业发展过程中更好地定位。

**2. 行业探索的具体内容**

要了解一个具体的行业，需要全面了解该行业的定义、行业对生活和社会的作用及发展前景、趋势，行业的细分领域、国内外标杆企业、行业的人力资源需求状况及趋势、从事行业需要具有的各项素质，以及准入证书、从业资格证书、相关的行业名人、著名公司的总裁或人力资源总监的介绍、职业访谈等。高职学生在进行了这九项调研之后，还需要对所应聘的校园职位进行盘点。

为了更好地为未来的职业生涯做准备，高职学生应重点理解校园职位的要求。首先，大学生可以通过调研不同企业的校园招聘信息来了解哪些岗位是面向他们的。通过分析 10 家公司近 3 年的招聘信息，可以获得对行业校园职位的广泛了解。这些岗位通常会明确列出所需的资格和技能。大学生可以对比不同公司相似岗位的要求，以概括出一般的能力要求。这样，当学生对特定岗位的需求有了清晰的认识后，他们可以有针对性地提升自己的技能和资历，为毕业后顺利获得心仪职位做好准备。

### （三）专业探索

专业探索是一个重要的过程，旨在帮助大学生更好地理解和规划他们的大学生活及未来职业路径。这一概念包含两个核心方面：一方面，对本专业的深入了解。这意味着学生需要对自己所学的专业进行全面的调研，了解该专业的课程内容、核心技能、知识领域以及毕业后可能从事的职业。这样的探索有助于学生了解自己所学专业的实际应用和职业前景，从而更有针对性地学习和准备。另一方面，对个人感兴趣的专业的探索。这方面的探索不仅包括学生当前所学的专业，还包括对其他潜在兴趣领域的探索。这可以帮助学生发现和培养自己的兴趣，同时思考如何将这些兴趣与职业生涯规划相结合。

专业探索是一个多阶段的过程，旨在帮助学生更好地理解自己所学专业并为未来职业生涯做准备。专业探索的内容包括专业调研、专业选择、专业学习、确定专业等。

**1. 专业调研**

专业调研是专业探索的核心。学生需要了解专业的本质、学习内容、顶尖学校和教师、相关领域、社会价值、职业前景、领域内的知名人士及其成就、行业权威企业、师兄师姐的现状，以及如何有效学习，包括学习资源和人际资源等方面的信息。

**2. 专业选择**

如果发现当前专业不合适，学生应探索自己可能感兴趣的领域。学生可以查阅专业目录，从大类到小类逐步缩小选择范围，最终选定 3 个目标专业，并针对每个专业进行深入的调研。

**3. 专业学习**

为了深入学习专业，学生可以采用多种方法，如编写专业教材、掌握关键概念、抄写教材、制作学习手册、访谈专业人士、撰写原创论文、翻译外文教材、实习等。坚持这些方法半年以上，有助于学生成为专业"小专家"，为职业探索打下基础。

**4. 确定适合的专业**

学生最后应确定一个适合自己且感兴趣的专业。可以通过对是否熟悉专业基础知识、是否能写专业相关文章、是否了解最新动态、是否能与专业人士交流、是否清楚毕业后的去向、是否喜欢阅读相关书籍、是否积极参与专业课程和讨论、是否愿意分享见解等问题的解答进行自评。如果满足大多数条件，就能确定找到了合适的专业。

通过这一系列步骤，学生不仅能够找到自己的兴趣所在，还能为自己的职业生涯做好充分的准备。

## 三、职业环境分析的多样化途径

### （一）积极参与课外活动

求学时期，除专业学习之外，积极参与课外活动对培养综合素质和适应未来职场环境同样重要。职场成功并非仅由学历决定，非学历因素，如应对紧急事件的能力、团队合作技巧、工作沟通能力、解决工作问题的技能，以及个人推销能力等，对职业生涯的成功与否起着决定性作用。

这些技能并不是能在传统课堂上学到的，而是需要通过实践和体验来掌握的。大学校园为学生提供了参与各种课外活动和社团组织的机会，这些活动不仅丰富多彩、形式多样，还是锻炼和提升个人综合素质的绝佳平台。通过参与学生社会工作和各类社团活动，学生可以在校园实践中学习如何与人合作、沟通、解决问题以及如何在团队中发挥自己的优势。这些都是未来职场所需的重要技能。

课外活动也是探索自我、发现潜能的重要途径。这些经历不仅可以帮助学生建立人际网络，还能提升自信心和社交技巧，这对职业发展来说十分有益。通过参与这些活动，学生可以更好地了解自己的短板和优势，为未来的职业选择和职业生涯规划提供指导。

## （二）参加各种实习实践活动

对大多数高职学生来说，积累实际工作经验通常是一个挑战。但在当今的职场环境中，许多雇主希望应届高职学生具备一定的工作经验。这虽然看似苛刻，但高职学生完全有机会于在校期间积累这类经验。利用假期和周末，高职学生可以参加各种实习实践活动，不仅能够增长社会阅历，还能积累宝贵的工作经验和技能。

目前，许多公司，特别是制造类企业，为高职学生提供了丰富的实习机会。这些实习岗位遍布企业的各个部门，不仅能帮助学生锻炼和提升多方面的能力，还能增加其对职场环境的了解和认识。这样的企业实习经历，实际上是学生职业素质培养的"第二课堂"。

在培养关键的职业技能的过程中，长期的实践经验更是不可或缺的。在很多重视开发就业技能的国家，如英国和美国，企业通常是学生长期实习的基地。在高职院校，学生通过参与企业实习和社会实践活动也能在这方面获得帮助。

高职学生应该积极寻找并利用这些实习机会，将自己所学知识应用于实际工作环境中，同时，应该对比学习与工作的差异，反思自己的学习和探索方式，不断调整以便更好地适应职场环境，实现自己的职业目标。通过这些实践经历，学生不仅能够更好地了解职场，还能找到实现个人职业期望的最佳路径和方法。

## （三）掌握生涯人物访谈法

生涯人物访谈法是一种通过与职场人士交流来深入了解职业状况的有效方法。这种方法不仅能帮助学生学习和了解职业环境，还能从行业前辈处吸取经验。

这种方法涉及与不同行业的专业人士进行交谈，以获取关于特定行业、职业或企业的内部信息。访谈的目的是了解某个职业的实际工作状况，评估自己是否对这个工作真正感兴趣，这可以被看作是一种间接的职业体验，也是与行业人士建立长期联系的好机会。

进行生涯人物访谈的步骤如下所示。

**1. 自我了解**

了解和认识自己。学生可以借助职业倾向测试、能力测量表等工具分析自己的兴趣、性格、技能和工作价值观，以便确定具体想要进一步了解的行业或职业。

**2. 寻找生涯人物**

结合个人兴趣和能力，确定可能的职业选择，并在每个领域寻找至少三位在职人士作为访谈对象。这些人物可以是亲戚、老师、朋友或他们推荐的人，也可以通过行业协会或社交网络找到。访谈对象的工作年限应有所区别，有较大的跨度将更具代表性。

**3. 访谈提纲准备**

针对每个职业领域设计访谈问题，涉及工作性质、内容、地点、时间、资格、技能、市场前景、工作环境等方面。

**4. 预约和实施访谈**

通过电话、邮件等方式预约访谈，并在约定的时间和地点进行面对面访谈。

**5. 分析访谈结果**

对比自己对职业的先前认识和访谈所得的信息，找出差异，评估自己是否适合该行业。如果发现与自己的期望相差较大，可考虑探索其他职业领域。

在生涯人物访谈过程中，还需要注意以下八点。

（1）采访方式。

电话采访、面对面采访、邮件或书信采访都是可行的方式，但最有效的通常是在被访者的工作地点进行面对面的访谈。这样可以直观地了解职业的工作环境。应避免使用即时通信工具，如 QQ、微信等进行访谈，因为这可能显得不够正式，且难以传达清晰的信息。

（2）准备工作。

访谈前需要做好充分准备，包括准备提纲、录音设备（需获得被访者同意）和记笔记的工具，目的是准确记录访谈内容并了解职业的具体情况。

（3）建立人际关系。

访谈的另一个目的是与被访者建立良好的人际关系，这可能有助于获取实习或工作机会。

（4）寻找被访者。

找到合适的被访者可能是个挑战，但这不应成为放弃职业访谈的理由。重要的是要找准正确的问题，并获得有价值的答案。

（5）问题准备。

提出的问题需要经过仔细思考，应具有针对性和目的性，且带有对行业或者是职业的深入思考。

（6）访谈数量。

至少要访谈三人，对大学生而言，在暑假期间即使访谈 30 人也是可行的。

（7）记录整理。

整理访谈内容是必要的，不论是录音还是文字记录，都应认真整理，以便后续分析。

（8）结伴访谈。

同伴可以在进行访谈时提供支持和鼓励，帮助完成职业访谈任务。

按照以上这些注意事项进行访谈，可以让生涯人物访谈成为一种高效的职业探索工具。学生可以更加深入和实际地了解职业世界，更好地规划自己的职业路径，为将来的职业生涯做好准备。这种方法不仅能获得真实的行业信息，还能帮助学生建立宝贵的人际关系网，为未来的职业发展奠定基石。

## 第三节　对职业选择的科学分析

有了对自我的全面认知以及对职业环境的多样化感知，还需要对职业选择进行科学分析。选择职业是人生大事，因为职业决定了一个人的未来……选择职业，就是选择将来的自己。因此，科学的职业选择会帮助学生明确职业生涯规划的每一步骤的内容，同时为学生的职业生涯规划提供新的视角。

## 一、职业目标定位

在职业生涯规划中，职业目标定位是进行科学职业选择的第一步，也是非常重要的一环，不同的职业目标定位意味着不同的职业选择，同时意味着将来进入不同的行业。尤其是高职学生毕业后的第一份工作往往会决定自己人生的走向。因此要进行职业选择，首先需要有一个清晰的职业目标定位，这就需要进行目标管理。

### （一）目标管理

目标管理，作为现代管理中的一个核心概念，强调以明确的目标为导向，结合个人的积极参与，实现组织和个人的最佳业绩。学生可以将目标管理办法运用到职业生涯规划中，通过分析自身的优劣势之后设定合理目标，进行阶段性复盘并解决问题、适时调整计划，客观、公正地评价成果，最终实现清晰的职业目标定位。

**1. 目标管理的特点**

目标管理，作为一种现代管理概念，融合了参与、民主和自我控制的管理原则，其特点包括目标导向性、参与性、层级性、反馈性、灵活性、发展性。

**2. 目标管理的步骤**

目标管理的实施分为三个主要阶段。

（1）目标的设定。

目标管理的第一阶段涉及目标的设定和准备工作，这包括几个关键步骤。

第一，预定目标。这个过程可以是主动的也可以是被动的，关键在于达到个人的平衡和统一。个人在职业生涯规划设定目标时，需要基于个人目标的使命和长期战略，考虑客观环境中的机会和挑战，并对自身的优势和劣势有清晰的认识。

第二，重新审议资源分配。在预定目标之后，学生需要根据新目标的要求，重新审视并调整现有的知识结构、时间分配、资源配置等，确保每个子目标都有明确、适当的完成空间。

第三，确立下级的目标。首先，需要明确最初的规划和目标。其次，商定进一步的分目标。这一过程中，需要明确目标发展的一致性和支持性。分目标应具体且可量化，以便后续进行评估和调整。

第四，制订目标实现的条件和奖惩协议。在确定分目标之后，个体和外界支持系统需要就实现目标所需的条件和资源以及完成目标后的奖惩事宜达成共识。

（2）实现目标过程的管理。

在目标管理中，外界支持系统在目标实施过程中的监督作用是不可或缺的。首先，需要定期跟进目标进展，这可以通过建立常规的沟通和信息反馈机制来实现。其次，需要协助学生解决可能会遇到的问题。在遇到意外或不可预测的事件时，学生可能需要及时调整原定目标。

（3）成果的测定与评价。

到预定期限后，由学生个人进行自我评估，并根据结果确定后续发展规划。这个阶段也是下一阶段目标设定的起点。如果目标未能完成，则应分析原因，总结经验教训。这个过程是目标管理循环的重要环节，有助于持续改进和优化目标管理实践。

### （二）职业目标的设立原则

职业目标的设定一般遵行"SMART"原则，具体指的是目标在设定中应当确保具备以下五个特点——明确性、可衡量性、可达成性、相关性和时间限制性，具体如下所示。

**1. 明确性（specific）**

目标需要具体明确，不能含糊不清。具体的目标应能清晰描述目标是什么、为什么要实现这个目标以及如何实现。"获得一等奖学金"比"成为优秀学生"更具体，因为它明确了目标的具体内容。

**2. 可衡量性（measurable）**

目标应当是可以量化的，这样才能够评估进度和成就。"获得一等奖学金"这个目标可以通过考试成绩和活动表现等具体指标衡量。

**3. 可达成性（achievable）**

目标应设置在个人能力范围内，既具有挑战性又切实可行。设置过高的目标可能会产生挫败感,而太低的目标则可能不足以激发潜力。

**4. 相关性(relative)**

目标的相关性关系到此目标的实现与其他目标的关联情况。如果实现了这个目标,但与其他目标的达成完全不相关,或者相关度很低,那这个目标即使达到,意义也不是很大。

**5. 时间限制性(time – limited)**

应设置明确的时间框架。设定具体的完成日期和中间的里程碑,有助于跟踪进度和保持动力,同时可以帮助自己及时调整策略以适应变化。总的来说,运用 SMART 原则设定职业目标,可以帮助个人更有效地规划自己的职业发展路径,确保目标既具有挑战性又符合个人实际情况,从而提高实现目标的可能性。

### (三)职业目标确立的维度

职业目标的维度有许多种。从时间角度分析,职业生涯目标的维度可以分为短期、中期和长期目标的规划与实施。这种分阶段的方法有助于更系统和更为实际地管理个人的职业发展。

短期目标(1年以内):短期目标为即将到来的一年内要做的具体事务,应该是具体且可操作的,例如,获得特定的技能认证、完成某个重要项目或达到一定的业绩标准。短期目标的设定应直接支持中长期目标的实现。

中期目标(1~5年):中期目标通常聚焦于个人职业生涯的下一个阶段,如晋升到更高的职位、转换到新的职业路径或建立专业网络。中期目标应当是现实可行的,同时需具有挑战性,以促进个人的成长和发展。

长期目标(5年以上):长期目标是对个人职业生涯的全面规划,涵盖了个人的职业理想、生涯成就和终极目标。这些目标通常比较宏观和抽象,如成为某一领域的专家、在某个行业内获得显著成就或实施个人的创业计划。长期目标需要定期评估和调整,以适应个人成长和外部环境的变化。

确定职业目标的时间框架时,重要的是确保各阶段目标之间有连贯性和协调性。短期目标应作为达成中期和长期目标的基石,而中期目标则是实现长期职业愿景的重要里程碑。此外,随着个人经验和市场环境的变化，这些目标也需要适时评估、重新调整。分阶段的职业生涯规划有助于个人保持目标聚焦和前进动力，同时为长远的职业发展提供清晰的路径。

## 二、职业选择

### （一）职业选择的概念

职业选择是个人在职业生涯规划中的关键决策，涉及对就业方向和工作岗位的比较、挑选和确定。这个过程不仅是个人的主观选择，还受到职业市场和社会需求的客观影响。职业选择主要包括两个方面：一方面，个人对职业的选择。这是一个主观的过程，个人根据自己的兴趣、能力、知识、技术和愿望等选择合适的职业。当个人选择与自己的素质和期望相适应的职业时，能更好地发挥自己的潜力和积极性。另一方面，职业对人的选择。这是一个客观的过程，涉及职业市场对个人能力和资质的衡量。在这个过程中，只有具备相应能力和技能的个人，才能胜任特定的职业岗位，否则可能导致资源的浪费。

职业选择既包括初始就业时的选择，也包括职业生涯中的转换和调整。正确的职业选择不仅关系到个人兴趣和才能的发挥，还能影响到社会资源的有效利用以及个人对社会的贡献。从本质上讲，职业选择是个体内在素质与外部职业环境之间相互作用和适应的过程。在这个过程中，个体需要考虑自己的兴趣、能力和长期职业目标，同时也要考虑外部市场的需求、职业前景和社会经济发展的趋势。

职业选择是个人职业生活的起点，标志着人生道路的一个重要转折点，对个人的长期发展和社会身份的形成具有深远影响。因此，做出明智的职业选择是提高个人职业满意度和实现职业成功的关键。

### （二）职业选择的特征

职业选择的特征主要包括以下四个方面。

**1. 选择性**

职业选择的核心是选择性，它体现在劳动者作为主体自主选择职业的过程中。在这个过程中，个人根据自身的兴趣、能力和职业目标，从社会提供的多种职业中进行选择。这种选择性是职业选择的基本属性，反映了个人意愿和社会需求的结合。

**2. 心理选择过程**

职业选择不仅是一种外部的活动，还是一种内心的选择过程。个人在选择职业时，会在心理层面上评估不同职业与自己的兴趣、爱好和价值观是否匹配，这个心理过程决定了个人的职业倾向和最终的选择。

**3. 职业比较过程**

选择职业涉及对不同职业的比较和权衡。个人需要评估各种职业的优缺点、职业前景、所需技能、职业和个人兴趣的匹配度等，才能做出明智的选择。没有比较，就无法找到明确的选择依据。

**4. 能力衡量过程**

在职业选择中，个人需要考虑自己的职业能力是否符合职业要求。如果个人的能力与职业的需求不匹配，即使该职业非常吸引人，这个选择依然可能并不合适。因此，能力的衡量是职业选择的重要方面。

## （三）职业选择的作用

职业选择不仅有助于个人实现自我价值与成长发展，更能通过提高社会经济效益、为社会的稳定与繁荣作出贡献，实现个人与社会双赢的局面。具体来说，职业选择的主要作用如下所示。

**1. 促进劳动与物质要素的有效结合**

自由职业选择使个人能够根据自己的能力和兴趣选择最适合的职业，从而实现人力资源与物质资源的良性结合。这种结合有利于个人在工作中更好地发挥自己的能力，同时有助于生产要素的优化配置，提高整体生产效率。

**2. 增加经济效益**

当人们选择适合自己的职业时，他们更容易适应工作环境，工作效率更高。职业满足感和工作积极性的提高，可以减少因岗位不匹配而导致的浪费，从而提高经济效益。

**3. 实现社会效益**

自由职业选择有助于实现社会公平与机会均等，让每个人都能找到适合自己能力和兴趣的工作。这有利于减少社会问题的发生，如失业和社会安全问题，促进社会的动态稳定，并鼓励人们向上流动，形成积极向上的社会风气。

**4. 促进个人发展**

通过职业选择，人们可以培养积极的生活态度、自立和自主精神。人们会根据社会需求和个人条件来提升自己的技能和知识水平，激发自己的进取精神，实现个人的全面发展。

### （四）职业选择的类型及影响因素

**1. 基本类型**

职业选择的类型可以按个体在职业生涯中的不同阶段和经历来划分，每种类型都有独有的特点和应对策略。

（1）标准型选择。

这种类型的职业选择是理想的职业生涯发展路径。在这一模式中，个体能够顺利地经历职业生涯的各个阶段，包括职业准备期、职业选择期、职业适应期，最终顺利进入职业稳定期。在这个过程中，个人的职业发展与职业生涯规划相吻合，个人能够在职业选择上有较高的满意度和稳定性。例如，一个学生通过教育和实习，顺利地选择了与其学习领域相符的职业，并在该职业领域中稳步发展。标准型选择往往意味着个人能够有效地利用自己的能力，在职业生涯中实现持续的成长。

（2）先期确定型选择。

这种职业选择模式的特点是个体在职业生涯的早期阶段就明确了自己的职业方向。这通常发生在职业准备期，如在接受专业教育时，个人的职业方向受教育和训练的明显影响，往往与所学专业直接相关。在一些情况下，教育或培训机构可能会协助学生找到与其专业相符的职业机会。医学或工程学专业的学生往往在学习过程中就确定了其职业方向。先期确定型选择的优点在于个人能够提前规划自己的职业道路，提前为未来的职业生涯做好准备。

（3）反复型选择。

这种类型的职业选择特点是个体会在职业生涯中经历多次的职业选择

或转换。这可能是因为个体在工作岗位上无法顺利完成职业适应，或者随着个体职业期望的提高而感到当前职业不再能满足自己的需求。反复型选择可能涉及二次、三次，甚至更多次的职业选择。这种类型的职业选择在某种程度上反映了个人对职业满足感的不断追求，或对职业技能和兴趣的不断探索。虽然这种模式可能会带来一定的不确定性和风险，但也为个人提供了探索不同职业道路和自我发现的机会。反复型选择需要个人具备较强的适应能力和学习能力，以便在不断变化的职业环境中找到适合自己的位置。

**2. 影响因素**

影响职业选择的因素包括性格、兴趣、特长、能力、竞争性、发展潜力、环境因素、社会需求度等多个方面。

性格。个人的性格特质对职业选择有重要影响。不同的性格类型适合不同的职业，因此，个人在选择职业时应考虑自己的性格是否与目标职业相匹配。

兴趣。个人的兴趣爱好在职业选择中也扮演着重要角色。兴趣与职业相匹配可以提高工作满足感和效率，反之，兴趣与职业不符可能导致工作动力不足。

特长。考虑个人特长与职业的匹配度也是很重要的。个人特长往往是隐藏且不易被发现的，但通过自我分析和日常观察，人们可以识别并利用自身特长来选择合适的职业。

能力。职业选择必须考虑个人的能力是否符合职业要求。不同职业对能力的需求各不相同，因此，个人需要评估自己的能力是否能够满足职业的需求。

竞争性。职业的竞争性也是一个重要的考虑因素。某些职业由于人数饱和或市场需求的减少，可能不是最佳选择。

发展潜力。职业的发展潜力和未来趋势也需要考虑。一个当前较为热门的职业可能在未来会面临衰退，反之亦然。

环境因素。个人所处的环境对职业选择也有影响。所在地区的经济发展水平、文化背景、行业发展等都可能影响其职业选择。

社会需求度。社会对不同职业的需求程度不同，这会直接影响到职业选择的可行性和成功率。

### （五）职业选择的原则

职业选择是人生中的重大决策之一，它不仅关乎个人的生计和发展，还关联着个人对社会的贡献和价值实现。在职业选择过程中，遵循一定的原则至关重要，可以确保所选职业既能满足个人需求又符合社会发展的大局。以下是职业选择的四个基本原则。

**1. 符合社会需要的原则**

在选择职业时，个人不仅要考虑自己的兴趣和特长，还需要考虑职业对社会的贡献和社会的需求。选择符合社会需要的职业，不仅可以实现个人价值，还能为社会的进步和发展作出贡献。这意味着在做出职业选择时，应评估社会对不同职业的需求程度，并在个人意愿与社会需求之间找到平衡点。

**2. 发挥个人素质优势的原则**

有效的职业选择应充分考虑个人的优势和特长。了解和评估自己的能力、技能和兴趣，然后选择能够最大限度发挥这些优势的职业。选择与个人素质相匹配的职业，不仅能提高工作效率和成就感，还有助于个人职业生涯的长期成功。

**3. 客观性原则**

在职业选择中，客观地认识自己是非常重要的。这包括避免产生过度自信或自卑的心理倾向，理性地评估自己的能力和局限性，客观地看待自己的优势和不足，这些都可以帮助个人做出更合理的职业决策。

**4. 全面性原则**

进行职业选择时，需要全面了解目标工作单位和职业岗位状况。这包括单位的性质、规模、发展前景、薪酬待遇和福利，以及职业的环境、收入潜力和对人才素质的要求等。全面了解这些信息有助于个人做出更全面和明智的决策。

## 三、职业选择的决策方法

职业选择的决策方法是一个深入且复杂的过程，需要综合考虑个人的特质、能力，以及社会的需求和职业市场的实际状况。包括 SWOT 分析法、CASVE 决策模型、决策平衡单、5W+1H 等方法。

## （一）SWOT 分析法

SWOT 分析法是一种被广泛用于战略管理和个人职业生涯规划的工具，它能帮助个体或组织系统地评估自身的优势（strengths）、劣势（weaknesses）、机会（opportunities）和威胁（threats）。

**1. 优势（strengths）**

优势分析涉及识别个人的强项，这可能包括专业技能、教育背景、工作经验、人际关系、领导能力等。识别这些优势有助于个人利用这些优势来实现职业目标。

**2. 劣势（weaknesses）**

劣势分析要求个人诚实地审视自身的不足之处，如性格缺陷、经验欠缺状况、技能的不足等。了解这些劣势可以帮助个人在职业生涯规划中采取补救措施，减少劣势对职业发展的影响。

**3. 机会（opportunities）**

机会分析着眼于识别个人在职业发展中可能遇到的外部良机。这可能包括行业发展趋势、市场需求变化、专业培训或进一步教育等方面的机遇。把握这些机会可以促进个人职业生涯的发展。

**4. 威胁（threats）**

威胁分析涉及识别可能对个人职业发展构成挑战的外部因素，如技术变革、市场竞争加剧、经济环境变化等。了解这些威胁有助于个人制订应对策略，减轻潜在风险的威胁。

通过 SWOT 分析，个人可以全面了解自己在职业生涯中的位置和潜力，明确自己的优势、劣势以及面临的机会和威胁。基于这种全面的了解，人们可以制订出更为有效和实际的职业生涯规划，同时能够更好地适应和把握职业生涯中出现的各种状况。在应用 SWOT 分析时，重要的是保持诚实和客观，以确保分析结果的准确性和实用性。

以下是职业决策中的 SWOT 分析（见表 3-4）。

表 3-4　　　　　　　　　　职业决策中的 SWOT 矩阵

| | 优势 | 劣势 |
|---|---|---|
| 内部因素 | 在进行个人能力的自我评估时，以下积极因素是关键考量点：<br>累积的工作经验；<br>教育经历；<br>通用技巧；<br>个人品质；<br>行业影响力 | 在个人职业发展的自我评估中，以下是消极因素，但它们是可以通过努力改善的：<br>工作经验不足；<br>教育背景与专业不匹配或学业成绩不理想缺乏；<br>明确的职业目标和对自我及工作的深入了解；<br>专业知识匮乏、人际和社交技能的不足；<br>个人品质需要改进 |
| | 机会 | 威胁 |
| 外部因素 | 指个体不可控但可利用的外部积极因素，如：<br>社会提供的就业机会的增加，再教育的机会增加；<br>社会对专业领域人才的需要、专业晋升的机会；<br>专业发展带来的机会、职业生涯中的特殊机遇、地理位置优势；<br>广泛的人际关系网络 | 指个体不可控但可弱化其影响的外部消极因素，如：<br>社会提供的就业机会的减少；<br>同专业大学高职学生的竞争、名牌大学高职学生的竞争；<br>具有丰富工作经验、熟练专业技能的竞争者缺少培训带来的职业发展障碍和工作晋升机会有限或竞争激烈专业领域发展的有限性；<br>企业不再招聘与自身学历、专业相同的员工 |

通过对内部和外部因素的全面分析以及构建 SWOT 矩阵，个人可以更清楚地理解自己的竞争优势和潜在的发展空间。这有助于设定适当的职业生涯目标，并识别个人的不足之处和可能面临的外部挑战。基于这些认识，人们可以制订具体的策略来实现优势最大化、改善弱点、抓住机遇并应对潜在威胁。通过系统性地分析和组合不同的环境因素，个人可以制订一系列符合个人情况的职业发展策略（见表 3-5）。

表 3-5　　　　　　　　　　内外环境及 SWOT 矩阵

| 项目 | | 内部环境 | |
|---|---|---|---|
| | | 优势 | 劣势 |
| 外部环境 | 机会 | S-O 对策 | W-O 对策 |
| | 威胁 | S-T 对策 | W-T 对策 |

表中的 SWOT 矩阵可以有如下解读。

**1. 最小与最小对策（W-T 对策）**

此策略旨在最小化个人的弱点和外部威胁的影响。其核心思想是避免处于那些可能会放大个人弱点的情境。如果一个人认为自己的社交能力较弱，那么可以选择避免过多参与需要强社交能力的活动或职业环境。这种策略有助于减少因个人弱点而可能遭遇的挑战和困难。

**2. 最小与最大对策（W－O 对策）**

这种策略关注如何在存在个人弱点的同时，有效抓住外部机会。例如，虽然个人可能在学历或专业方面存在不足，但如果能够发挥其他方面的优势，如综合素质和特定技能，就有可能在就业市场上取得成功。这要求个人识别并利用那些可以补偿或弥补自身不足的机会。

**3. 最大与最小对策（S－T 对策）**

这种策略侧重于利用个人优势抵消或减少外部威胁的影响。对于缺乏工作经验的应届高职学生来说，强化自己的专业知识和展示出色的沟通及团队协作能力，可能会帮助他们克服大型企业对经验要求较高的障碍。

**4. 最大与最大对策（S－O 对策）**

此策略旨在最大化地利用个人的优势和外部机会。拥有良好英语基础的个体，可以选择从事外贸工作，并继续加强语言能力，使之成为最有竞争力的优势。这种策略鼓励个体专注于发展和提升自身的强项，同时寻找和利用那些可以最大化利用这些优势的外部机会。

### （二）CASVE 决策模型

CASVE 决策模型提出，在做出有效的决策时，人们需要遵循五个关键步骤，包括沟通（communication）、分析（analysis）、综合（synthesis）、评估（valuation）和执行（execution）。这个模型强调决策过程的系统性和连贯性（见图 3－3）。

**1. 沟通**

在 CASVE 决策模型中，沟通（communication）阶段是职业决策过程的首个步骤。这个阶段的核心在于进行内部和外部的信息交流，帮助个体认识到理想与现实之间的差异，并启动决策过程。

（1）内部信息交流。

这指的是个体对自己内心状态的反思和认识，包括情感反应（如焦虑、抑郁、挫败感）和身体反应（如疲劳、头痛、消化不良）。在毕业求

图 3-3　CASVE 决策模型

职的过程中,个体可能会经历各种情绪波动和身体反应。这些内部信息是个体需要关注的重要信号,它们反映了个体对职业选择的思考和感受。

(2) 外部信息交流。

这涉及从外界获得的与职业选择相关的信息。这些信息可能来自同学、家人、老师或朋友,或者是市场趋势和就业方面的信息。同学开始准备简历可能会提示自己也应该开始职业生涯规划和求职准备了。

在沟通阶段,人们需要问自己一些基本问题,如"我现在对自己的职业选择有什么想法和感觉?"通过识别和理解内外部信息,个体可以更好地准备进入决策模型的下一阶段,即分析(analysis)。沟通阶段对于确保个体根据自己的真实情况和需求,以及外部环境的实际条件而做出合理的职业选择,至关重要。

2. 分析

在 CASVE 决策模型中,分析阶段是职业决策过程中的重要环节。这一阶段涉及深入的思考、观察和研究,旨在对个人的兴趣、能力、价值观、人格特质,以及相关环境知识进行全面分析,从而帮助个体更好地理解当前状态与理想职业状态之间的差距。

(1) 自我认识。

自我认识分析包括对个人兴趣、能力、价值观和性格等方面的分析。兴趣分析帮助个体识别自己喜欢做什么,能力分析关注个人的优势和专业知识，价值观分析涉及个人的生活和工作目标，而性格分析则帮助个体了解自己的性格类型和工作倾向。这些自我分析有助于个体明确自己的内在驱动力所在和职业适应能力。

（2）环境知识。

环境知识分析涉及对职业环境的深入认识，主要包括了解不同职业的工作环境、生活方式、所需的努力和时间投入，以及职业的前景和求职情况。考虑继续升学时需要评估升学后生活的性质、学习所需的投入和毕业后的就业机会，直接就业的学生则需要了解不同职业的工作条件、职业发展路径和市场需求。

通过这两个方面的分析，个体能够更全面地理解自己的职业发展需要和可能面临的挑战，从而为之后的综合、评估和执行阶段打下坚实的基础。分析阶段的重点是收集和评估所有相关信息，以便在后续的决策过程中做出更明智、更适合自身条件的选择。

**3. 综合**

在 CASVE 决策模型中，综合（synthesis）阶段是在分析阶段后进行的关键步骤，它涉及合成和筛选分析阶段中所得到的信息，以缩小职业选择的范围并确定最有可能的选项。

（1）扩展选择范围。

在这一阶段的初期目标是扩大职业选择的范围。学生可以基于分析阶段对个人兴趣、能力、价值观和职业环境的深入了解，列出所有可能的职业选项。这一步骤能确保不遗漏任何可能的职业道路，即使是那些最初可能看起来优势不太明显的选择。

（2）缩小选择范围。

接下来的任务是从扩大的列表中筛选出那些最符合个人特质和环境条件的职业选项。这通常是通过找出不同职业之间的交集并考虑哪些职业最能满足个人的需求和目标来实现的。

（3）确定可能的选项。

最终，将职业选项缩减至 3~5 个。这些选项应该是在考虑个人优势、市场需求和其他相关因素后，最有可能成功且满足个人职业目标的职业路径。

(4) 自我提问。

在确定了这些可能的职业选项后,个体需要自问这些选择是否能够解决现存的问题,并缩小现实与理想状态之间的差距。如果答案是肯定的,个体就可以进入下一阶段,即评估(valuation);如果是否定的,则可能需要重新回到分析阶段,获取更多信息。

综合阶段是一个动态和迭代的过程,旨在通过不断地筛选和评估,逐步接近最合适的职业选择。这一阶段的成功需要学生能够结合个人的内在需求与外部环境的现实条件,找到既符合个人期望又有可行性的职业道路。

**4. 评估**

在 CASVE 决策模型中,评估(valuation)阶段是在综合阶段之后进行的重要程序。这个阶段的核心在于对之前确定的 3~5 个潜在职业选择进行详细的评价,以决定哪种职业选择最适合个体的需求和情况。

(1) 具体评价每个职业选项。

在评估阶段,个体需要对每个职业选项进行深入的评估。这包括评估每个职业的可行性、与个人的匹配程度以及它们对个人未来职业生涯的潜在影响。

(2) 考虑对个人和他人的影响。

评估不仅涉及考虑每个职业对个人自身的影响,还需要考虑这些选择对个人生活中重要的他人(如家人、朋友)和整个社会环境的影响。这涉及权衡不同选择的利弊,并考虑每个选择的长远后果。

(3) 提出关键问题。

在进行评估时,个体可以通过提出一系列问题来引导思考,如"对我个人来说哪个选择最好?""对我生活中重要的他人来说哪个选择最好?"以及"从整体上看,对我所处的环境哪个选择最好?"。这些问题有助于个体从不同角度评估每个职业选择的优劣。

(4) 排序和决策。

通过深入分析和反思,个体将对每个职业选项进行排序,确定哪个选择最符合自己的需求、期望和目标。这一过程可能需要其权衡不同因素,如职业满足感、职业安全性、发展潜力和个人价值观等。

总体而言,评估阶段是一个需要深思熟虑的过程,要求个体全面地考虑各种可能性的潜在影响，做出明智的职业选择。这一阶段的目的是确保最终的决策不仅有助于实现个体的长期职业目标，还考虑到了对周围人和环境的影响。

5. 执行

在 CASVE 决策模型中，执行（execution）阶段是整个决策过程最后且至关重要的一步。这个阶段的核心在于将之前阶段的规划和决策付诸实践，真正开始采取行动来实现职业目标。

（1）将计划转化为行动。

在执行阶段，个体需要根据之前的评估和决策制订具体的行动计划。这可能包括开始求职活动、申请相关职位、参与职业培训、建立职业网络等。

（2）实践尝试。

执行阶段涉及将理论转化为实际操作，尝试和实践不同的策略来达到职业目标。这可能包括实际应用求职技巧、进行面试准备、参加职业发展课程或网络活动等。

（3）监控进展并进行调整。

在执行计划的过程中，个人需要不断监控自己的进展情况，并根据实际情况进行必要的调整。如果发现原计划无法达到预期效果，可能需要重新回到沟通阶段，进行再次的 CASVE 循环，以更好地解决职业生涯问题。

（4）持续迭代直至成功。

执行阶段可能需要多次迭代和调整，直到找到解决职业生涯问题的有效方法。这意味着 CASVE 模型是一个动态的、循环的过程，需要根据个体经历的变化和外部环境的变动不断进行调整。

总之，执行阶段是 CASVE 决策模型的核心，要求个体将之前的计划和决策转化为具体行动，同时需要个体有灵活性和持续的努力，以确保职业生涯的成功发展。通过这一阶段的有效执行，个体可以实现其职业生涯规划，达到较高的职业满意度和成功。

### （三）决策平衡单

决策平衡单是一种辅助职业生涯决策的工具，旨在帮助个人在考虑多个职业选项时，通过全面评估与职业选择相关的各种因素，做出更加科学和合理的职业决定。当一个人已经有了几个偏好的职业方向，并打算将其视为长期职业目标时，可以利用职业决策平衡单做出最终选择。

决策平衡单的制作步骤如下所示。

**1. 明确职业选项**

详细列出自己感兴趣的职业选项，尽量具体到职位名称。

**2. 识别决策因素**

列出在选择职业时要考虑的关键因素，这些因素一般包括以下几个方面。

（1）个人物质方面的得失。

考虑职业选择对自己经济状况、生活质量等物质条件的影响，包括收入、工作可能遇到的困难、升迁的机会、工作环境的安全性、休闲实践机会、生活变化、对健康的影响、就业机会等。

（2）他人物质方面的得失。

考虑职业选择对家人或其他重要的人的物质状况的影响，包括家庭经济、家庭地位、与家人相处的时间等方面。

（3）个人精神方面的得失。

评估职业选择对满足感、成就感、个人价值实现等精神层面的影响，包括生活方式的改变、成就感、自我实现的程度、兴趣的满足、挑战性、社会声望的提高等方面。

（4）他人精神方面的得失。

思考职业选择对家人、朋友及社会的精神福祉的贡献，包括父母、师长、配偶等。

除此之外，根据个人实际情况和价值观，这些因素可以进行适当的调整或添加其他认为重要的因素。

**3. 形成五个等级**

基于个人实际情况和价值观的不同因素，可以根据自己的实际情况被赋予一定的权重：最重要的是5，最不重要的是1。一般来说，可以先问一下自己，哪些因素是非要不可的，哪些因素是次要的，从而分出五个等级。

**4. 完成决策平衡单的加权记分**

根据表3-6，在"选择项目"中填入已有的选项，在"考虑因素"中填入刚刚选择的因素，在"加权分数"中填入权重分数。

## 5. 评分

根据方案的优势和劣势，对交叉格的分数进行统计，根据情况进行加分和减分，记分的范围是 1~10 分，其中 10 分为最好，1 分为最差。

## 6. 计算分数

每个评分的右侧有加权分数项，可以用来计算该评分的加权分数。加权分数为权重×分数。例如，如果"去某个单位工作"对"自由"的分数都是 5 分，"自由"的权重也是 5 分，那么，"去某个单位工作"对"自由"的加权分数就是 5×5=25。根据这个方法算出所有的得分。

## 7. 总分

将选项的加权分数全部叠加，得出总分，并从中比较每个选项。

## 8. 反思

根据分数进行复盘，可以自问自答。可选问题如"这个结果是否已经让之前模糊的选择变得清晰？""我漏掉了哪些因素？""这些因素的重要性需不需要重新考虑一下？"等。

表 3-6　　　　　　　　决策平衡单的加权计分

| 考虑因素 | 选择选项 | 职业选择一 | | 职业选择二 | | 职业选择三 | |
|---|---|---|---|---|---|---|---|
| | 加权分数 | + | - | + | - | + | - |
| 个人物质方面的得失 | 1 | | | | | | |
| | 2 | | | | | | |
| | 3 | | | | | | |
| | 4 | | | | | | |
| | 5 | | | | | | |
| 他人物质方面的得失 | 1 | | | | | | |
| | 2 | | | | | | |
| | 3 | | | | | | |
| | 4 | | | | | | |
| | 5 | | | | | | |
| 个人精神方面的得失 | 1 | | | | | | |
| | 2 | | | | | | |
| | 3 | | | | | | |
| | 4 | | | | | | |
| | 5 | | | | | | |

续表

| 考虑因素 | 选择选项 | 职业选择一 | | 职业选择二 | | 职业选择三 | |
|---|---|---|---|---|---|---|---|
| | 加权分数 | + | − | + | − | + | − |
| 他人精神方面的得失 | 1 | | | | | | |
| | 2 | | | | | | |
| | 3 | | | | | | |
| | 4 | | | | | | |
| | 5 | | | | | | |

### (四) 5W+1H

5W+1H法是一种全面的分析和规划方法，通过回答"为什么（Why）""什么（What）""在哪里（Where）""何时（When）""由谁（Who）"，以及"如何（How）"这六个基本问题，来使人深入理解和明确任务或项目的各个方面的信息。这种方法有助于确保项目或工作计划有全面性和细致性，从而提高执行效率和成功率。下面是对5W+1H各个部分的详细说明。

**1. Why（为什么）——目的**

分析进行这项工作的原因和目的，即明确这项工作的意义，以及它能如何帮助人们实现更大的目标或解决特定的问题。

**2. What（什么）——对象**

确定工作的具体内容，包括任务或项目的主要组成部分，描述将要产出的结果或期望达成的目标。

**3. Where（在哪里）——地点**

指明任务执行的具体地点或场所，考虑地理位置对工作执行的影响和作用。

**4. When（何时）——时间**

规划任务的开始时间和完成时间，确定关键里程碑和时间节点，以及时间安排对项目成功的重要程度。

**5. Who（由谁）——人员**

确定任务的执行者，包括主要负责人和参与人员，明确各个参与者的角色和责任。

### 6. How（如何）——操作方法

描述将如何执行任务，包括使用的方法、技术、工具或流程。明确步骤、标准和检验方法，确保任务的顺利完成。

实施 5W+1H 分析法，可以确保工作或项目的每一个方面都被充分考虑，并经详细规划，从而提高工作的透明度、效率和成功率。这种方法适用于各种类型的工作和项目规划，包括企业管理、项目开发、事件组织等领域。

# 第四章 探究教师开展职业生涯规划教育的新维度

随着职业生涯规划教育在高职教育中重要性的日益凸显,教师在这一过程中的角色变得更加关键。教师在职业生涯规划教育中扮演着至关重要的角色。他们不仅是知识和技能的传授者,更是学生职业发展道路上的引导者和顾问。教师通过自身的教学和指导,能够帮助学生了解各种职业路径的可能性,同时提供必要的资源和支持,以使学生对自己未来的职业进行深入思考。

## 第一节 教育理念解构再重塑

在教育的不断演进中,重新审视和塑造教育理念是一个至关重要的过程。教师既要了解当今世界发展的主流教育理念,也应对经典教育理念融会贯通。教师应当不断更新自己的教育理念,学习前沿的知识,为学生提供更好的职业生涯规划指导。

### 一、创新驱动教育理念

#### (一) 创新与创业精神

在当前中国快速发展的经济环境中,创新已成为推动社会进步的核心动力,同时是高职院校职业生涯规划课程教育理念的核心要素。在这一背景下,教师的教育理念应是培养学生的创新思维和创业精神。推广这种教育理念的目的在于激发学生的创造潜能,助其在未来的职业生涯中成为变革的领跑者。

创新理念与创业精神还对教育内容本身有一定的影响。传统教育模式下,高职院校的专业课程往往侧重知识的传授和技能的培训,而在创新理念的驱动下,教学中可以加入更多激发学生创造力和批判性思维发展的内容。职业生涯规划类的课程设计应围绕如何激发学生的创新潜力展开,如组织案例研究和团队合作项目,让学生直接参与创新过程。此外,课程应涵盖创业理论,让学生了解如何将创意转化为实际的商业机会。

在教育方法上,创新与创业精神应着重强调创新。创新能力不是能单纯地从书本上学到的,而是在实践、尝试和经历失败的过程中学习到的,所以教师应鼓励学生参与实际的创业项目和创新竞赛。通过参与这些活动,学生不仅能将理论知识应用于实践,还能学习如何面对挑战、解决问题、承受失败和管理风险。学校可以与企业合作,为学生提供真实的创业实践机会,或者举办创新挑战赛和创业模拟活动,让学生在竞争和合作中锻炼自己的创新创业能力。

培养创新与创业精神还应注重培养学生解决复杂问题的能力。这不仅包括技术和专业知识方面问题的解决,更重要的是培养学生在面对复杂和不确定性环境时的应对能力。通过项目式学习、案例研究和团队协作,学生能够学习如何在面对挑战时提出创新的解决方案。教师应引导学生学会从不同角度思考问题,培养学生的批判性思维能力。这种思维能力对未来的创业者或企业家来说至关重要,可以帮助创业者或企业家在快速变化的市场环境中找到独特的机会,并有效地应对潜在的挑战。

高职院校职业生涯规划课程教师还应关注学生的情感智力发展状况,帮助学生培养抗压能力和能够帮助自己快速适应变化的心理素质。创新创业过程充满了不确定性和挑战,因此,培养学生的情绪管理能力、抗挫折能力和适应能力是非常重要的,教师可以通过开展心理辅导、情感智力培训和团队建设活动,帮助学生发展这些关键技能,也可以设置角色扮演和模拟创业环境,让学生在安全的环境中体验和学习如何应对压力和挫折。

(二)技术融合与跨学科学习

除了创新与创业精神的培养,教师还要为学生树立技术融合与跨学科学习的理念，这样才能通过创新拓展高职学生生涯规划教育的内涵。

随着科技的迅猛发展，未来的工作环境将越来越需要跨学科的知识和技能。为了应对这一挑战，人们需要对教育理念进行重大调整，特别是强调技术与传统学科的融合。这种融合不仅体现在教育内容上，还体现在教育方法和目标设置上，以培养能够适应未来社会和经济需求的复合型人才。

在教育内容上，教师可以将人工智能、大数据分析等现代技术引入职业生涯规划、就业指导或者是创新创业课程中。这种融合能够使学生在掌握普遍性知识的同时，了解和利用现代技术。在创新创业课程中，教师可以引入大数据分析技术，教学生如何利用大数据进行市场趋势预测和消费者行为分析。在工作世界探索模块中，教师可以结合人工智能技术，与学生探讨如何利用智能系统进行企业资源规划和决策支持。这种跨学科的教学内容不仅能够提高学生的技术技能，还能拓展学生对传统学科的理解和应用范围。学生可以学习到如何将技术创新应用于传统行业，提升行业的效率和竞争力。这种融合教育模式为学生未来的职业生涯提供了更广阔的视野和更多元化的选择。

在教育实践中，教师需要设计跨学科的课程内容和项目合作活动，鼓励学生将前沿理论和技术应用于不同领域的问题解决中。教师可以让市场营销专业的学生组成团队，利用数据分析技术解决本专业学习遇到的实际问题，或者利用计算机编程技能开发新的产品原型。通过参与这样的跨学科项目，学生不仅能够提升自己的技术技能，还能够培养创新思维和解决问题的能力。在这个过程中，学生可以学到如何将理论知识和技术技能结合起来，应对复杂的实际问题。

## 二、社会责任与可持续发展教育理念

### （一）强调社会责任和伦理

在当今社会，企业和个人越来越被要求对社会负责，尤其是在经济全球化和国内市场竞争加剧的背景下。因此，教师应当树立培养学生的社会责任感和职业伦理观的教育理念。

社会责任和伦理在当代社会中的重要性不容忽视，它对个人、企业乃至整个社会的健康发展都发挥着关键作用。

其对个人的意义主要表现在个人的伦理观念为其日常行为和决策提供道德指南的过程中。在职业发展中，强烈的社会责任感和良好的伦理标准对建立良好的职业形象和信誉至关重要，能够给个人带来成就感和满足感。这种参与感和对社会的贡献感有助于提升个人的幸福感和自我价值感。其对企业的意义在于可以增加企业的知名度，降低潜在的道德风险、实现可持续发展等。对社会的意义表现为个人和企业的负责任行为有助于减少社会冲突，促进公平正义，从而维护社会的整体稳定、促进经济发展、促进可持续的资源利用和污染的减少。

强调社会责任和伦理的发展趋势反映了经济全球化和国内市场竞争加剧背景下，人们对社会责任感和职业伦理的重视。因此，教师的教育理念应当适应这一变化，注重培养学生的社会责任感和职业伦理。

**1. 社会责任感的培养**

培养社会责任感是当代教育不可或缺的一部分，也是高职教师开展教育的重要目标。这不仅仅是告诉学生他们应该为社会作出贡献，更重要的是教育学生理解自己的职业行为对社会和环境的影响。在经济全球化的今天，个人和企业的行为越来越多地影响着全球的环境和社会结构。高职院校职业生涯规划课程教师在教育理念中融入对社会责任感的培养，意味着引导学生理解自己的决策和行为可能对社会造成的广泛影响，无论影响是正面的还是负面的。在教学过程中，教师可以通过课程讲解和案例分析，展示企业在环境保护、劳工权益保护和消费者权益保障方面的实践，让学生理解企业在追求经济利益的同时，如何平衡社会责任。此外，教师在教学中，可以讨论如公司治理、企业伦理和可持续发展等话题，帮助学生建立起对发生在更广泛的社会和环境背景下的商业行为的理解。

**2. 职业伦理的教育**

高职教师在职业生涯规划教育中需要加入职业伦理的教育内容，包括教育学生认识和遵守所在行业的伦理规范，还包括培养学生在面对道德困境时做出正确判断的能力，引导学生在追求个人和组织目标的同时，维护社会公正和伦理标准，这是每位职业人士应承担的责任。在这方面，教师可以通过引入职业道德、企业社会责任和公共政策等方面的内容,结合实际的工作案例,让学生理解在职业决策中考虑伦理和社会责任的重要性。如分析企业在面对环境污染问题时的决策过程,或者探讨在全球供应链管理中如何确保工人权益,这些都是宝贵的教学内容。

**3. 社会服务与志愿活动**

鼓励学生参与社会服务和志愿活动是高职教师开展职业生涯规划的另一有效途径。通过实际行动,学生不仅能够亲身体验服务社会的过程,还能够体会到个人行为对社会的积极影响。这些活动可以是社区服务、环境保护项目或公益活动,通过这些实践活动,学生能够将课堂上学到的理论知识与实际社会问题结合起来,增强自己的同理心和责任感。这包括教育学生认识到他们的职业行为如何影响社会和环境,以及如何在追求个人和组织目标的同时,维护社会公正和伦理标准。因此,教育内容中应包括企业社会责任、职业道德、公共政策等方面的课程。通过讨论实际案例,如企业在环境保护、劳工权益、消费者权益等方面的实践,学生可以学习如何在职业决策中考虑伦理和社会责任。教育者应鼓励学生参与社会服务和志愿活动,以实际行动培养他们的社会责任感。

### (二) 可持续发展意识

随着全球气候变化和环境问题的加剧,可持续发展已成为一个全球性议题。无论是生态环境,抑或个体的职业生涯规划,都受此趋势影响。高职教师在职业生涯发展规划中加入可持续发展的理念,可以使学生选择更为合理的职业生涯规划,并将可持续发展意识运用到每段的规划实践中,从而使可持续发展理念贯穿于职业生涯规划的全过程。

## 三、国际视野与本土文化结合的教育理念

### (一) 扩展国际视野

在经济全球化日益深入的当今世界,国际视野成为学生职业发展的关键要素。教师的教育理念应围绕培养学生的全球意识而展开,确保学生能够在多元文化环境中与他人进行有效沟通和合作。这不仅要求学生理解不

同国家和地区的文化、社会和经济特点，还包括使其掌握在多元文化背景下进行有效交流和协作的技能。

高职学生拥有国际视野具有积极的意义。经济全球化带来的是经济、政治、文化和社会的深度融合。在这种背景下，拥有国际视野的个体能够更好地理解和适应这种融合所带来的复杂性和多样性。对学生而言，这意味在跨国公司工作时能够更加高效，或者在国际项目中担任更为关键的角色。此外，国际视野还意味着理解和尊重不同文化的价值观和习俗，这在有多元文化的工作环境中至关重要。

高职院校职业生涯规划课程教师应当注重扩展学生的国际视野，在教育中强调培养学生的全球意识，使他们能够在多元文化的环境中有效沟通和合作。为此，高职教师可以设计国际化的课程内容，如全球经济、国际关系、跨文化沟通等内容，同时鼓励学生参加国际交流项目、学习第二语言等。通过这些经历，学生不仅能够获得宝贵的国际视野，还能够建立起跨文化的人际网络，为他们未来的职业发展带来更多可能性。

### （二）强化本土文化认同

在培养国际视野的同时，不应忽视对本土文化的尊重和认同。强化本土文化认同教育理念，强调中国传统文化与现代教育内容的结合，教师应帮助学生理解本土文化并为自己的文化感到自豪。这不仅是对本国文化的保护和传承，更是对学生个体身份认同的强化。同时，这种文化自信的培养，有助于学生在多元文化的背景下坚定自我，更好地融入社会。

对本土文化的认同感是学生强化自我意识的重要组成部分。其内容涉及对本国历史、传统、语言和艺术的了解，还包括对国家的社会价值观和习俗的认同。为了实现对本土文化认同的强化，高职教育可以采取多种措施。

首先，教师在相关的职业生涯课程设计中应适量加入中国传统文化、历史和艺术等方面的内容，让学生深入了解本国文化的丰富性和独特性。其次，教师可以组织各种与中国文化相关的活动，如传统节日庆祝、中国传统艺术的表演和体验以及关于中国历史和社会的讨论和研究。最后，教师还应鼓励学生对本土文化进行深入研究和探索，激发他们对文化遗产的兴趣和热爱。

通过强化本土文化认同，高职学生不仅能更好地了解和尊重自己的文化背景，还能在国际交流中自信地展现中国文化的魅力，从而增进跨文化的理解和尊重，这种文化自信和开放性是他们在经济全球化的世界中成功发展的重要基石。

## 四、其他经典教育理念

### （一）以学生为中心

以学生为中心的理念强调学生的主动学习和参与，这一理念强调教育应以学生的需求和兴趣为出发点，鼓励学生积极、主动地参与学习过程。在实践中，这意味着教师应设计互动性强的课程内容，如小组讨论、案例研究和项目工作，以激发学生的学习动力和参与感。在师生关系中，教师的角色更多是引导者和协助者，而非单方面的信息传递者。

以学生为中心的理念重视学生的个性化需求和职业兴趣。每位学生的背景、兴趣和职业目标都是独一无二的，因此职业生涯规划教育也应适应每位学生的个性化需求，提供定制化的学习计划和职业指导。这种个性化教学可以帮助学生更好地理解自己的职业兴趣，为未来的职业生涯做出更明智的选择。

### （二）实践导向

实践导向强调将理论知识与实际工作经验相结合，其教学理念强调将课堂理论知识与实际工作场景紧密结合。通过案例分析、实地考察、模拟演练等教学活动，学生可以将抽象的理论知识应用于实际情境，提高实际解决问题的能力。

实践导向理念强调真实的职业案例分析，教师通常要引入行业内的真实案例，让学生分析并讨论，帮助他们更好地理解职业环境的复杂性和多样性。实践导向理念不仅增强了课程的实用性，还能帮助学生建立起将理论应用于实践的能力。

## （三）终身学习

终身学习理念强调培养学生持续学习和自我提升的意识。终身学习是现代职业发展的核心要素，教育应致力于培养学生自我驱动的良好学习习惯和持续发展的意识。这包括教授学习策略、时间管理技巧以及如何有效利用资源进行自我提升。

终身学习还需要引导学生理解职业发展是一个长期且动态的过程，因为职业发展不是一蹴而就的，而是一个持续的过程，所以需要不断学习和适应。职业生涯教育的最终目的是帮助学生理解职业生涯的不确定性，并鼓励他们保持灵活性和适应性，以应对未来职场的变化。

## （四）多元化发展

多元化发展鼓励学生探索多种职业路径。鉴于职业世界的多样性和不断变化的性质，教育不应局限于传统的职业路径。相反，教师应鼓励学生探索各种可能的职业道路，包括跨学科和创新型职业。多元化发展还强调技能的可转移性和适应性。在多元化发展的理念下，教师应注重培养学生的可转移技能，如批判性思维、创新能力、人际沟通和团队合作能力。这些技能在各种职业环境中都很重要，能够帮助学生适应不断变化的工作要求和职业机会。

## 第二节 教育内容更新和拓展

在教育内容上，高职院校职业生涯规划课程教师也需要掌握一定的方法，促进教育内容的更新与拓展。教育内容的更新与拓展包括三个方面的内容：跨学科融合、引入工具应用以及融入最新理论。这些能为学生提供更全面、更有意义的教育体验。

### 一、跨学科融合

跨学科融合在当代教育中的作用是多方面且深远的。它打破了传统学科的界限，促进了不同领域知识的相互交融和创新。在当今快速变化的世界中，问题往往是复杂且多元的，需要进行多领域知识的结合来解决。另外，跨学科融合还鼓励发展创新思维。当学生接触不同学科的知识时，他们更容易突破单一领域的思维模式，产生新的思考和创意。在教育实践中，跨学科融合有助于学生更好地为未来的职业生涯做准备。

教师可以从以下两个方面入手。

### （一）结合专业技能与职业生涯规划

在当前教育领域，将专业技能教学与职业发展理论相结合正变得越来越重要。这不仅强化了传统教育中对专业知识的传授，更重要的是，还将课堂知识与职业路径进行匹配再分解，强调学生对专业技能短板的主动思考和补足。

以服装营销课程为例，传统的教学方式主要是对管理理论、用户分析、市场营销等专业技能的教授。然而，仅仅掌握这些技能并不足以保证学生在未来职业生涯中获得成功。因此，应将职业生涯规划理论融入教学中，这意味着教育者不仅要传授专业知识，更要能够引导学生思考如何将这些知识和技能应用于自身的职业生涯中，在竞争激烈的就业市场中脱颖而出。

具体而言，跨学科的教学内容可以包括以下两个方面。

**1. 行业发展趋势分析**

教师可以指导学生研究所学专业对应行业的就业市场和发展趋势。这不仅包括哪些技能在目前市场上需求量更大，还包括未来趋势预测，如数字化转型、可持续管理等新兴领域的发展。这种分析有助于学生了解未来可能的就业机会和行业变化，使其能够更加有目的地选择专业课程和技能培训。

**2. 引入跨学科发展实用工具**

高职教师可以通过引入跨学科发展实用工具来开展职业生涯规划课程中跨学科的教学内容。这些实用工具包括学术数据库和期刊、在线课程平台、学科交流社区等，这些平台上学生可以进行不同专业课程的学习，也能与其他领域的专业人士进行交流，这大大拓展了学生的学科视角，同时这些实用工具对其以后的职业发展有积极的意义。

## （二）引入多学科案例

跨学科融合教学中，可以研究不同行业和领域的案例来展示职业生涯规划的多样性和复杂性。

引入多学科案例研究对展示职业生涯规划的多样性和复杂性具有重要价值。这种方法通过涵盖不同行业和领域的案例，为学生提供了一个更广阔的视角，帮助学生理解不同职业路径的特点和挑战，并学习如何在不同领域中有效地规划自己的职业生涯。

**1. 案例研究的多样性和实用性**

每个行业或领域都有其独特的职业发展路径和所需技能。在技术行业，职业案例可能集中在技术创新、产品开发和市场适应性等方面；在艺术领域，个人创造力的展现、艺术品的市场推广和品牌建设则可能更为重要；医疗行业可能强调专业知识的深度和持续的专业发展；而教育行业则可能更加关注教学方法的创新和教育理念的实践。通过研究这些多元化的案例，学生不仅能够增进对不同行业工作性质和要求的具体了解，还能从中学习到适用于各种职业环境的规划策略和方法。这些案例研究通常结合了实际的职业经历和决策过程，使学生能够直观地看到理论知识在实际职业生涯中的应用。

**2. 批判性思维和问题解决能力的培养**

多学科案例研究的讨论和分析过程还能够有效培养学生的批判性思维和问题解决能力。通过对比和分析不同行业案例中的成功因素和挑战，学生能够进行反思并复盘，最终思考如何在自己的职业生涯中应用类似的策略和技能。例如，学生可以探讨如何将技术行业中的持续学习和自我更新的理念应用到其他行业中，或者如何在非艺术领域中借鉴艺术家的创造力和个人品牌构建策略。另外，多学科案例研究还提供了一个平台，让学生能够从不同的视角和背景考虑问题，鼓励个体跳出固定思维模式，探索多种可能的解决方案。

通过引入多学科案例研究，教育者不仅能够为学生提供一个更全面和深入的职业生涯规划视角，还能够帮助学生在不断变化的职业环境中保持灵活性和创新性，这种跨学科视角的教学对学生尽快适应未来多元化的工作环境并最终取得成功至关重要，更能够培养出适应未来挑战的复合型人才。

## 二、引入工具应用

### （一）引入职业心理测验

引入职业心理测验对专业教师开展职业生涯教育具有重要意义，是专业教师在开展职业生涯教育的过程中不可或缺的工具。职业心理测验不仅可以帮助学生更好地了解自己，还可以帮助教师为学生提供更有效的职业指导，从而提高职业生涯规划教育的质量和效果。

常见的职业心理测验包括以下六种。

**1. 职业能力测验**

职业能力测验是一种用于评估个体在特定职业领域所需技能和能力的心理测验。这些测验通常包含一系列问题和任务，旨在测试个体在特定技能上的水平和潜力，如解决问题的能力、数学技能、语言能力、技术知识水平等。职业能力测验对帮助个人理解自己在某一职业领域内的适应性和潜在优势具有重要价值。

然而，职业能力测验也有局限性，无法全面反映个人所有能力的状况，尤其是那些软技能，如团队合作、领导力和创造力。此外，测验结果可能受测试环境、个人状态等因素的影响，因此应当结合其他评估工具和方法一起使用，以获得更全面的职业能力评估。

**2. 职业评估测验**

职业评估测验是一种评价个体职业兴趣、价值观、个性特质及其他与职业选择相关因素的心理测验。这类测验的目的是帮助个人了解自己在职业选择上的偏好和倾向，从而做出更符合自身特点和期望的职业决策。职业评估测验通常涉及一系列问题，旨在探索个体的兴趣爱好、工作态度、价值观和期望的工作环境等。通过这些测试，个体可以更清晰地认识到自己在职业选择上的优先考虑因素，如更倾向于选择哪种类型的工作、更看重工作的哪些方面（如收入、稳定性、创造力挑战等）。教师可以使用这些测试结果来帮助学生制订更加个性化的教育和职业发展计划。

职业评估测验的有效性在于为探索个人的职业兴趣和价值观提供了一种结构化和系统化的方式。然而，与所有心理测验一样，评估的结果应当作为职业生涯规划过程中的一个参考点，而不是决定性因素。个人的职业选择应考虑多种因素，包括市场趋势、个人能力和生活状况等。

**3. 职业适应性测验**

职业适应性测验是一种用于评估个人在特定职业环境中适应性和成功潜力的心理评估工具。这类测验的核心目的是帮助个人理解自己在不同职业环境下的表现能力以及适应新工作和应对职业挑战的能力。职业适应性测验通常要考虑多种因素，包括个人的技能、性格特征、工作态度、应对压力的能力和人际交往能力等。

职业适应性测验对个人职业生涯规划有指导作用。对寻求职业道路的个人而言，职业适应性测验可以为其提供重要的个人职业发展见解。通过这种测验，个人可以了解到自己在何种类型的工作环境中最能发挥潜力以及需要具备哪些技能和特质来适应特定的职业角色。职业适应性测验对职业发展有一定的辅导作用。教师可以使用职业适应性测验的结果来指导学生，提供更有针对性的建议，帮助学生选择适合自己特点的职业路径和发展方向。

职业适应性测验包括一系列评估个人技能、性格、价值观和工作偏好的问题。这些问题旨在揭示个人的工作风格，如是更喜欢团队合作还是独立工作，在高压环境下的反应以及对工作的动机和承诺等。此外，这些测验还可用来评估个人对变化的适应能力和学习新技能的意愿，这些都是现代职场中日益重要的能力。

职业适应性测验在职业生涯规划和发展中的应用是多方面的，不仅可以帮助个人做出更明智的职业选择，还可以作为职业培训和发展计划的一部分，帮助在职的从业者识别和发展对个人当前角色至关重要的技能和特质。

**4. 职业兴趣测验**

职业兴趣测验是一种能帮助个人了解自己对不同职业领域的兴趣程度的评估工具。这类测验通常基于心理学理论，如霍兰德职业兴趣理论将职业兴趣分为不同的类型，如现实型、研究型、艺术型、社会型、企业型和事务型。通过回答一系列问题，测试者可以发现自己对哪些职业领域更感兴趣，并在职业生涯规划中做出更合适的选择。职业兴趣测验的意义在于可以帮助个人发现与个人兴趣相匹配的职业领域。个体通常在他们感兴趣的领域中表现更好，并能从中获得更多的满足感和成就感。

职业兴趣测验的局限性在于兴趣可能会随时间和经验的积累而变化，因此测验结果应被视为对个人在特定时期的兴趣状况的反映，而不是固定不变的。此外，在选择职业时，兴趣只是其中一种考虑因素，同时需要衡量的还有其他因素，如个人能力、市场需求和生活状况等。

**5. 职业性格测验**

职业性格测验旨在评估个人的性格特征和倾向以及这些特征能如何影响个体在职业选择和工作表现上的偏好。这类测验通常基于心理学理论，如五大性格特质理论（开放性、责任心、外向性、宜人性和神经质），帮助个人理解自己的性格特点以及这些特点对他们的职业选择和工作风格的影响。

职业性格测验的意义在于帮助个人了解自己在工作中可能的行为模式和反应方式，以及哪些工作环境和职业角色最适合自己的性格类型。性格外向、善于交际的人可能更适合销售、公关或客户服务等职业，而性格内向、细致的人可能更适合研究、数据分析或编程等职业。

职业性格测验对个人的职业生涯规划和职业发展具有重要价值。通过了解自己的性格特征，个人可以选择更适合自己性格的职业路径，从而提高工作满意度和职业成就感。此外，了解自己的性格特点还可以帮助个人在工作中更好地与他人进行交流和合作，提高团队合作的效率。

对高职专业教师而言，职业性格测验为其提供了宝贵的信息，能帮助他们为学生提供更加个性化的职业建议和指导。

然而，职业性格测验的局限性在于性格特质不是固定不变的，个人的性格可能会随着时间、经验和环境的变化而发展和变化。因此，测验结果应被视为一种参考，而不是决定职业选择的唯一因素。

**6. 人际交往能力测验**

人际交往能力测验是一种评估个体进行人际互动的能力和效率的心理测试工具。这种测验的目的是帮助个人了解自己在与他人沟通、建立关系、解决冲突和协作过程中的能力和风格。在当前的工作环境中，随着团队合作和沟通能力的重要性日益提高，人际交往能力成了一项重要的职业技能。

人际交往能力测验通常包含一系列的问题或情景模拟，用于评估个体在以下四个方面的能力。

（1）沟通技能。

测验可以评估个体表达自己想法、听取他人意见和进行有效沟通的能力。这包括非语言沟通（如肢体语言、眼神交流）和语言沟通（如口头和书面表达）的能力。

（2）社交技能。

这涉及个体建立和维护人际关系的能力，包括在社交场合中保持自信、自我展示、表达同理心以及与不同背景的人建立联系的能力。

（3）团队合作。

主要评估个体在团队环境中的表现，如协作能力、团队分工能力、团队冲突处理能力和团队目标的达成的能力。

（4）冲突解决。

测验个体在面对意见分歧和冲突时的处理能力，包括谈判技巧、冲突调解和找到共同点的能力。

人际交往能力测验对提升自我认识、职业发展等有积极的意义。目前人际交往能力测验已被广泛运用于职业生涯规划之中。高职院校和职业发展中心也经常使用这类测验来帮助学生提高他们的人际交往能力。在高职院校的职业生涯规划课程中引入人际交往能力测验，有助于教师准确把握学生的人际交往情况，提高学生的人际交往能力。

## （二）数字化规划工具

高职教师可以通过使用在线职业生涯规划软件和应用程序，帮助学生制订和管理职业发展计划。数字化规划工具具有划时代的意义。首先，数字化规划工具可以提高学习体验的个性化水平。数字化规划工具允许学生根据自己的兴趣、能力和职业目标进行个性化的学习和规划，增加了学习的相关性和参与度。其次，数字化规划工具可以提高决策质量。通过提供详细的职业信息、市场趋势和技能需求分析，这些工具可以帮助学生做出更明智的职业决策。最后，数字化规划工具可以帮助学生做好职业准备。学生可以利用这些工具开发和展示自身职业技能，如建立专业的在线职业档案，这对求职和职业发展都很重要。

在课堂中引入数字化规划工具可以提升学生的职业生涯规划能力和增强教学互动性。常见的数字化规划工具有以下五类。

**1. 职业生涯规划软件**

职业生涯规划软件，如 Path source 和 Career Fitter 是现代职业生涯规划教育中的重要组成部分。这些软件通常支持职业探索、技能评估和职业路径规划等功能，能够使学生更加系统和科学地规划自己的职业生涯。Path source 可以提供基于兴趣的职业推荐和职业信息，帮助学生了解不同职业的工作内容、所需技能和发展前景。Career Fitter 则是通过评估测试帮助学生了解自己的职业性格和适合的工作类型。

这类软件的优势在于个性化和交互性。学生可以根据自己的兴趣、技能和工作偏好，得到定制化的职业建议。此外，这些工具还能提供行业趋势和市场数据，帮助学生做出更符合市场需求的职业选择。通过使用这些工具，学生不仅能够了解更多职业信息，还能够更清晰地规划自己的职业发展路径，从而提高职业成功的概率。

**2. 在线职业评估工具**

在线职业评估工具，如 Myers – Briggs Type Indicator（MBTI）和霍兰德职业兴趣量表，对学生了解自己的性格类型和兴趣偏好十分重要。MBTI 测试通过评估个人的性格特质，如内向/外向、感知/直觉等，帮助学生了解自己的性格类型及其对职业选择的影响。霍兰德职业兴趣量表则是根据六种职业兴趣类型，如现实型、研究型、艺术型等，帮助学生识别自己的职业兴趣所在。

这些工具的使用有助于学生做出更契合自己性格和兴趣的职业选择，降低未来职业生涯的不确定性。通过了解自己的性格类型和兴趣偏好，学生可以更有针对性地选择专业课程、实习机会和职业道路。这些评估工具也能帮助教师更好地了解学生的个性特点，从而提供更加个性化的职业指导和建议。

**3. 电子职业发展档案**

电子职业发展档案平台，如 Linked In，提供了一个平台，使学生能够建立和展示他们的职业档案。在这些平台上，学生可以展示他们的教育背景、工作经验、技能和成就，同时可以建立职业网络，寻找实习和工作机会。

Linked In 等平台的优势在于具有广泛的职业网络和丰富的资源。学生不仅可以通过平台建立联系、寻找导师和行业专家，还可以接触到最新的行业资讯和职位信息。通过参与相关讨论和活动，学生可以提升自己的职业形象和知名度，为职业发展打下坚实的基础。

**4. 在线学习平台**

在线学习平台，如中国大学 MOOC、学堂在和 edX，为学生提供了与职业发展相关的课程和证书，帮助他们学习新技能和新知识。这些平台提供了世界各地顶尖大学和机构的课程，涵盖各种专业领域。

通过这些平台，学生不仅可以获得新知识和新技能，还可以获得认证证书，增加自己在职场上的竞争力。这些课程的灵活性使学生可以根据自己的时间和进度进行学习，非常适合忙碌或需要继续工作的学生。此外，这些课程还促进了终身学习理念的形成，鼓励学生持续更新自己的知识和技能，以适应时刻变化的职业环境。

**5. 职业发展 App**

职业发展 App，如 Good.Co 和 Career Builder，可为学生提供便捷的职业指导和建议。这些应用程序可以通过提供职业测试、职业生涯规划建议和工作搜索功能，帮助学生探索适合自己的职业道路。

Good.Co 等应用程序通过评估学生的性格和工作风格，帮助学生找到与自己性格相匹配的公司和职位。而 Career Builder 等应用程序则能提供强大的工作搜索引擎和职业发展资源，帮助学生找到合适的工作机会。

这些 App 的优势在于便捷性和实用性，学生可以随时随地访问职业资源和信息，为自己的职业发展做出更明智的决策。

## 三、融入最新理论

### （一）前沿科技理论

当今世界，技术进步和社会发展的速度前所未有，就业市场的需求也在不断变化。前沿科技理论通常包括最新的研究成果和思考方法，将这些内容引入职业生涯规划课程可以激发学生的创新思维，培养批判性思考的能力，也能够帮助学生了解最新的职业趋势和技能需求，从而使其个人的职业生涯规划更具前瞻性和适应性。通过学习这些理论，学生能够为即将到来的变化做好准备，增加自己在未来就业市场中的竞争力。

### 1. 人工智能理论

人工智能（artificial intelligence，AI）作为一个跨学科领域，涵盖了数学、神经科学、心理学和物理学等多个学科的理论。作为当代技术发展的前沿，AI正逐渐渗透到各个行业和领域，显著改变着人们的工作方式和职业结构。

学生应正确掌握AI的基本概念，包括机器学习、自然语言处理、机器视觉等，并讨论这些技术在不同行业中的应用，如在医疗、金融、教育和制造业中的应用案例。通过案例分析AI技术对现有职业的影响，讨论哪些职业可能因AI的发展而受到挑战，哪些职业可能会因此出现新的机遇。这可以帮助学生理解在AI时代如何调整自己的职业生涯规划。对前沿科技理论的学习强调学生在数字时代应掌握所需的关键技能，如数据分析能力、编程技能等，同时，强调学生应掌握人类独有的技能，如创造性思维、批判性思维和人际交往能力的重要性。

### 2. 可持续发展理论

可持续发展理论是一个综合性概念，关注在满足当前人类需求的同时，不损害后代人满足其需求的能力。这一理论在1972年的联合国人类环境会议上被首次提出，并在1987年的《我们共同的未来》报告中得到了系统阐述，体现了公平性、持续性、共同性三大基本原则。虽然可持续发展理论起源于环境保护问题，但其俨然已成为指导人类社会走向新世纪的重要原则。可持续发展理论涵盖了经济、生态、社会和企业四个领域，每个领域都有其特定的焦点和目标。经济方面，强调经济活动的自给自足和长期稳定性；生态方面，关注维持自然资源基础和生态系统的承载能力；社会方面，致力提升人类的生活质量，满足基本需求，并减少资源方面的冲突；企业方面，意味着严格遵守法律法规，承担社会责任，并通过强化人力资源和机构能力来应对环境挑战。

可持续发展理念作为一种全球趋势，涉及众多的学科，具有强交叉性和综合性，对职业生涯规划和教育同样具有深远影响。一方面，职业生涯规划不是一个阶段性的目标，而是贯穿个人职业生涯的远景展望。如果职业生涯规划过于短视，不仅会抑制个体发展的激情和追求，还会影响长远目标的实现。这要求职业生涯规划在本质上就应具备可持续发展性。另一方面，可持续发展和职业生涯规划的目的是一致的，其最终成果都体现为人的全面发展。因此，在职业生涯规划的教育过程中全面贯彻落实可持续发展理念具有十分积极的作用。

**3. 数字化转型**

（1）概念。

"数字化转型"是当今社会，尤其是企业所经历的根本性和持续性变革的核心，主要由数字化和网络技术的发展而驱动。对企业来说，"数字化转型"是顺应新一轮技术革命和产业发展趋势，不断深化区块链、物联网、云计算、大数据、人工智能等信息技术的应用，激发"数据"的创新驱动作用，改造提升原有结构，创新、传递并产生新的价值，实现转型升级和创新发展的过程，这一过程充满危险但又利益巨大。数字化转型的革命性特质使其成为当代工业革命的一部分。第四次工业革命，即"工业4.0"概念，由德国的经济与科学研究联盟和政府高科技战略部门共同提出，这意味着现代信息技术深入工业生产的趋势日益明显。其目标是实现生产过程的自动化和智能化，促进人类与机器的沟通和协作，优化企业价值创造链。

新型信息技术具有颠覆性作用，创新性的产品和服务正在改变整个行业的竞争格局。新的市场竞争者常以创新的报价和解决方案，挑战传统市场占有者。根据数字产品和服务的零边际成本理论，一旦初始产品被创建，其复制成本几乎为零。创业公司正在利用网络化资源迅速成长并拓展全球市场，对传统供应商构成巨大威胁。这种现象体现了当代平台式公司的主要特征。

（2）数字化转型理论融入高职职业生涯教育的相关内容。

数字化转型是当前企业和组织面临的主要挑战之一，高职教师将"数字化转型"的理论和实践融入教学中，能够帮助学生提前了解并适应数字化时代的职业环境。

一是介绍数字化转型的基本概念，包括云计算、大数据、物联网等技术，以及这些技术如何改变商业运作和工作方式。

二是探讨不同行业如何通过数字化转型来提升效率和竞争力，如电子商务、数字营销、智能制造等，并引出数字化时代所需的关键技能，如数字素养、信息技术应用、在线协作能力等，引导学生学习强化这些必备技能。

### （二）技能需求探讨

除了理论，教师还应该让学生拓展更多的技能，更好地实现就业。数字时代，让人类的生活、办公变得越来越高效、快捷，但高效、快捷的背后，需要的是适应数字时代的技能要求，主要包括以下三个方面。

**1. 数字素养理论**

数字素养是一个多维且动态发展的概念，其基础在于理解和运用数字信息技术。此概念经历了多次演变和扩展。最初由以色列学者约拉姆·阿什特·阿勒卡莱（Yoram Eshet – Alkalai）于1994年提出，他认为数字素养包括图像素养、再创造素养、信息素养、社会情感素养等方面。图像素养关注理解和解读数字图像和设计特点；再创造素养强调在现有信息基础上进行创新性思考和创造；信息素养侧重于信息的检索、分析和使用；社会情感素养则涉及数字环境中的人际交往和情感表达。

1997年，学者保罗·吉尔斯特（Paul Gilster）进一步深化了这个概念，将数字素养的核心定位为批判性思维，即批判性地理解和分析网络信息。他认为，在泛滥的数字信息中，能够有效辨识、评估信息的真实性和可靠性，是提高数字素养的关键。

随后，美国图书馆协会（ALA）和英国联合信息系统委员会（JISC）进一步扩展了数字素养的定义。ALA强调使用信息和通信技术来检索、理解、评价、创造和交流数字信息的能力，这不仅包括技术技能，还包括认知技能。JISC则更加注重在数字社会中个人的综合能力，包括使用数字工具进行学术研究、撰写报告和进行批判性思考的能力等。

欧盟的定义将数字素养视为在工作、学习、休闲及社会参与中自信地、批判地和创造性地使用信息技术的能力。这一定义凸显了数字素养在多个领域的应用价值，强调了它的跨学科性和整合性。

2018 年，联合国教科文组织将数字素养理论分为 7 个领域和 26 个具体指标，这一理论框架覆盖面很广，具体表述如下所示。

（1）软硬件操作素养。具体包括数字设备中的物理操作和软件操作。

（2）信息和数据素养。具体包括浏览、搜索和过滤数据、信息和数字内容，评估数据、信息和数字内容，管理数据、信息和数字内容。

（3）沟通与协作。具体包括通过数字技术进行交互、通过数字技术实现共享、通过数字技术参与公民活动、通过数字技术进行合作、网络礼仪、管理数字身份等。

（4）数字内容创建。具体包括数字内容开发、数字内容的整合与再加工、版权和许可、编程。

（5）安全。具体包括设备保护、保护个人资料隐私、保护健康和福祉、保护环境等。

（6）问题解决。具体包括解决技术问题、识别需求和技术响应、创造性地使用数字技术、认识数字能力差距、计算机思维等。

（7）职业相关能力。具体包括在特定领域使用专业数字技术，解释和处理特定领域的数据、信息和数字内容等。

总之，数字素养不仅包括技术技能，还包括认知能力、批判性思维、创新能力以及社会情感理解能力。

**2. 创新思维理论**

创新思维是一种高级思维活动，是基于传统思维并通过发挥大脑的主动性，采用具有预见性和超前性的新认知模式，来深入理解和掌握事物发展内在本质和规律的思维方式。这种思维方式不仅包含了对事物间关系的前所未有的思考，还包括对新问题的观察、分析和解决方法的探索。创新思维表现为在理论、技术、观念、方案和决策等方面的新颖创造，并广泛存在于科学、政治、军事、生产、教育和艺术等多个领域。从狭义上讲，创新思维是开拓新领域、创造新成果的思维过程，常表现为新技术的发明、新理论的创建。而从广义上讲，创新思维不仅包括完整的新发明和新发现，还涉及在思考方法、结论和见解上的独创性。每个人都具备广义上的创新思维能力，这种能力是人类进行创造性活动的基础，是创造原理和技法的源泉。

创新思维是知识和信息增值的结果，可以通过提出新知识（如新观点、新理论、新发现）来增加知识量，或者通过新的方法对已有知识进行分解和重组，从而提升知识水平，实现知识结构的增加。这个过程要求个体进行长期的知识积累、智能训练和素质磨砺，同时涉及推理、想象、联想、直觉等多种思维活动。因此，创新思维是一种需要付出巨大劳动、运用高级能力的思维活动。

**3. 多重思维能力**

除创新思维外，职场上还需要其他思维能力，以支持个体完成复杂的工作任务，包括换位思维、逆向思维、发散思维、联想思维和纵向思维等。

（1）换位思维。

换位思维要求学生从不同的角度和立场思考问题。教师可以通过组织小组讨论、角色扮演等方式，鼓励学生站在不同的角色和立场上，理解和分析同一问题。

（2）逆向思维。

逆向思维强调从与常规方向不同的角度思考问题。教师可以设置"反面思考"任务，鼓励学生挑战常规假设，探索问题的非传统解决方案。例如，在设计实习项目中故意提出逆向要求，让学生从反面着手，探索创新的解决路径。

（3）发散思维。

发散思维的主要体现是思维的广度和灵活性。教师可以通过提出开放式问题、组织头脑风暴等方式激发学生的思维活跃度，鼓励他们提出有多种可能的解决方案，而不是仅仅满足于最显而易见的答案。

（4）联想思维。

联想思维是将看似无关的信息联系起来，产生新想法的能力。教师可以通过各种创意练习，如隐喻、类比、故事编织等，鼓励学生探索不同信息之间的联系，培养其想象力和解决问题的能力。

（5）纵向思维。

纵向思维强调深入分析和系统思考。教师可以通过案例分析、项目研究等方式，鼓励学生深入挖掘问题的本质，从多个层面系统地分析和解决问题。教师可以在课堂上引入真实的行业案例，让学生从基础知识到实际应用逐步深入，培养他们系统思考的能力。

## 第三节　教育手段丰富和发展

　　教育手段的丰富和发展对教师开展职业生涯规划教育至关重要。多样化的教育手段不仅可以增强教学的有效性，还可以满足不同学生的学习需求和偏好，从而提高职业生涯规划教育的整体效果。通过丰富多样的教学手段，教师能够为学生提供更有吸引力和互动性的学习体验，使职业生涯规划教育更加生动和实用。

### 一、互动式教学法

#### （一）互动教学法的基本内容

**1. 概念**

　　互动教学法作为一种教学方法，起源于20世纪50年代的语言教学领域，是由交际教学法发展而来的。这种教学方法的核心在于通过组织各种互动活动，如讨论、完成任务、对话等，促进学生的语言学习和知识构建。在这个过程中，学生不仅需要使用语言材料增加自己的语言储备，还需要通过与同学的互动增加语言输出，从而更有效地表达自己的真实意图。

　　互动教学法可被归为一种语言合作活动，涉及信息的发送者、接收者以及语言情境的三方关系。这种教学方法的特点是多方位互动，包括教师与学生之间、学生与学生之间以及学生与环境之间的互动。重要的是，互动教学法不仅仅是让学生完成特定的互动任务，更强调在这个过程中进行知识构建。对教师而言，这意味着与学生共同参与学习和发展的过程；而对学生来说，这是创造更多使用口语进行交流的机会以及发展交际能力的机会。

　　在互动教学法中，教师和学生之间的交流应在相互尊重的氛围中进行。学生通过协作的方式完成特定的互动任务，而教师则负责组织和促进这种互动协作。在这一过程中，协作的本质包括共享、鼓励和接收，这是互动教学法的核心。

**2. 基本原则**

互动式教学法作为一种有效的教学方式，重视师生之间以及学生之间的互动交流，致力于提高学生的学习积极性和主动性。在运用互动式教学法的过程中，需要遵循以下原则。

（1）充分了解学生。

互动式教学的第一步是教师全面了解学生，包括学生的年龄、背景、学习风格、学习目的和知识获取方式等方面。这些因素会直接影响学生学习的动机和语言交际水平。教师需要根据这些特点仔细研究并设计教学内容、方法和过程，确保教学模式既切合学生实际，又具有高度的可操作性。

（2）设计有趣和贴近学生生活的互动活动。

互动活动应结合学生的实际生活和近期热点话题进行设计，以增加活动的趣味性和相关性。这样的活动能够激发学生的好奇心和探索欲，使他们能够在讨论中找到共鸣，并积极参与互动。活动应具有创新性，以吸引学生的注意力并提高他们的学习兴趣。

（3）培养学生的主动性和参与感。

在互动教学中，教师的角色更多是促进者和辅导者，而不是直接的知识传授者。教师应鼓励学生主动探究问题、提出问题和解决问题。通过这种方式，学生的被动学习可以被转变为主动学习，每个学生都能积极地参与到学习过程中。同时，这种互动促进了师生之间的相互学习和成长。

（4）鼓励多角度的思考和创新意识。

在互动过程中，教师应避免对"正确答案"概念的过分强调。对于学生提出的不同观点，教师应持开放态度，鼓励学生发散思维和创新。教师的反馈应始终保持积极和肯定，增强学生的自信心，培养学生的创新能力。

**3. 互动类型**

（1）师生互动。

师生互动是互动式教学的核心，建立在教师和学生之间平等、和谐的关系基础上。在这种互动中，教师不仅是知识的传递者，更是学生学习过程中的引导者和助手。师生互动可以被进一步细分为师生个体互动、教师与班级互动和教师与小组互动三种。

师生个体互动通常体现在教师与单个学生之间的提问和回答、评价和反馈等过程中。这种针对性强的互动有助于教师对学生在学习进度和理解程度上进行个别指导和个性化帮助。

教师与班级互动中，教师与整个班级进行交流，通常涉及全班参与的讨论、活动和项目。这种互动方式能够调动全班学生的积极性，促进班级内形成集体学习氛围。

教师与小组互动中，教师与不同的小组进行互动，提供指导和反馈。这种互动有助于增强学生的团队协作能力，同时能促进学生在小组讨论中深入思考和学习。

（2）生生互动。

生生互动强调学生在课堂中的主体地位，让学生通过互相之间的交流和协作来促进学习。这种互动方式可以激发学生的内在动机，提高其学习兴趣，并增强自信心。通常有协作学习、交流与反馈、角色扮演和模拟三种方式。

协作学习是指通过参与小组讨论、合作项目等活动，学生可以在相互交流的过程中共同解决问题，共享信息，这不仅增进了学生之间的合作，还有助于培养其解决问题的能力和批判性思维。

交流与反馈是指在生生互动中，学生可以相互提供反馈和建议，这有助于个人从同伴的视角看待问题，拓宽思路。

角色扮演和模拟指的是学生通过参与角色扮演或模拟活动，在实践中学习和运用知识，这种互动方式有助于提高学生的实际应用能力和换位思维水平。

（3）人境互动。

人境互动涉及教师和学生与教室环境、校园环境和教学媒体的互动。

教室环境互动指的是充分利用教室空间，实现教室的合理安排，如多边桌布局，可促进面对面交流，激励性的教室装饰和学习材料的展示也能营造积极的学习氛围。

校园环境互动是指学校创设特定的学习区域，如职业体验角，或张贴职业标识，给学生提供更多体验职业的机会的互动方式，能使学习更加生动和贴近实际。

教学媒体互动是运用多样化的教学媒体，如视频、音频、互联网资源等，丰富教学内容，提高学生的学习兴趣和参与度，同时在教师与学生之间开展更有效的信息交流活动。

### （二）高职院校开展互动式教学的方式

**1. 案例讨论**

案例讨论是一种有效地开展互动式教学的方法。通过引入与职业生涯规划内容相关的真实案例或模拟案例，教师可以激发学生的兴趣和参与感。案例讨论不仅能帮助学生理解理论知识和规划工具能如何被应用于实际情境，还能培养学生的批判性思维和解决问题的能力。

在案例讨论过程中，教师需要向学生介绍案例背景和关键问题，然后引导学生进行小组讨论，分析问题并提出解决方案。在这个过程中，学生应当被鼓励提出问题、分享观点和进行辩论，从而深入理解案例内容。此外，教师还可以组织小组形式的集体讨论，让不同小组分享分析和见解，进一步促进学生之间的交流和学习。案例讨论的成功与否，关键在于案例的选择和教师的引导。选择与学生经验相关、内容丰富且具有启发性的案例，能够更好地吸引学生参与讨论。同时，教师需要精心设计讨论问题，确保讨论有深度和广度，引导学生从多个角度思考问题。

**2. 角色扮演**

角色扮演指的是学生通过扮演特定的角色，模拟真实的工作场景或生活情境，进行交流和互动。经历过角色扮演，学生可以更好地理解不同角色的立场、行为要求和方式，进一步提高情境感知能力和同理心。角色扮演的设计应与课程内容紧密相关。例如，市场营销专业的学生可以扮演不同的公司角色，如市场营销经理、一线销售员等，生成一个营销策略或财务问题。在这个过程中，学生需要根据自己角色的特点进行研究、分析和决策，与其他角色进行交流协作。

教师在角色扮演活动中的作用是提供指导和总结。教师需要确保活动组织和进行得顺利，同时在活动结束后，根据学生的表现提供反馈和建议。这样不仅能够帮助学生从活动中学到更多，还能提高学生参与教学的兴趣。

**3. 小组协作**

在小组协作中，学生分成 5~10 人的小组共同完成特定的任务或项目。这种方法有助于培养学生的团队合作精神、沟通能力和共同解决问题的能力。在小组协作活动中，每个小组成员都要承担特定的职责，共同努力完成任务。教师的角色是监督和指导，确保每个组员都能积极参与，同时保证小组工作的质量和效率。教师还可以根据项目的需要，提供必要的资源和支持。小组协作的主题应与课程内容紧密相关，并具有挑战性，以激发学生的兴趣和创造力。在课程中，学生可以在分组之初完成一个团队建设任务，增强参与感和集体荣誉感，提高对职业生涯规划内容的兴趣和理解。

## 二、项目式学习

项目式学习（PBL）是一种将学生置于学习的中心位置的教学模式。在这一模式中，学生通过积极地搜集信息、获得知识和探索解决方案，解决具有实际意义的问题。这种方法不仅要求学生运用学科知识，还要求学生学会如何在现实生活中应用这些知识。与传统教学方法相比，项目式学习能够有效地提升学生思考问题和解决问题的能力，这也正是顺利实行职业生涯规划所必须具备的能力。

### （一）项目式学习的本质特征

项目式学习的本质是学习本身，遵循学习的基本特征，包括设定目标、制订计划和进行评价三个本质特征。

**1. 设定目标**

项目式学习的目标不仅包括对学科知识的掌握，还有对高阶的工作方式和思维模式的学习。这意味着项目式学习必须将课程标准融入学习过程中。通过项目的参与和体验，学生既能运用已掌握的知识，也能习得新的知识。项目式学习应成为课堂教学的重要组成部分，促使学生达到学科学习的基本目标，并提高获取信息、批判地分析信息、沟通交流、团队合作，以及创新式解决问题的能力。

**2. 制订计划**

教师需要将项目式学习的总体目标细化到每节课、每个教学环节，并据此设计教学情境、开发教学资源，引导学生逐步实现学习目标。实际教学中教师应详细规划如何实现团队合作、信息获取和沟通交流等能力的培养，避免采用不加指导的方式。精细的计划能确保教学目标的实现，让教师清晰地掌握学生的学习进度，从而保证项目的成功完成。

**3. 进行评价**

评价是检验课程和教学计划是否实现了教育目标的过程。项目式学习既强调知识掌握也强调技能培养，因此评价应围绕这两大部分进行。尽管对技能性评价指标的采纳值得肯定，但对知识本身的评价同样不容忽视，两者都是项目式学习不可或缺的一部分。

### （二）项目式学习的项目特质

**1. 情境性**

项目式学习的核心在于真实情境的应用，因此，项目式学习具有情境性，这是其与传统学习法之间的主要区别。这种学习方式通常始于学生在现实学习环境或生活中遇到的具体难题或待解决的挑战。在这种教学模式下，学生的学习目标超越了仅掌握理论知识这一层次，更关注学习如何将知识应用于实际问题的解决过程，从而在处理实际情况时掌握新的知识或利用已有知识解决与生活紧密相关的问题。这种做法使学习内容变得具体可见，紧密联系实际生活，而非仅仅是学习后的理论积累。因此，学生的学习兴趣被自然而然地激发，这不仅能帮助学生更好地掌握和应用知识，还能显著提高学生解决问题的能力。

**2. 系统思维**

系统思维强调从整体的角度出发，深入理解和有效掌握各部分之间的关系，确保整个系统的顺畅运作。项目式学习正是一个体现系统思维的过程。为了完成项目，学生需要综合考虑多个方面，包括制订全面的研究计划、确定小组成员的分工与合作方式、识别所需的跨学科知识、确定实施步骤，以及最终产出的产品形态等。这种方法提高了学生的非线性复杂思考的能力。

**3. 产品导向**

项目式学习中的产品导向性强调在项目完成时学生需要制作出一个具体的成果。但重要的是要理解，项目的核心任务不仅仅是制作成品，更是明确成品背后的目标选择，以及选择特定形式的原因。如果没有理解这些深层次的问题，个体可能会错误地将焦点过分集中于产品的制作上，而忽略了项目式学习的真正价值和深层含义。

## （三）项目式学习的步骤

项目式学习（PBL）的关键步骤包括问题提出（propose）、方案规划（plan）、问题解决（execute）及评价与反思（judge）。在这一过程中，教师扮演着重要的引导角色，根据项目主题和学生的表现灵活调整教学与项目的进展计划。与其他教学方法相比，教师更多地作为学习的支持者，提供指导，确保学生顺利完成项目。

项目设计时，需要考虑以下要素。

**1. 关键知识和技能**

项目式学习的目的是促进学生学习，让学生通过独立学习、应用标准化学科知识，发展批判性思维，以及合作和自我管理能力。

**2. 具有挑战性的问题**

每个项目都应该鼓励学生提出有意义且具有挑战性的问题。

**3. 持续提问**

教师应为学生创造一个环境，鼓励他们不断提问、寻找资源、应用信息并进一步提问。

**4. 真实性**

项目应与现实世界相结合，激发学生对真实世界的思考和探索。

**5. 学生自主选择**

学生在项目完成过程中应有较大的自主权，包括规划和调整计划等。

**6. 反思**

教师和学生共同评价和反思学到的知识、项目完成情况，找出可改进的部分。

**7. 修改**

学生根据反思得到反馈后,需要不断修改项目内容或对项目产出进行迭代升级。

**8. 公开展示**

学生通过多种形式向同学展示研究成果。

项目式学习不是简单的动手活动,而是基于课程标准,精心设计的学习方法。这种方式让学生在实践中学习,跨学科地应用知识解决现实问题,并能兼顾知识掌握(如数学、语言、科学)和技能培养(如领导力、演讲能力、合作交流能力)。高质量的项目式学习特点包括项目有真实性和意义,项目与核心学科内容和实践可以实现深度整合,鼓励有意义的、支持性的互动,以及实践基于证据并采用最佳实践。

## (四)高职院校开展项目式学习的方法

在职业生涯规划教育中,高职院校开展项目式教学法(PBL)时应该重点构建一个实践与理论相结合的学习环境,提升学生的职业技能、决策能力和终身学习的能力。以下为具体的实施方法。

**1. 整合职业实践与课堂学习**

高职院校应将职业生涯规划的理论知识与学生未来可能进入的行业实践紧密结合。通过设计与实际职业生涯规划相关的项目任务,学生可以在解决实际问题的过程中学习和应用知识。例如,教师可以让学生模拟职业生涯规划咨询过程,为虚拟或真实的客户提供职业生涯规划服务,包括职业兴趣评估、职业路径规划、简历制作和模拟面试等。

**2. 强化跨学科能力的培养**

职业生涯规划不仅涉及心理学、教育学的知识,还与经济学、社会学及信息技术等多个学科领域有关。教师应鼓励学生在项目中运用跨学科知识,解决复杂的职业生涯规划问题。教师还可以组织学生参与跨学科项目,如市场调研、行业分析报告编制,以及利用信息技术开发职业生涯规划工具等,提高学生的综合素质和适应多变职场的能力。

**3. 提供真实的职业体验机会**

与行业企业合作,为学生提供实习、访学和参与实际职业项目的机会，是项目式教学法成功实施的关键。这些实践机会能让学生亲身体验职场环境，理解不同职业的工作内容和要求，从而做出更加明智的职业选择。高职院校可以通过建立校企合作平台，定期组织行业导师进校园讲座活动，或者安排学生到企业进行短期实习和参与企业项目，增强学生学习的实践性和应用性。

## 三、利用技术工具

技术工具也是丰富职业生涯规划教育教学手段的一种重要方式，主要包括在线教育平台、多媒体等。

### （一）在线教育平台

教师可以创新利用在线教育平台优化职业生涯规划教育的教学方式。在线教育平台提供了一种灵活和多元的教学环境，不仅打破了传统课堂的时间和空间限制，还为学生提供了丰富的学习资源和互动机会。

**1. 利用在线平台上的相关资料、文献进行教学**

在线教育平台可以作为一个知识库，提供与各种课程相关的视频讲座、阅读材料和互动测验，这些资源不仅涵盖职业生涯规划的基础理论，还包括市场趋势分析和职业技能培养等内容。

首先，通过视频，学生可以观看和学习与各种职业生涯规划相关的主题课程，这些视频课程通常由行业专家或经验丰富的教师制作、讲授，为学生提供了丰富的实际案例和专业知识。视频的形式生动有趣，更容易吸引学生的注意力，帮助他们更好地理解和记忆复杂的概念。其次，阅读材料是学生自主学习的重要部分。通过阅读平台提供的文章、研究报告和案例分析，学生可以深入了解职业生涯规划的各个方面。这些材料不仅提供了理论知识，还包括实际操作的指导和建议，帮助学生将理论应用于实践。最后，互动测验是检验学生学习效果的有效工具。通过这些测验，学生可以评估自己对职业生涯规划相关知识的掌握情况，它们也能激发学生的学习兴趣。测验结果还可以帮助教师了解学生的学习进度，及时调整教学内容和方法。

## 2. 利用平台组织在线讨论和互动活动

在线讨论和互动活动是提高学生参与度和学习兴趣的重要方式。面对动手能力更突出的高职学生，在开展职业生涯规划教育时，利用在线教育平台组织这些活动是一种有效的教学策略。

（1）设置论坛或聊天室，进行话题讨论。

这些讨论不仅增强了学生之间的交流和互动，还能够引导学生对话题进行深入思考。教师可以提出一个与所学专业发展相关的话题，让学生进行小组讨论，然后在论坛上分享观点和结论。这种方式不仅可以提升学生的分析能力和表达能力，还能够拓宽其视野，使其了解不同行业的实际情况。

（2）组织在线研讨会，邀请行业专家进行交流。

在线研讨形式自由、氛围轻松，专家可以充分分享工作经验和见解，并与学生进行更为全面的交流，答疑解惑，为学生提供宝贵的职业建议和指导。

（3）利用在线平台组织各种互动活动。

这些互动活动包括案例分析、项目合作等，既增加了课程的趣味性，又提高了学生的实践能力，并能够让学生进一步探索个人感兴趣的领域和团队氛围。

## 3. 利用在线教育平台鼓励学生探索个性化的学习路径并即时反馈

在线教育平台的另一个重要功能是提供个性化的学习路径和反馈，这一功能可以有效地帮助学生制订和调整具有个人特色的职业生涯规划。

此外，教师通过在线教育平台，可以跟踪学生的学习进度和表现。许多平台已经能够进行海量数据存储，数据分析工具的功能也越来越全面，可以帮助教师了解学生在学习过程中的表现，如作业完成的情况、参与讨论的活跃度等。这些信息对教师评估学生的学习效果和提供个性化指导很有帮助。教师还可以根据学生的学习情况和需求，为其提供有针对性的指导和建议。对那些在职业生涯规划方面有特定需求的学生，教师可以提供更多个性化的学习资源和建议，帮助学生更好地了解自己的兴趣和能力，制订合适的职业生涯规划。另外，教师还可以利用在线平台为学生提供即时的反馈和支持。学生可以随时向教师提问，教师可以通过平台即时回答学生的问题，提供必要的帮助。这种即时的沟通和反馈对于学生理解职业生涯规划的知识和应用非常重要。

### （二）多媒体运用

融入多媒体教学工具也是提升教学效果的一种积极尝试。多媒体工具凭借其丰富的表现形式，为学生提供了更加生动和直观的学习体验。通过图像、音频、视频等多种元素的融合，多媒体工具使知识变得更加鲜活和有趣，从而帮助学生更深入地理解和掌握知识，提升学习效果。

**1. 展示职业生涯规划的关键概念和案例**

运用多媒体工具，如PPT、视频和图像，来展示职业生涯规划的关键概念和案例，是一种生动有效的教学方法。如此一来，多媒体工具的使用使复杂的职业生涯规划理论更加直观易懂，能帮助学生更好地理解和吸收这些知识。

通过使用PPT展示，教师可以将职业生涯规划的理论知识以清晰、有序的方式呈现给学生。PPT中的图表、流程图，是传递信息的高效工具，能够帮助学生快速把握职业生涯规划相关知识的基本框架和重要概念。

视频作为一种更加生动的媒介，可以使学生直接地"看到"各种职业的实际工作内容和环境。在教学过程中利用图像和数据可视化等工具，能够快速地增加教学的信息量，同时能帮助学生更清晰地了解职业市场的趋势和需求。通过展示不同行业的就业、薪酬水平和职业发展趋势的相关数据，学生能够对不同职业的前景有一个更直观的认识，并产生对职业选择的思考。

**2. 用于模拟真实的职业场景**

利用技术工具模拟真实职业场景是一种极具新意且十分前沿的教学方法。通过模拟，学生可以在没有风险的环境中体验和了解不同的职业，方便学生在短时间内感受多种职业生活，做出更优的职业选择和规划。

虚拟现实（VR）技术的应用，可以为学生提供一种沉浸式的学习体验。通过VR头盔和相关软件，学生可以进入模拟的职业环境中，如进入医院、工厂、公司办公室等。在这些模拟的环境中，学生不仅可以观察到不同职业的日常工作流程，还可以亲自进行一些简单的操作，如进行模拟手术、机械装配或药剂制作等。这种体验有助于学生深入了解职业的具体要求和挑战，为未来的职业选择提供实际的参考。除了 VR 技术，其他模拟软件和工具也可以用于模拟不同的职业场景。

例如，财务模拟软件可以让学生体验会计或财务分析师的工作内容，营销模拟游戏可以让学生尝试制订和执行营销策略。这些模拟活动不仅能够增强学生的实践技能，还能够提高学生解决实际问题的能力。

**3. 增强课堂的互动性，营造良好的学习氛围**

运用互动软件进行实时问答和投票是一种提高课堂互动性和学习氛围的有效方法。互动软件，如即时反馈系统、在线投票工具和互动问答平台等，不仅可以激发学生的竞争意识，还能够增强他们的课堂参与感和主动学习的动力。

在讲解一个与职业生涯规划有关的概念之后，教师可以通过软件提出相关问题，让学生利用手机端或电脑端进行实时回答。这种方式不仅可以检验学生对教学内容的理解和掌握，还能够引发学生的思考和讨论。另外，通过在线投票，学生可以对某个话题或问题表达自己的观点和选择，这有助于教师了解学生的想法和兴趣，同时能够增加课堂的互动性。在讨论不同职业的优缺点时，学生可以通过投票选择自己更感兴趣的职业，然后教师可以根据投票结果对各类职业进行深入的分析和讨论，更有针对性和实效性。

## 四、校企合作与实践机会

### （一）校企合作的基本内容

**1. 校企合作的定义**

校企合作是指教育机构与企业之间的合作，旨在实现资源共享和相互合作，以促进双方的共同发展。其含义可以从以下三个方面来理解。

（1）资源共享与合作。

校企合作的核心是资源共享和合作。尤其是在高职院校与企业之间的合作中，企业通常拥有资金、设备和行业经验等资源，而高职院校则拥有人才培养和科研能力等方面的优势。通过校企合作，双方可以实现资源的有效整合和利用，形成一种相互依存、相互促进的关系。这样的合作不仅可以提升高职院校的教学质量和应用研究能力，还能帮助企业获得新技术和优秀人才，双方实现互利互惠、共同发展。

（2）沟通与互动的关键作用。

校企合作的成功关键在于双方的沟通和互动。良好的沟通机制是确保合作效率的基础。这种沟通主要围绕人才培养、资源共享等方面展开。通过组织定期会议、工作坊和联合项目等合作形式，企业可以向高校提供行业需求和实践经验，而高校则可以根据这些信息调整课程内容和研究方向。有效的沟通有助于双方更好地理解对方的需求和优势，从而提高合作的配合效率和成果。

（3）促进社会经济的发展。

校企合作的终极目标是促进社会经济的发展。通过这种合作，教育机构和企业不仅能够实现资源的最大化利用，还能够相互学习和借鉴。这种合作有助于提升学生的实践能力和就业竞争力，同时为企业提供了创新技术和理念。此外，校企合作还能够推动行业标准的提升和新技术的应用，对整个社会经济产生积极的影响。

**2. 校企合作的意义**

校企合作在当代教育和产业发展中扮演着至关重要的角色。

校企合作对高校的意义在于，可以让高校及时对接产业需求、更新教学内容、提高教学质量，确保教育内容与时俱进。这种与实际生产紧密相连的教学内容更具前瞻性和应用性，有助于提高教学质量，还可以丰富教师经验，提升教学水平，促进教师知识结构的更新，进而变革教育观念，改进教学方法。校企合作可以进一步加强高校与社会的联系，通过校企合作，高校能够更好地了解社会对高职学生的需求，有助于教学内容和教学方法的优化，培养出更能适应社会和企业需求的人才。另外，校企合作还在一定程度上缓解了高校教学资源紧张、教育经费有限、师资力量不足等问题，并为学生提供了更多的实习机会，增强教学实践性。

校企合作对企业的意义在于，一方面，企业可以提高员工素质与技能，为员工提供再培训的机会，这有助于提高在职人员的素质。另一方面，企业还可以优先聘请优秀高职学生，获得优秀的人才。企业可以通过顶岗实习合作优先聘请实习期间表现出色的高职学生。这些学生已熟悉企业的工作流程，因此能够快速适应职位，这节约了员工培训成本、提高了企业的经济效益。另外，校企合作的长期开展，还能促进企业的技术创新与发展，为企业带来新的观念和技术，促进企业的创新和长远发展。

校企合作对学生的意义在于，首先，校企合作为学生提供了将理论知识应用于实际生产的机会，增强了学生的专业技能和实际动手能力。其次，校企合作可以提升学生的职业准备水平与适应能力。通过参与企业的实习和培训，学生能更好地了解职场要求，为毕业后的就业做好准备，提高职场适应能力。

### （二）如何在校企合作中提升职业生涯规划教育实效

在校企合作中提升职业生涯规划教育实效的关键，在于高职院校需要充分利用企业的资源和实践机会，将高校的教育资源和专业知识相结合，利用校企合作这一模式不断提升职业生涯规划教育水平。

**1. 实地实习与实践经验**

高职院校可以安排学生到企业实习。通过实地实习，学生可以直接接触行业现场，了解具体的职业角色和工作流程。而企业经验也可以帮助学生更好地理解自己的职业兴趣和能力，形成更为明确和实际的职业生涯规划。

此外，高职院校可以实施企业导师制度。即邀请企业专家作为学生的职业生涯规划导师，为学生提供职业指导和建议。企业导师可以分享他们的职业经验和见解，帮助学生了解行业趋势和职业发展路径。

**2. 课程与讲座**

在具体的教学过程中，教师可以将企业案例引入课程内容中，将企业的实际案例纳入教学内容，使学生能够结合实际情况学习理论知识，提高其对职业生涯规划的认识。另外，高职院校还可以组织行业专家讲座和研讨会，定期邀请行业专家来校举办讲座和研讨会，为学生提供关于行业最新动态和职业发展的第一手资料。

**3. 项目合作与研究**

高职院校还可以积极参与企业项目，指导学生参与企业的实际项目，为学生提供解决实际问题的机会。这不仅有助于专业技能的提升，还能让学生在实践中探索未来的职业方向。另外，高校与企业共同进行科研项目或产品开发，并让学生参与其中，可以增强他们的研发能力和创新意识。

**4. 职业发展指导**

高职院校可以与企业合作建立职业发展中心，为其提供职业生涯规划、简历写作、面试技巧等指导服务，帮助学生规划职业路径。高职院校可以根据学生实习和项目参与的情况，提供个性化的职业生涯规划建议，引导学生根据自己的兴趣和能力选择合适的职业道路。

# 第五章 培养学生职业生涯规划能力的新策略

在当今多变和竞争激烈的职业环境中，培养学生的职业生涯规划能力尤为重要。本章将探索新策略，以有效地培养学生在规划自己职业道路方面的能力。

## 第一节 职业生涯综合管理能力的培养

培养学生的职业生涯规划能力是一个全面而复杂的过程，涉及多个方面的提升，主要包括提升学生的时间管理能力、团队合作能力和培养学生良好的职业心理素质。

### 一、提升时间管理能力

#### （一）时间管理

时间的不可逆性和不可储存特质使得有效的时间管理成为必要。据国外学者史蒂芬·柯维（Stephen Richards Covey，2010）的研究，时间管理可分为四个阶段（见图5-1）。

这些阶段分别强调了从简单的记事，到计划安排，再到价值导向的时间分配，最终到以个人为中心的时间管理阶段。

时间管理的核心在于个体对时间价值的正确理解和在有限时间内对活动的合理规划与分配，以达到最佳的时间利用效率，有效实现既定目标。

## 第五章 培养学生职业生涯规划能力的新策略

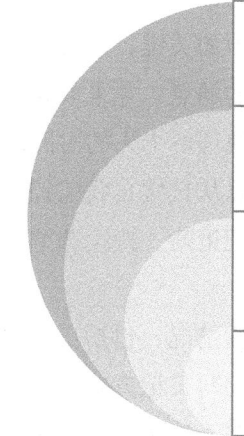

|  |  |
|---|---|
| 第一阶段 | 以备忘录为主 |
| 第二阶段 | 转向重视行事日程表，强调前期的规划和准备 |
| 第三阶段 | 着重确定优先级，根据紧迫性和重要性设定短期、中期和长期目标，并据此合理安排自己的时间 |
| 第四阶段 | 转向以人为中心的时间管理，强调个人管理的重要性，提倡人本主义，强调成果的重要性 |

图 5-1 史蒂芬·柯维的时间管理

这样的管理不仅节省了时间，也使得工作更加有条理，提高了成果的质量。此外，有效的时间管理还有助于减轻工作压力，增加个人成就感和满足感，减少工作中的失误，并更好地实现个人的职业和生活目标。

### （二）提升学生在职业生涯规划中的时间管理能力

**1. 掌握时间管理工具和技巧**

有效利用时间管理工具和技术是提升时间管理能力的关键。时间管理工具不仅包括传统的时间管理工具，如日程表、待办事项清单等，还包括现代的数字工具和应用程序。传统的日程表可以帮助学生规划和跟踪每日任务，而待办事项清单则用于记录和组织所有待完成的任务。这些工具能够增加任务执行的透明度，避免学生遗漏重要任务。另外，现代时间管理工具更能提升时间管理的效率。学生在时间管理过程中，利用数字日历、任务管理应用程序（Trello、Asana）、时间追踪工具（Rescue Time、Toggl）等现代工具，可以提高时间管理的效率。这些工具提供了任务分解、时间追踪、进度报告等功能，有助于更好地控制时间和任务。

除工具外，学生还需要掌握一定的时间管理技巧，如番茄工作法（25分钟专注工作，5分钟休息）、时间批处理（将类似任务集中在一段时间内处理）等，这样可以提高工作效率，帮助学生克服拖延问题。

**2. 培养自我反思和评估的习惯**

培养自我反思和评估的习惯是提升时间管理能力的关键。这意味着学生要定期审视自己的时间使用效率，识别时间管理的弱点，并采取相应措施进行改进。自我反思和评估可以帮助个体更深入地理解个人的时间使用习惯，从而更有效地进行时间规划和管理。学生可以从日常自我监控、定期反思与评估、设定改进目标、采取不同的时间管理策略、持续调整与优化等方面来实现时间管理能力的提升。

日常自我监控是指学生每天记录自己的时间使用情况，包括工作、休息和个人时间的使用。日常自我监控可以通过传统的写日记方式，或者使用时间追踪应用程序来完成。日常自我监控的重点在于诚实地记录每一项活动所花费的时间，包括工作任务、休息时间和可能的拖延行为。

定期反思与评估指的是每周或每月定期回顾记录的时间使用情况，评估自己在时间管理上的表现。反思哪些活动或任务占用了大量时间，是否有时间浪费的现象，以及是否有效地达成了预定目标。这个过程有助于学生识别时间管理中的低效环节和发现潜在的改进空间。

设定改进目标指的是基于反思和评估的结果，设定具体的改进目标。如果学生发现在处理电子邮件上花费了过多的时间，可以设定每日专门处理电子邮件的时间段，以避免频繁查看邮件导致的时间上的浪费。

采取不同的时间管理策略，也就是说根据自我评估的结果，尝试采用不同的时间管理策略。例如，如果发现自己容易受别人打扰，可以尝试采用深度工作的方法，划分专注的时间段，关闭可能的干扰源，如手机提醒、社交媒体等。

持续调整与优化强调时间管理是一个持续改进的过程，学生应根据自我反思的结果，持续调整时间管理策略，以适应不断变化的工作和生活需求。随着职业生涯的发展，工作的性质和责任可能会发生变化，这就需要学生及时调整时间管理策略以适应新的工作环境。

## 二、团队合作能力

团队合作能力是学生在人际交往中逐渐发展起来的一种能力，涉及与环境和社会的互动，包括相互适应、相互支持、共同促进和发展。在当前的知识经济时代，随着知识和技术的快速更迭和日益激烈的竞争，社会对多样化需求的增长使得工作和学习的背景变得越来越复杂。在这种情况下，仅依靠个人的能力已经不足以完全解决各种复杂的问题或执行高效的行动。因此，个人需要与团队中的其他成员合作，以共同应对复杂的挑战。团队合作不仅要求协调一致的行动，还需要不断发展团队成员应对变化的能力和持续创新的能力。

## （一）团队合作能力需要的素质

### 1. 信任感

在团队合作中，信任感的建立是基础。信任感的核心在于相互理解和尊重，包括对团队成员的弱点和错误的接纳。一个能够开诚布公承认错误和不足的团队，为成员之间的相互信任奠定了基础。这种信任不仅是对彼此能力的认可，更是对彼此薄弱部分的理解和接受。团队成员应该能够相互鼓励，看到彼此的优点和潜力，即使这些优点有时候可能对个人构成威胁。这种以彼此薄弱部分为基础的信任，通过诸如"我错了"或"请帮助我"等表达方式体现出来，不仅加强了团队的凝聚力，也为减少团队内部冲突提供了有效的缓解途径。

### 2. 忍耐力

忍耐力是团队合作中处理冲突的关键。在现代企业环境中，避免冲突或者逃避冲突并不是一个有效的团队合作策略。相反，企业应该培养员工面对和解决冲突的能力。真正的团队合作能力体现在通过冲突来提出建设性的建议，而不是将问题搁置直到无法控制。团队成员应该学会在冲突中寻找共同点，将冲突转化为团队发展的机遇。良性的冲突忍耐力意味着在面对分歧和挑战时，团队成员能够保持开放和客观的态度，共同寻求解决方案。

### 3. 行动力

在团队合作中，行动力是将计划转化为实际结果的关键。一个优秀的团队不仅是在策划和讨论阶段表现出色，更重要的是能够在实际行动中展现效率。这要求团队成员不仅要有埋头苦干的精神，而且要在与团队成员的沟通和共鸣中展现出积极的行动。遇到疑问主动寻找答案，面对困难主动寻求帮助，对于建议积极寻求共识。这些看似简单的行动，实际上对于企业的发展具有极大的推动力。一个行动力强的团队，能够迅速响应变化，有效地将创意和计划实现。

**4. 责任感**

责任感是团队合作中不可或缺的品质。一个具有责任感的团队成员不仅对自己的工作负责，也对团队的整体目标和成果负责。这种来自内部的责任感，能够激发更高的组织承诺和认同，这对于构建有竞争力的优秀团队至关重要。责任感体现在个体对自己的工作和对团队目标的全心投入，不仅是完成既定任务，还包括对团队整体发展的贡献。团队成员应该理解，每个人的工作不仅影响到个人，还直接影响到团队的整体表现。因此，每个人都应以高度的责任感来对待自己的工作，并付诸行动。

## （二）培养学生团队合作能力的方法

随着经济和知识体系的快速发展，现代社会对高职学生的团队合作能力提出了更高的要求。这一能力不仅有助于高职学生在未来职业生涯中取得成功，也是个人发展的重要部分。高职学生在学习上虽已成形，但其价值观、心理成熟度和自我认知仍在发展之中，这使得培养团队合作能力成为高职学生在学习生涯中一项长期且关键的任务。

为了有效培养高职学生的团队合作能力，仅在即将毕业的最后一年进行干预是远远不够的。这一过程应该从高职学生的早期学习阶段开始。

一方面，学校的就业指导中心可以通过课程和小组教学的方式逐步培养学生的团队意识，并使他们认识到团队合作的效率和优势。就业指导中心应充分利用其在不同年级和专业学生间的桥梁作用，为在校生提供交流的平台。这不仅限于校内交流，也包括校际和校企合作，通过这些交流机会，学生可以通过观察和体验提升自己的团队合作意识和能力。

另一方面，创建积极团结的校园文化对于培养团队合作意识同样重要。这不仅涉及增强学生的集体意识，更重要的是帮助学生认识个体差异的价值。在一个高度分工的现代社会中，找到个人在分工结构中的合适位置，实现个人能力与社会需求的结合尤为重要。因此，营造一个包容知识和文化差异的环境，鼓励学生参与校园管理和规划，以及解决校内冲突，都有助于提升学生处理冲突的能力和责任感。

培养学生的团队合作能力还可以通过开展实践活动来实现。组织丰富多彩的活动，如拔河、合唱、辩论等传统活动，以及创意和创业竞赛，可以使学生在享受乐趣的同时学习团队规则和增强团队合作能力。通过这些方法的综合运用，学生的团队合作能力可以得到有效的培养和提升，从而为他们的未来职业发展和社会适应打下坚实的基础。

## 三、打造职业心理素质

### （一）健康的职业心理素质

健康的职业心理素质包括良好的职业认知、健康的情绪管理、坚韧的意志品质、完善和谐的人格、良好的环境适应能力。

**1. 良好的职业认知**

良好的职业认知不仅包括对就业市场和职业信息的了解，更是对自我价值和能力的清晰认识。这意味着在校生需要积极获取并理解就业形势、政策及社会职业状况等信息，使其能够基于现实情况做出明智的职业选择。与此同时，大学生应具备自我观察和自我评价的能力，了解自己的性格特点、兴趣爱好及能力，并将这些自我认知与对社会的认知结合起来。这样，个体就能够根据自身条件和社会需求，调整自己的职业态度和期望，选择更适合的职业路径。

**2. 健康的情绪管理**

情绪管理是职业生涯中一个不可或缺的要素。在择业过程中，大学生面临的压力和挑战往往会引发各种情绪反应。健康的情绪管理能力意味着其能够有效地调节和控制这些情绪反应。这包括适当地表达正面情绪、合理宣泄消极情绪，以及在各种情绪状态下保持理智和冷静。此外，具备自我控制的能力，能够在各种环境下维持心理平衡，对于保持积极的心理状态至关重要。这种能力使得个体能够在面对职业选择和职业发展过程中的挑战时，保持冷静和理性，避免过度情绪化的决策。

### 3. 坚韧的意志品质

坚韧的意志品质是指个体在面对困难和挑战时所展现出的毅力。在职业生涯中，这种意志品质尤为重要，体现在个体对目标的坚定追求，以及在实现这些目标的过程中克服障碍的能力。坚强的意志力意味着个体不仅要有达成目标的决心，还要有抵御干扰的自制力。特别是在遭遇挫折时，强大的抗挫折能力能够帮助个体保持积极的心态，从而更好地适应环境和应对挑战。这种能力并非是与生俱来的，而是通过学习和实践锻炼得来的。对于即将步入社会的学生来说，培养强大的意志力对个人在择业和就业的过程中至关重要，可以帮助个体在面对职业生涯中的机遇和挑战时更加从容不迫。

### 4. 完善和谐的人格

完善和谐的人格是心理健康的关键标志，也是高职学生在择业过程中必须具备的心理特质。具有这种人格特质的学生，在能力、性格、信念、动机、兴趣等多方面都能实现平衡发展，表现出一个完整、协调、和谐的精神面貌。根据美国心理学家托马斯·哈里斯（Thomas Harris）的理论，健康的人生态度归纳为"我好，你好"，这种人生态度体现了对自我和他人的双重认可。具备这种人格的高职学生能在择业过程中维持和谐的人际关系，共享就业信息，共同解决问题，实现互助和共赢。

### 5. 良好的环境适应能力

良好的环境适应能力是高职学生在职业道路上取得成功的另一个重要因素。这种能力意味着高职学生能够面对并接受就业现实，积极适应变化，通过实践和认知改变现实。这样的个体在生活上具有独立性，不依赖外部因素，能够在各种环境中找到自己的兴趣点，也能够理解和接受因个人背景、能力等因素造成的差异，不易产生敌对情绪。不论处于何种社会环境，这样的个体能够与社会保持良好的接触和融洽的关系，而不是自我孤立。

## （二）职业心理素质培养策略

职业心理素质培养需要从培养积极正向思维、学会情绪管理、培养坚强意志、树立正确的职业价值观四个方面入手。

### 1. 培养积极正向思维

在个人的职业发展过程中，培养积极的心态对于成功至关重要。具体可以从乐观心态、空杯心态和感恩心态这三个方面进行探索。

（1）乐观心态。

乐观心态是面对生活和工作挑战的关键。这种心态使人能够在困难和挑战中看到机会，而不是障碍。拥有乐观心态的人更有可能保持积极和进取的态度，充满活力和精神。这种正面的思维方式有助于个体在遭遇困难或挫折时，能够从积极的角度寻找解决方案，将问题视为成长和进步的机会。与此相反，消极的心态往往使人们感到沮丧和失落，缺乏积极行动的动力。因此，培养一种乐观的心态不仅有助于个人的心理健康，也是实现职业成功的关键。

（2）空杯心态。

所谓"空杯心态"，指的是一种开放和愿意学习的态度。在职场和生活中，这种心态意味着人们愿意不断地寻求新知识和新技能以及愿意接受新的观点和想法。保持空杯心态的人懂得不断从经验中学习，即使是在自己已经十分熟悉的领域，也能懂得抛弃过去的成就和自满，始终保持谦逊和学习的态度。这种心态对于个人成长和职业发展至关重要，使个体能够不断适应变化的环境和需求，持续进步。

（3）感恩心态。

感恩心态是发现生活中的积极因素，并对其表达感激之情。这种心态使人能够感受到周围世界的美好，感激他人的帮助和支持。感恩的人往往更加乐观、快乐，并且更能积极地面对生活和工作中的挑战。常怀感恩之心的人懂得生活中的一切，无论是好是坏，都是成长和学习的机会。感恩的人不仅可以建立更加积极的人际关系，而且更能够在工作和生活中取得成功。

**2. 学会情绪管理**

情绪管理是关键的个人技能，对于个人的心理健康和职业成功而言至关重要。

（1）冷静三思。

理性情绪疗法的核心是去除非理性的信念，建立更加合理的思维方式。在面对冲突和挑战时，个体往往会产生过激或绝对化的想法，这些想法可能会导致不必要的情绪波动。通过冷静地审视自己的想法，区分哪些是基于事实的合理判断,哪些是非理性的夸大或悲观预期,可以帮助个人更加客观地看待问题,从而降低情绪的强烈波动。

(2) 改变思维。

情绪并不总是由外界事件直接引起的,而往往是个体对某一事件的解读造成的。学会从不同的角度看待问题,可以有效地改变个体的情绪反应。遇到不利情况时,应尝试从中找出对自己有利的一面,或者寻找学习和成长的机会,而不是一味陷入消极和悲观的思维模式。

(3) 自我暗示。

自我暗示是一种强大的心理工具,可以帮助个体塑造积极的心态和情绪状态。积极的自我暗示,如对自己重复"我能做到""保持冷静""我可以控制我的情绪",能够提高自信和乐观情绪,帮助个人更好地应对挑战和压力。

(4) 转移注意力。

当遇到引起不良情绪的情境时,将注意力转移到其他活动或事物上,是一种有效的情绪管理技巧。这包括关注自己的兴趣爱好、进行体育活动、和朋友交流或改变环境等。通过转移注意力,个人可以从负面情绪中解脱出来,找到新的乐趣和放松的方式。

总之,情绪管理提示个人需要从多个角度看待问题,使用积极的自我暗示,并在必要时将注意力转移到其他事物上。通过这些方法,每个人都可以做到更好地控制和管理自己的情绪,以更积极、健康的方式应对生活中的挑战。

### 3. 培养坚强意志

培养坚强的意志,做坚强的人,可以在职业道路上排除各种干扰,对于高职学生在择业和职业发展中起到关键的保护性作用。

(1) 正确对待挫折。

认识到挫折是生活的一部分且是择业过程中常见的现象,是培养坚强意志的首要步骤。当个体意识到挫折是不可避免的,那么就会对挫折有更充分的心理准备,面对挫折时就不会轻易放弃。更重要的是,大学生应该认识到挫折的双重性,挫折不仅是障碍,也是坚定意志和增强智慧的机遇。总结挫折经验并从中学习是非常必要的,其可以帮助自己避免不必要的挫折，将挫折转化为成功的基石。

（2）改变挫折情境。

改变导致挫折的外部环境或情境可以有效减轻挫折感。这可能涉及对潜在的失败进行正确的预估，分析并改变导致挫折的原因，或者暂时离开挫折环境，寻找新的环境。通过改变环境，个体可以降低挫折的影响，更好地管理自己的情绪和心态。

（3）调节抱负水平。

抱负水平是个体设定的目标或成就标准。适当的抱负水平可以激励个体向目标努力，但过高或过低的抱负水平都可能导致挫折感。过高的抱负水平容易使人产生挫折感，而过低的抱负水平则可能使人缺乏成就感。因此，设定既符合个人能力又具有一定挑战性的目标非常重要。这样的目标可以激励个体不断努力，同时减少由于目标过于遥远而带来的挫败感。

**4. 树立正确的职业价值观**

职业价值观，也称为择业观，是个体在选择职业时所依据的一系列标准和信念。这不仅是价值观在职业选择层面的体现，也是个人对不同职业价值的主观判断。职业价值观的重要性在于其作为职业选择的核心内容，对职业动机、职业认识和职业生涯的发展有着深远的影响。这些价值观决定了个人对职业的理解、择业行为、职业信念和职业态度等，从而在择业决策过程中发挥着至关重要的作用。

对于高职学生而言，树立正确的职业价值观是实现职业发展和个人价值的关键。正确的职业价值观强调将个人需求与社会现实相结合，鼓励高职学生在社会需要的领域寻求发展机会，实现个人价值。这意味着个人在进行职业选择时应考虑个人的兴趣、特长和发展潜力，同时考虑社会需求、职业前景和个人职业发展的可能性。正确的职业价值观还涉及个人对职业成功的定义。在当代社会，职业成功不仅是获得高收入和社会地位，更多的是实现个人潜能、获得工作满足感和对社会有所贡献。因此，高职学生在职业选择时应考虑长远发展，而不仅仅是看重眼前的利益。通过树立正确的职业价值观，高职学生可以更加理性地评估不同职业的优劣，做出更加符合自身发展和社会需求的职业选择。

## 第二节 职业素养与职业态度的塑造

职业素养和职业态度的塑造对于职业生涯规划能力的重要性不可低估。职业素养，包括专业知识、技能熟练度以及工作中的行为规范，是职业成功的基石。职业素养不仅影响个人在工作中的表现和效率，还关乎职业形象和同事及客户间的互动。职业态度，则涵盖了对工作的热情、责任心、适应性以及终身学习的态度。一个积极的职业态度能够激励个人直面工作中的挑战，始终保持学习和成长的动力。

### 一、职业素养的塑造

#### （一）职业素养的内涵及要素

**1. 职业素养的内涵**

职业素养是一个多维度的概念，涵盖了个体在职业活动中应遵守的行为规范、内在规范、能力要求以及表现出的综合素质。这不仅局限于专业技能本身，还包括敬业精神、道德标准、个人品格等方面。职业素养既是个体能否胜任工作岗位的一个重要标准，也是评估个人是否能够适应职场环境的关键因素。

（1）专业能力。

职业素养的基础是专业能力，包括专业知识和技能。个体必须具备完成岗位任务所需的专业知识，能够有效运用相关技能来处理工作中的具体问题。

（2）敬业精神。

敬业是职业素养的重要组成部分，表现为对工作的热爱和投入，愿意为工作付出额外的努力，积极主动地提高工作效率和质量。

（3）道德和品格。

在职业生涯中，个人的道德标准和品格素质同样重要。这包括诚信、责任感、团队合作精神、尊重他人等。良好的道德和品格不仅能够提升个人形象，也有助于建立稳固的职业关系和健康的工作环境。

**2. 职业素养的要素**

职业素养的要素包括职业信念、职业知识技能、职业行为习惯三个方面。

（1）职业信念。

职业信念作为职业素养的核心，代表着一系列深植于个人内心的专业价值观和行为准则，不仅体现在对职业的热爱、尊重和奉献精神上，还包括在职业生涯中表现出的忠诚度、正面积极的心态、持续不懈的努力和对工作的用心态度。这些信念构成了成功职业人的基本框架，强调了在职场中开放合作、乐观面对挑战，以及始终如一地遵循职业道德和价值观的重要性。简而言之，良好的职业信念不仅关乎个人的专业成就，也是衡量一个人是否能在职业道路上长远发展的关键指标。

（2）职业知识技能。

职业知识技能是职业成功的基础，涵盖了特定职业所必需的专业知识和实际操作能力。在任何职业领域，深厚的专业知识和熟练的技能都是实现工作目标、提升工作效率的关键。这不仅意味着个人对当前的行业知识和技能的掌握，更包括对行业发展趋势和未来方向的敏锐洞察。随着行业的不断演进，不断更新和提升个人的职业知识技能成为每个职业人的必修课。除了专业知识和技能，高效的执行力也是职业成功的重要因素。在实际工作中，良好的沟通协调能力、时间管理技能和情绪管控能力等都是影响工作成效的关键因素。这些能力有助于提升工作效率，确保工作目标的顺利实现。简而言之，职业知识技能不仅局限于专业领域的理论知识和实践操作，更包括与之相关的各种软技能，这些综合能力的提升是实现职业发展和成功的关键。

（3）职业行为习惯。

职业行为习惯是指个人在职业活动中形成的一系列稳定的行为模式和工作方式，是职业素养的重要组成部分，反映了个体在职业环境中的适应能力和专业程度。良好的职业行为习惯通常源于个人对正确信念的坚持和对专业技能的不断锻炼，进而在日常的职业生活中逐渐将其内化为个人的自然表现。这些习惯包括对工作的认真态度、对细节的关注、时间管理能力、有效沟通的技巧、团队合作的精神等。通过持续的实践和反复的练习，这些行为最终转化为无须刻意思考即可自然展现的习惯，极大地提高了工作的效率和质量。

职业行为习惯不仅体现在技术层面，还涉及个人对职业伦理和职场文化的适应。诚实守信、尊重他人、积极主动等行为习惯，在职场中至关重要。这些习惯有助于建立良好的人际关系，提升个人的职业形象，从而为职业发展铺平道路。同时，随着职业环境的不断变化，灵活调整和更新职业行为习惯同样重要。这要求个体具备学习新知识、适应新环境的能力，以及对新技能的快速掌握和应用能力。

### （二）"三方共赢"理念下的高职学生职业素养的塑造及提升路径

要想培养高职学生的职业素养，可以充分运用"三方共赢"理念对其进行塑造和提升（见图5-2）。

**自我塑造层面**
（1）培养职业意识。
（2）显性职业素养。
（3）隐性职业素养。

**学校培养层面**
（1）明确自身与未来职业的关系。
（2）构建科学的培养体系。
（3）树立正确的职业培养意识。
（4）明确专业技能的重要性。
（5）指导学生树立良好的职业理想。

**社会培养层面**
（1）企业—学校协作模式的建立。
（2）行业专家知识转移的促进。
（3）社会化培训机构对高等教育体系的补充。

图5-2 "三方共赢"理念下的高职学生职业素养的塑造及提升路径

**1. 自我塑造层面**

（1）培养职业意识。

培养职业意识是高职学生职业素养塑造的基础，这不仅体现为对专业领域的理解，更是对未来职业路径的深入思考和规划。这一过程要求学生不仅要关注当前所学知识和技能的掌握，而且要深入了解所处行业的历史背景、当前状况以及未来发展的可能性。学生应该学会从宏观的角度审视行业，包括市场需求、技术革新、行业规范和职业机遇等。这种全面的认识有助于学生在未来的职业选择和发展中做出更加明智的决策。

培养职业意识意味着学生需要认识到个人责任在职业发展中的重要性。这包括对自己的能力、兴趣和职业目标的清晰认识以及为实现这些目标所需付出的持续努力和自我提升。学生需要充分意识到，职业发展不仅是学校教育成果的延伸，更是一个涉及个人努力、持续学习和不断适应的终身过程。在这个过程中，学生需要发展自主学习的能力，积极参与各种实践活动，不断积累经验，以适应不断变化的职业要求和职场环境。

培养职业意识还应包括对职业道德和社会责任的理解。高职学生应该学会在职业实践中遵守道德准则，诚实守信、尊重同事以及负责任地对待工作中的挑战和问题。这种关于职业道德的认知和实践对于建立一个人的职业声誉和信誉至关重要，也是获得职业成功的重要因素之一。

培养职业意识不仅涉及对专业知识的学习和技能的掌握，更涉及对整个职业生涯的深入理解和规划，包括行业认知、个人责任、职业道德和社会责任的全面认识。这是高职学生职业素养塑造的基础，也是其未来职业成功的关键。

（2）显性职业素养。

显性职业素养的培养是高职学生为适应未来职业挑战的关键步骤，涉及具体的职业技能和行为规范的学习，一般可以通过教育和培训而获得。学校的教育体系和专业培养方案通常是根据社会和专业需求设计的，旨在为学生提供系统化的基础和专业知识，强化学生对专业的理解及知识的应用能力。此外，这一过程也是培养学生学习能力和学习习惯的重要环节。

对于高职学生而言，积极参与并配合学校的人才培养计划至关重要。这意味着学生不仅要认真完成课堂学习任务，还应充分利用学校提供的教育资源，如专业教师的指导、图书馆的资料和各类实验、实训设施等开展学习活动。通过这些资源，学生可以更深入地掌握专业知识，提高解决实际问题的能力。此外，显性职业素养的培养还包括参与各种实践活动，如实习、项目研究、工作坊等，这些活动不仅有助于理论知识的实践应用，还能增强学生的实际操作能力和职业适应性。通过这样的实践经历，学生能更好地了解职业领域的实际工作环境和要求，为将来的职业生涯做好准备。

（3）隐性职业素养。

隐性职业素养的培养对于高职学生来说是不可或缺的。这些素养通常不易直接从书本上学习，而是需要在日常学习和生活中不断实践和自我反思。核心的隐性职业素养如独立性、责任心、敬业精神、团队意识和职业操守等，是获得职业成功的重要因素，也是个人综合素质的体现。

①独立性。独立性是高职学生进入社会前必须培养的重要素质。独立性不仅体现在学生能够独立完成学业和工作任务上，还包括独立思考和解决问题的能力。这种能力可以通过参与课外活动、自主学习和开展独立研究等方式来培养。

②责任心和敬业精神。责任心和敬业精神是职业素养的核心。高职学生需要学会为自己的行为和决策承担责任，无论是在学习还是在日后的职场生活中。同时，对所从事工作的热爱和投入是职业发展的重要驱动力。学生可通过参与榜样学习、志愿服务、实习经历和团队项目来激发自身对工作的热爱之情。

③养成团队意识。团队意识对于高职学生来说也同样重要。在现代职场中，团队合作是常态。高职学生虽然动手能力较强，但仍需要学会与人沟通、协作，理解和尊重他人的观点。这种意识可以通过团队作业、小组讨论和各种团体活动进行培养。

④坚守职业操守。职业操守是职业生涯中不可或缺的部分。这包括严守道德底线、遵守行业规范、树立诚信价值观等。这些品质不仅关系到个人的职业形象，也影响到整个团队和组织的文化。

隐性职业素养的培养对于个体来说是一个全面的自我提升过程，涉及个性、心理、道德和社会适应能力的多方面锻炼。通过有意识地在学习和生活中不断实践和自我反思，学生可以逐步培养出适合职场发展的隐性职业素养。

**2. 学校培养层面**

在高职学生的职业素养塑造及提升过程中，学校培养对高职学生职业素养的培养有重要的作用。

学校可以从以下五个方面入手培养高职学生的职业素养：

其一，全面开展职业教育。从学生进入大学的那一刻起，学校就应该帮助其理解高校教育与社会、学习与职业之间的紧密联系，明确自身与未来职业的关系。学校不仅要关注学生显性职业素养的提升，如专业知识和技能的学习，还应当强调隐性职业素养的重要性，如职业道德、职业态度和职业作风等。

其二，构建科学的培养体系。学校可以通过成立学生职业发展中心等机构，为在校生提供职业教育和实际的职业指导，同时注重结合社会资源，增强培养的实效性。这不仅包括开设相关课程，还应包括了解学生需求，改进教学方法，提升学生对专业学习的兴趣，为学生提供最新、最准确的学科信息。

其三，学校还应帮助学生树立正确的职业培养意识。这包括帮助学生建立合理的人生观和价值观，养成良好的学习和生活习惯，同时帮助每个人认识社会、观察社会，结合自身实际情况，初步形成正确的职业意识和理性的从业观念。

其四，明确专业技能的重要性也是教育过程中不可或缺的一环。学校应在课堂教学中，尤其是在专业课教育中加强对学生的引导，使学生认识到专业课程学习对未来就业或研究工作的直接影响，激发学生对专业的热爱，为未来的职业生涯奠定坚实基础。

其五，学校应指导学生树立良好的职业理想，帮助在校生设计职业生涯规划。职业生涯规划不仅是对个人未来的系统规划，也是认识自我、分析自我、要求自我提升的过程。通过这一过程，学生可以更好地了解自己的兴趣、能力、特长和不足，结合时代特点和个人职业倾向，确定最佳的职业发展目标，并为实现这一目标制订有效的计划。

**3. 社会培养层面**

在高等职业教育领域，社会层面的干预与支持对于学生职业素养的培养具有显著影响。这种影响体现在企业—学校协作模式的建立、行业专家知识转移的促进以及社会化培训机构对高等职业教育体系的补充等方面。企业与学校之间的合作模式为学生提供了一个理论与实践相结合的学习环境，此类合作模式通常体现为企业向在校生提供实习机会和科研平台，让学生有机会将课堂上的理论知识应用于实际工作中。

行业专家和企业家参与高职院校职业生涯规划教育实施的过程，实际上是一种知识和经验的直接转移。这些专业人士通过讲座、沙龙、研讨和工作坊等形式，将实际工作中的经验教训、行业动态和企业文化直接传授给学生。

社会上的培训机构的介入也为高职院校的职业生涯规划教育体系增添了新的维度。这些机构提供的专业职业培训和素质拓展训练，补充了传统高等职业教育在某些领域的不足，尤其是在软技能的培养方面，如沟通能力、团队协作和时间管理能力的培养等，都对高职学生的职业素养的提升有积极的意义。

## 二、职业态度的塑造

### （一）职业态度的定义

职业态度是个体在职业活动中表现出的一种心理倾向和行为方式，反映了个人对其职业选择和工作内容的评价以及对待工作的态度。具体来说，职业态度包括个体对于职业选择的方法、工作取向、独立决策能力以及对于选择过程的态度。这种态度不仅涵盖了个人对工作的认真程度、责任感和投入度，也包括个人对工作价值和意义的认识以及对职业发展和目标的追求。简而言之，职业态度是个人在面对职业生涯时所持有的一系列观念和行为表现，是决定个体工作表现和职业发展的重要心理因素。

职业态度的重要性不容忽视，因为其在很大程度上决定了个人在职场上的成就和发展。良好的职业态度是个人获得职业成功的基石。这不仅影响个人的工作表现和职业满意度，还对团队合作、组织文化乃至整个公司的发展产生深远影响。具有积极职业态度的个体往往能更好地应对工作中的挑战，与他人协作，营造积极的工作氛围，从而推动项目和组织的成功。反之，消极的职业态度则可能导致工作绩效下降、团队冲突，甚至影响整个组织的稳定和发展。因此，培养良好的职业态度对于个人和组织都至关重要。

### （二）职业态度的相关因素

职业态度的形成和表现是一个复杂的过程，受到多种因素的影响。其中，自我因素、职业因素、家庭因素和社会因素是主要的影响因子。

**1. 自我因素**

自我因素在职业态度的形成中起着核心作用。个人的兴趣、能力、抱负、价值观和自我期望深刻影响着其对职业选择的看法和行为。这些因素通常根植于个人的成长背景和生活经验，反映了个人对工作和职业生涯的内在动机和期望。一个人如果对自己的兴趣和能力有深入的了解，通常能够做出更加符合自身期望的职业选择，从而展现出更积极的职业态度。然而，过度依赖自我因素进行职业选择可能会导致与现实社会的脱节，因此在职业选择过程中，人们还需要考虑其他外在因素的影响。

**2. 职业因素**

职业因素包括职业市场的需求、薪水待遇、工作环境和发展机会等。这些因素直接影响个人对特定职业的吸引力和职业满意度。现实中，个人的职业选择往往需要在个人兴趣和市场需求之间寻找平衡。对职业市场有深入认识的个体通常能更加理性地评估职业选择，形成更加成熟和现实的职业态度。

**3. 家庭因素**

家庭因素，尤其是家庭的社会经济地位、父母的期望和家庭背景，也会对职业态度产生影响。家庭对个人的影响始于儿童早期，持续影响其成长过程和价值观的形成。父母的期望和家庭的教育资源在很大程度上塑造了个人的职业目标和职业选择。家庭背景和父母的社会经济地位还可能影响个人对职业的看法和职业满意度。

**4. 社会因素**

社会因素包括同事关系、社会地位和社会期望，也是影响职业态度的重要因素。个人在职业生涯中不仅追求个人成就，也追求社会认可和社会地位。社会对特定职业的看法和评价会影响个人的职业选择和职业投入，另外，同事关系和职场环境对个人的工作满意度和职业态度也有显著影响。

### （三）高职学生职业态度的塑造及提升路径

高职学生职业态度的塑造始于对职业角色的深刻理解以及将该理解与自我认知的结合。职业生涯规划教育的首要任务是帮助学生建立明确的职业定位，这不仅涉及对特定职业技能和知识的掌握，更重要的是培养学生对职业的尊重、热爱以及对职业发展的清晰预期。这一过程要求高职院校在课程设计中不仅为学生传授专业知识，还要加强职业道德和职业文化教育，引导学生理解并认同所学专业的社会价值和意义。另外，学校还应提供自我认知的机会，如职业生涯规划课程和职业咨询服务，帮助学生了解自身的兴趣、能力和职业发展的可能路径。通过这些教育和服务，学生可以在明确自己的职业目标的同时，形成积极、负责和敬业的职业态度。

进一步讲，职业态度的提升需要结合理论学习和实践经验。高职学生的实践教学环节，如实习、实训和项目工作，提供了将理论知识应用于实际工作的机会。在这些实践活动中，学生不仅能够直观地感受职业工作的真实环境，还能在实际操作中遇到问题并学习解决问题的方法。这种经验的积累对于学生形成专业的工作习惯和正面的工作态度至关重要。

学校和企业的紧密合作，如企业导师制度、校企共建实训基地等，可以为学生提供更多接触行业前沿的机会。这些经验不仅丰富了学生的职业知识，而且还有助于他们构建现实的职业预期，培养适应职场的能力和态度。职业素养的提升也需要培养学生的终身学习能力，鼓励他们在学习过程中主动探索，不断更新知识和技能，以适应不断变化的职业要求。

## 第三节 职业能力的自我提升

职业能力的自我提升要求个人不仅要关注当前的职业要求，更要预见未来的发展趋势，并在此基础上进行持续的学习和成长。通过自我提升，个人能够在职业生涯规划中保持竞争力,适应快速变化的工作环境,实现个人职业目标和愿景(见图 5-3)。

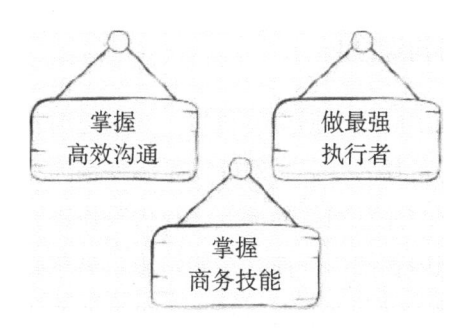

图 5-3 职业能力的自我提升的路径

## 一、掌握高效沟通

### (一)沟通的基础

沟通作为人际交往的桥梁,其意义不仅在于信息的传递,更在于建立人与人之间的联系。了解沟通的基础,要先认识到沟通的目的不仅是为了表达自己的想法和感受,也是为了理解他人,与他人达成共识。这要求个体在沟通时不仅要关注自己的表达,更要注重听取对方的观点。同时,沟通的模式和过程也是其基础的一部分,包括语言沟通和非语言沟通、直接沟通和间接沟通等多种形式。掌握不同沟通模式的特点,可以帮助个人在不同的场合中实现更加有效的沟通。

### (二)提高口头沟通技巧

在日常生活和职业活动中,口头沟通技巧的重要性不言而喻。有效的口头沟通技巧包括能够明确、准确地表达自己的想法以及有效地倾听对方的表达。为了提升这一技能,人们可以锻炼自己的语言组织能力,以清晰、有逻辑的方式进行表达。同时,培养良好的倾听习惯,如全神贯注地倾听、避免打断对方、用适当的反馈表示理解等,这些都是有效沟通的关键。此外,公开演讲和学习陈述技巧也是必不可少的。这包括人们要学会如何在公众面前自信地表达，如何使用非语言信号（如肢体语言、眼神交流）增强表达效果以及如何根据听众的反应灵活调整演讲内容。

### （三）提高书面沟通技巧

书面沟通在职场中同样占据重要位置。在信息时代，电子邮件成为人们最常用的书面沟通工具之一。高效的电子邮件沟通要求使用者能够清晰地表达核心信息，同时注意回复的语气。报告写作则要求在保证信息准确的基础上，合理组织内容结构，使之逻辑清晰，易于理解。提升书面沟通技巧，不仅需要个体在语言表达上下功夫，更需要个体学会如何组织和处理信息，使得书面文档既具有专业性，又具有可读性。同时，考虑到书面沟通缺乏面对面交流的即时反馈，个体还需要学会如何预判可能产生的误解，并提前在文档中进行澄清和说明。

## 二、做最强执行者

### （一）明确目标与任务

在成为一个出色的执行者的道路上，首要步骤是对目标和任务有清晰的认识。这个过程涉及明确定义目标的具体内容和预期成果以及制订实现这些目标的具体计划。这种方法有助于将大目标分解为更小、更易管理的任务，从而使得整个执行过程更加条理化和高效。执行计划的制订是实现目标的蓝图。这一过程不仅包括任务的分解，还涉及为每个小任务分配时间和资源。通过这种详细的规划，执行者可以确保每一步都朝着最终目标稳步推进，同时便于其在执行过程中对任务进行监控和调整。

### （二）提升执行力

提升执行力涉及增强个人的行动导向和决策能力。行动导向是指在面对任务时能迅速行动起来，而不是拖延或犹豫。这需要执行者具备主动出击、迅速响应的工作态度。同时，决策能力的提升是执行力的另一个关键要素。这包括如何在信息不完整的情况下做出合理判断以及如何权衡不同选项的利弊。除此之外，应对变化和调整策略也是任务执行过程中不可或缺的能力。在实际工作中，经常会出现各种预料之外的情况，能够迅速识别这些变化，并及时调整执行策略，是成为优秀执行者的重要标志。

### （三）监控进度与成效

有效的执行不仅是完成任务，更包括对任务进度和成效的持续监控。这可以通过使用 KPI（关键绩效指标）和其他度量工具来实现。通过设定具体的绩效指标，执行者可以清晰地衡量执行过程的效果，及时发现问题和偏差。

定期的回顾和调整对于确保任务的顺利完成同样重要，包括定期检查项目进度，评估其是否达到预期目标以及根据实际情况进行必要的策略调整。这种动态的管理方式可以确保执行过程始终保持在正确的轨道上，同时为未来的任务提供宝贵的经验和教训。

## 三、掌握商务技能

### （一）基础商务知识

要在工作领域取得成功，掌握基础商务知识是不可或缺的。市场趋势分析能力使个体能够理解和预测市场动态，从而做出更明智的商业决策。这包括了解行业趋势、消费者行为、竞争对手状态等关键信息。通过对这些关键信息的分析，执行者可以识别商机和潜在风险，同时这些分析能为产品发展、市场营销等提供指导。

### （二）谈判与交流

在工作中，谈判与沟通是一项核心技能。有效的谈判技巧和策略包括了解对手的需求和底线、建立共赢的谈判目标、有效沟通自己的立场和需求，以及灵活应对谈判过程中的变化。此外，有效的沟通是建立和维护合作关系的关键。这不仅意味着双方能够清晰、准确地相互传达信息，还包括双方能倾听彼此的需求和反馈、理解彼此的关切点，并提供合适的解决方案。这种双向的沟通有助于建立合作双方的信任和长期协作关系。

### (三) 项目管理与领导力

项目管理能力是工作环境中的另一项关键技能。包括对项目的有效规划、组织、领导和控制。这意味着个人能够明确项目目标、分配资源、制定时间表、监控进展并及时调整策略。同时，领导力的培养和实践也同样重要。一个优秀的领导者不仅能够激励和指导团队成员，还能够塑造积极的团队文化、处理内部冲突，并有效地沟通组织的愿景和目标。领导力的培养涉及自我认识、人际技巧、团队管理等多个方面，需要通过不断的学习和实践来提升。

## 第四节 实践导向的求职行动规划

实践导向的求职行动规划不仅是关于求职技巧的学习，更是一个将理论知识转化为实际行动的过程。这一过程将帮助学生更深入地了解职业市场的运作，同时培养个体在实际工作环境中应用知识和技能的能力。通过实践导向的求职行动规划，学生能够更好地迈入职场，实现职业生涯的顺利起步。

### 一、实践导向的求职行动对职业生涯教育的意义

实践导向的求职行动是职业生涯教育的核心组成部分，强调将理论知识应用于实际的职业探索和求职过程中。这种方法的意义在于，其不仅帮助学生理解职业世界的实际运作方式，还能够提升个体的就业竞争力。通过实践导向的活动，学生可以更好地理解自己的职业兴趣和能力，同时积累对特定行业和岗位进行深入了解。此外，实践导向的求职行动也鼓励学生主动探索和实验，通过真实的职业体验来验证和精炼他们的职业目标和策略。这种方式不仅使求职过程更具针对性和效果，也有助于学生在职业生涯规划的萌芽阶段就明确自己的发展方向。

## 二、实践导向的求职行动规划的开展

### （一）求职目标的设定

在开展实践导向的求职行动时，确立明确的求职目标是关键的第一步。这一过程可以分为两个方面：一是深入了解自身的职业兴趣和优势；二是将职业兴趣和优势转化为具体的职业目标和计划。

**1. 深入了解自身的职业兴趣和优势**

学生需要对自己的职业兴趣、个人优势以及价值观进行深入的探索和了解。这不仅是一个自我认识的过程，也是一个自我发现的过程。利用各类职业兴趣测试等工具，科学分析个人的兴趣倾向。同时，学生可以通过参加职业生涯规划研讨会、实习、志愿活动或兼职工作等方式，亲身体验不同的职业环境，从而更加准确地评估自己的兴趣和能力。

**2. 将职业兴趣和优势转化为具体的职业目标和计划**

在充分了解自己的职业兴趣和优势后，学生需要将这些认识转化为具体的职业目标和计划。这意味着学生需要根据自己的兴趣和能力，设定明确的职业目标，如进入某个特定的行业、从事某种特定的职业或达到某个职业发展阶段。在设定这些目标的同时，学生需要考虑实际的就业市场情况，包括行业的发展趋势、职位的需求量和职业的成长潜力。为了实现这些职业目标，学生需要制订详细的行动计划。这包括确定达到这些目标所需的技能和知识、规划获取这些技能的路径（参加特定的培训课程、获得相关的实习经验）以及设定时间表和检测进度的方法。通过这样的规划，学生可以确保自己的求职行动具有明确的方向和目的，从而大大提高求职的成功率。

### （二）信息搜集

信息搜集是求职过程中不可或缺的一环。

**1. 行业趋势和市场动态分析**

学生应从宏观角度出发，关注整个行业的发展历程、现状以及预测的未来走向。这包括了解行业的增长点、主导企业、市场需求变化、技术革新趋势等。此外，关注行业内的重大新闻、政策调整以及经济环境的变化对于把握整个行业的脉动同样重要。学生可以通过阅读行业报告、专业杂志、参加行业研讨会、职业博览会等方式获取这些信息。通过这些活动，学生不仅能够及时掌握行业动态，还可以借此机会与行业内的专业人士建立联系，为未来职业发展奠定基础。

**2. 公司背景调研和职位分析**

了解目标公司的详细信息对于求职者来说同样至关重要。这一步骤包括研究公司的历史、文化、业务范围、市场地位、发展战略和企业的社会责任等。深入理解公司的核心价值观和企业文化对于评估自己是否适合这家公司至关重要。同时，对于特定的职位，学生则需要分析职位描述、所需技能和资历要求以及可能的职业发展路径。这些信息可以通过公司网站、社交媒体、行业论坛和网络资源获取。对于公司背景和职位的深入了解有助于学生在撰写求职信和简历时更有针对性，同时为面试时的问题准备和对话内容的深度提供了支持。

**3. 网络与人际关系的建立**

在当下的求职过程中，建立广泛的职业网络和人际关系是获取信息和机会的重要途径。学生应积极参与行业会议、讲座、研讨会等活动，这不仅是了解行业动态的机会，更是与行业内专业人士建立联系的良机。网络与人际关系的建立还可以利用职业社交平台（LinkedIn）实现。通过这些网络和人际关系，学生不仅能够获得行业内部的深度信息，还可能直接或间接地了解企业未公开的职位信息或职业机会。重要的是，建立人际网络不仅是单向的信息获取，更是一种双向的交流和资源共享。学生应当在建立联系的同时，考虑如何为他人提供帮助或信息，从而建立起互信和互助的职业关系。

### （三）简历书写

简历作为求职者向雇主展示自己的重要工具，其编写应精准、专业且吸引人。一个出色的简历不仅要展现求职者的教育背景、工作经验和其所掌握的技能，还应突出其与求职目标的匹配度。

首先，简历应明确列出相关的实习经历和项目经验，这些经历是证明求职者实际能力和职业适应性的重要依据。在描述这些经历时，应展现具体的成果和成绩，如"在××项目中提高了20%的工作效率"或"成功领导团队完成××任务"，这些量化的成果能更直观地展示个人能力。

其次，简历中的技能部分也非常关键，特别是那些与所申请职位密切相关的技能。对于技术岗位，求职者应强调自己所掌握的编程语言、软件使用等技能；而对于市场营销岗位，求职者则应突出自己的沟通、市场分析等能力。

再次，个人简历应保持简洁清晰，避免冗长和不必要的信息，确保雇主能快速抓住重点。格式和设计上的专业性也不容忽视，求职者应使用易于阅读的字体和布局，适当的空白可以提升简历的可读性。

最后，简历的真实性和准确性不容忽视，任何夸大或虚假的信息都可能破坏求职者与雇主之间的信任关系。

### （四）求职材料准备

除了简历，其他求职材料（求职信、推荐信）等也是求职者获得面试机会的关键。求职信是求职者向雇主表达自己对职位兴趣和匹配度的重要方式。一封有效的求职信应当明确、简洁，并针对具体的职位进行个性化定制。在写作过程中，求职者应重点突出自己为何适合该职位以及能为公司带来什么价值。在提到具体的实习经验、项目成果或专业技能时，应与职位要求紧密相关，避免泛泛而谈。

推荐信则是由第三方为求职者的能力和性格背书的重要文件。选择合适的推荐人非常关键，推荐人通常应是了解求职者能力和经历的教授、导师或前雇主。推荐信应突出求职者的核心竞争力和以往的表现，特别是那些与目标职位相关的方面。

为了提高这些材料的质量，寻求职业顾问的指导、参与相关培训非常重要。通过专业人士和相关培训活动的指导，求职者不仅能获得专业的建议和反馈，还能了解当前求职市场的趋势。同伴评审也是一种有效的方式，通过交换和评审彼此的材料，求职者可以从不同的视角获得反馈和灵感。通过这些细致的准备，求职者能够在求职过程中展现出专业性和针对性，从而增加获得面试机会的可能性。

### (五) 面试准备

面试准备是求职过程的一个关键部分，它可以分为两个主要方面：一是对面试内容的准备；二是对企业和职位的深入了解。

**1. 对面试内容的准备**

面试内容的准备涉及多个方面，关键是要让求职者能够充分展示自己的能力和经验，同时表明自己对职位的兴趣以及与职位的匹配程度。求职者可以通过模拟面试来提升自己的面试技巧。模拟面试可以是和朋友、家人或者职业顾问进行的互动练习。通过这些练习，求职者可以熟悉面试的流程，学会如何有效地回答问题以及如何在压力下保持镇静。求职者还可以提前研究和准备常见的面试问题，这些问题通常包括对求职者的技能、经历、职业目标及解决工作中问题的能力的探询。求职者应准备能够体现其职业技能和在以往经历中取得的成就的例子来回答这些问题。

在准备面试内容时，编写一个有影响力的自我介绍也非常关键。这个自我介绍应简洁明了，同时包含求职者的核心优势和与职位最相关的经历。此外，准备一些有关自己过往工作或学习经历中的案例进行讨论，可以在面试中展现求职者解决问题和应对挑战的能力。这些案例应选择最能体现个人职业技能和工作态度的经历。

**2. 对企业和职位的深入了解**

深入了解目标企业和职位是进行有效面试准备的另一个重要方面。这包括研究企业的历史、文化、核心业务、市场地位以及最近的发展动态。了解这些信息可以帮助求职者在面试中展现出对企业的兴趣和认识，同时能更好地判断自己是否适合这个职位和企业文化。此外，了解职位的具体要求和职责也至关重要。这些信息通常可以在职位描述中找到，求职者应仔细分析这些描述，思考自己是否符合这些要求以及自己能为企业带来什么价值。

另外，了解面试官的背景也是一个重要的步骤。求职者可以通过职业社交平台事先了解面试官的职业背景和兴趣点。这样的信息有助于求职者在面试中与面试官建立更好的沟通和联系。此外，对于行业情况的了解也不容忽视，特别是行业的最新趋势和挑战，这些信息能帮助求职者更全面地准备面试，展示自己的行业知识和对企业未来发展的见解。

# Chapter 06
# 第六章 高职职业生涯规划教育的实施路径

高职职业生涯规划教育需要紧跟社会发展，紧跟市场需求，只有这样，高职职业生涯规划教育才能培养出适合社会发展的各种专业人才。而探索高职职业生涯规划教育的创新实施路径是为了更好地适应不断演变的职业环境和学生需求。

## 第一节 高职职业生涯规划教育目标的创新

明确高职职业生涯规划教育的目标是提升教育质量、满足学生需求的重要举措。这不仅关乎个体学生的职业成功，更直接或间接地影响了社会和经济的可持续发展。通过重新审视和确立职业生涯规划的教育目标，学校能够更好地统筹全校教育理念、制订人才培养方案、打通人才培养道路，培养学生真正成为一个有道德、有责任感、身心健康、自立自强的现代社会公民。

### 一、适应现代职业教育的新需求

当前，高等职业教育面临着前所未有的挑战和变革。随着经济全球化的发展和技术革新的加速，职业教育的范畴和教学方法正在经历快速的转变。首先，教育内容需适应日新月异的技术和行业发展，这对课程设计和教学内容提出了新的要求。新兴技术（人工智能、大数据等）的兴起，要求相关专业的课程内容必须及时更新，以保证学生所学技能的现代性和实用性。其次，教育模式也在从传统的理论教学逐渐转向更加注重实践和技能培养的模式。这种转变要求高职院校与行业紧密合作，提供实习和实训机会，使学生能在实际工作环境中学习和应用知识。此外，随着在线教育的兴起，远程教学和数字化学习资源的利用也成为高职教育改革的重要方向，以满足不同背景的学生的学习需求。

### （一）技术发展、市场变化对职业教育的影响

技术进步和市场的持续变化给职业教育带来了深刻的影响。一方面，技术进步特别是信息技术的发展，改变了职业技能的需求。许多传统职业开始要求工作人员具备数据处理、软件应用等技能。因此，职业教育需要与时俱进，不断更新课程设计，以适应技术变革带来的新要求。另一方面，随着市场环境的变化，如新兴行业的崛起和传统行业的衰退，职业教育需要及时调整专业设置和培养方向，以适应市场的实际需求。此外，企业对员工的综合素质要求也在提升，这要求职业教育不仅要教授学生专业技能，还要注重学生的创新能力、团队合作能力和终身学习能力的培养。

### （二）善于识别行业需求，了解技能差距

识别行业需求与技能差距对提升职业教育的适应性和有效性至关重要。这要求高职院校和教育者深入行业，理解行业的最新动态和未来发展趋势。通过与行业专家的合作、市场调研和就业数据分析，教育者可以准确把握行业的技能需求。例如，科技行业可能需要更多懂得编程、网络安全和数据分析的专业人才。服务行业则可能需要更多具备较强沟通能力和服务意识的人才。通过这种识别，高职教育可以更有针对性地设计课程和培养方案，以缩小教育输出与市场需求之间的差距。同时，这有助于学生更准确地了解就业市场的实际需求，使其能够更有针对性地选择专业和课程，为未来的职业生涯做好准备。

## 二、高职职业生涯规划教育目标应具有未来性

高职职业生涯规划教育目标的未来性是其核心特征之一，这一特性对

于学生的长远发展至关重要。

首先,职业环境和科学技术的快速变化要求高职职业生涯规划教育能够预见未来趋势并做好相应准备。随着科技的不断进步和全球经济结构的变化,新的职业领域和工作机会正在迅速出现,而一些传统的职业则可能逐渐消失或转型。因此,高职职业生涯规划教育必须具备前瞻性,帮助学生理解未来职业世界的可能变化,培养学生的适应能力和终身学习能力,确保每个学生在未来的职业生涯中都能够保持竞争力。其次,未来性强调培养学生的创新思维和解决问题的能力,面对未来社会和职业领域的不确定性,仅仅掌握现有的知识和技能是远远不够的,高职教育需要鼓励学生探索新领域,培养学生的创新意识和批判性思维,使其能够在变化的环境中识别机遇、解决问题,并创造价值。最后,未来性还体现在对学生职业道德和社会责任感的培养上,随着社会对可持续发展和伦理标准的日益重视,未来的职业人既需要具备专业技能,还应具有良好的职业道德和对社会的责任感。

为实现教育目标的未来性属性,高职院校的职业生涯规划课程内容应融入预见性培训。这种培训不仅关注当前的职业需求,更重视未来的行业趋势和技术进步,旨在培养学生的前瞻性思维和洞察力。通过深入分析历史数据和趋势,结合专业知识对未来行业变化进行预测,教育者可以引导学生理解哪些技能将成为未来市场的宝贵资产。

## 三、高职职业生涯规划教育目标应具有发展性

高职职业生涯规划教育目标的发展性是其内在要求和时代发展的必然趋势。一方面,发展性教育目标有利于适应经济社会快速变化的需要。随着科技进步和产业升级,职业领域不断出现新的职位和需求,发展性教育目标能够促使学生适应这种变化,使其掌握当前必需的技能,并培养其学习新技能和适应新环境的能力,为终身学习和职业发展奠定基础。另一方面,发展性教育目标强调个人潜能的挖掘和发展,高职教育不仅要为学生传授专业知识和技能,更要注重学生综合素质的提升,包括创新能力、批判性思维、人际沟通能力等,这样可以帮助学生在未来的职业生涯中更好

地应对挑战，实现个人价值。

### 四、高职职业生涯规划教育目标应具有个性

高职职业生涯规划教育目标应具有个性，原因在于其既体现了教育对学生个体差异的尊重，也满足了社会对多样化人才的需求。每个学生的兴趣、能力、背景和职业愿望都不尽相同，个性化的教育目标能够为学生提供量身定制的学习和发展路径，这种针对性的规划帮助学生发掘和培养自己的特长和兴趣，增强学习的积极性和主动性。例如，对于展现出艺术设计天赋的学生，教育目标可以更多地集中在提高其创新设计能力和审美能力上；而对于技术研发方向的学生，则更应注重其科学研究和技术实践能力的提升。这样的个性化规划既促进了学生个人能力的全面发展，还能激发其对未来职业生涯的积极探索和规划。另外，社会和经济的快速发展对人才提出了多样化和高层次的需求，个性化的职业生涯规划教育目标能够培养具有独特优势和专业特色的高技能人才，满足不同行业和领域对人才的具体需求。

学校可以通过将职业适配性评估纳入高职职业生涯规划教育内容，确保教育目标具有个性化。职业适配性评估是通过一系列的评价和测试来分析学生的个人特质、技能和兴趣与其个人选择的职业路径相匹配的程度。这种评估可以帮助学生在众多的职业选项中，找到最适合自己的那一条路。高职院校可以通过合作企业、职业心理咨询师和行业专家，为学生提供专业的职业适配性评估服务。评估结果不仅可以让学生对自己可能的职业选择有一个清晰的了解，还能够指导学生在学习和实践中更有针对性地培养相关技能。此外，职业适配性评估也有助于学生及早识别和弥补在特定职业领域中可能存在的技能缺口，从而为未来的职业生涯奠定坚实的基础。

## 第二节　高职职业生涯规划教育主体的创新

丰富高职职业生涯规划教育中的主体是为了提升教育体系的适应性和

效果，更好地满足学生的职业发展需求。重新审视教育中的主体角色，赋予其更多的工具和资源，以更好地引导学生实现职业目标，这将有助于学校培养更具就业竞争力的毕业生，并推动教育领域朝着更有实效、更前沿的方向发展（见图6-1）。

- 职业生涯规划教育教师角色的转变
- 学生主体性的培养
- 家庭和社会作为教育支持者的参与
- 跨界合作：行业专家与学术界的互动

图6-1 高职职业生涯规划教育主体的创新方面

## 一、职业生涯规划教育教师角色的转变

### （一）教师在职业生涯规划中的角色强化

在高职职业生涯规划教育中，教师角色的转变不仅是必要的，也是深刻的。教师作为职业生涯规划的指导者和促进者，承担着引导学生正确理解和适应职业市场的责任。这一角色的强化意味着教师不再仅仅是知识的传递者，而是成为学生职业发展道路上的导航者。为此，教师需要与时俱进，不断更新自己的行业知识，了解当前劳动市场的趋势和变化。同时，教师应当具备辅导和咨询的技巧，能够帮助学生挖掘自己的兴趣和潜力，并将其转化为实际的职业生涯规划。通过案例分析、职业探索活动和职业咨询，教师可以帮助学生构建现实与理想之间的桥梁。

### （二）与行业界专家的合作与互动

教师在高职职业生涯规划教育中的另一关键角色是作为行业界和学术界之间的桥梁。这要求教师不仅要在课堂内提供知识，还要积极与行业界专家合作，引入实际的工作场景和行业案例。通过组织行业讲座、企业参访以及实习项目，教师可以使学生直接接触职业实践，了解行业的实际需求和工作环境。同时，这种合作为教师自身的专业发展提供了机会，使其能够从行业专家那里获取最新的行业动态和专业知识，进而把这些知识和经验融入教学中。此外，教师还可以通过与行业界专家的合作，为学生提供项目研究和职业技能训练的机会，从而增强学生的实践能力和职业适应性。通过这样的跨界合作，教师可以有效地缩短理论与实践之间的差距，为学生的职业生涯提供更坚实的基础。

## 二、学生主体性的培养

在高职教育中，培养学生成为自己职业生涯规划的主导者是一项关键任务，这不仅要求学生积极参与职业生涯规划的各个阶段，还需要自身能够独立思考和做出决策。为了实现这一目标，学生先要提升对职业生涯规划重要性的认识。这意味着教育者应引导学生理解职业生涯规划对个人发展的长远意义，并鼓励学生根据自己的兴趣、能力和职业目标，主动设计和调整职业生涯规划。这包括帮助学生探索自身的兴趣和优势，参与相关的实习、项目和职业指导活动，从而增强对不同职业的理解和选择。

此外，培养学生的批判性思维能力和问题解决的能力对于引导学生成为职业生涯规划的主导者至关重要。批判性思维能力使学生能够对职业信息进行分析和评估，辨别职业发展的机遇和挑战，从而做出更为合理和明智的职业决策。同时，问题解决能力让学生在面临职业发展中的难题和挑战时，能够灵活应对并找到解决方案。为了培养这些能力，教师可以通过案例研究、团队合作项目和模拟职业场景等教学方法，提供真实的问题情境，鼓励学生积极思考和参与问题的解决过程。这样的实践不仅有助于学生在学术上的成长，也能够为他们未来的职业生涯打下坚实的基础。

## 三、家庭和社会作为教育支持者的参与

### （一）家庭作为教育支持者的角色

在高职职业生涯规划教育中，家庭的作用不容忽视。一方面，家庭提

供的情感支持是学生职业发展旅程中的重要推动力。这种支持包括对学生选择的尊重和鼓励,以及在面临职业决策时提供的关爱和指导。家长应积极了解职业教育的内容和目标,通过参与学校举办的家长会议、教育讲座等,与教师建立良好的沟通。这样,家长不仅能更好地理解孩子的职业生涯规划需求,还能在必要时提供更具针对性的帮助和指导。另一方面,家长还可以通过分享自身的职业经验和见解,帮助孩子构建对职业世界的初步认识,为其职业生涯规划提供有益的参考。

### (二) 社会参与高职职业生涯规划教育的重要性

社会各界的参与对于高职职业生涯规划教育的成功同样至关重要。政府机构可以通过制定有利于高职职业生涯规划教育发展的政策、提供资金支持和建立教育合作项目来促进学生的职业技能培养。政府可以提供资金支持高职职业生涯规划教育课程的发展,或者提供税收优惠等激励措施,鼓励企业参与学生的实习和培训项目。企业和行业组织在提供实习机会、职业咨询和工作培训方面发挥着核心作用。这不仅为学生提供了实际的工作经验,还能通过与高职院校的合作,确保教育内容与行业需求保持一致。此外,非政府组织和社区组织也可以在提供职业咨询服务、职业指导和职业发展资源方面发挥作用,尤其是在辅助弱势群体和特殊需求学生的职业发展方面贡献力量。

## 四、跨界合作:行业专家与学术界的互动

### (一) 行业专家与学术界的互动对学生的影响

在跨界合作中,行业专家与学术界的互动对学生的职业发展具有深远的影响。行业专家能够为学生提供实时的行业知识和动态,这对于学生了解当前市场的需求和趋势至关重要。通过专家讲座、研讨会或者实际的项目合作,学生可以直接从行业内部人士那里了解到行业发展的最新趋势、技术进步以及未来的就业前景。这种第一手的信息对于学生制定实际且符合市场需求的职业生涯规划至关重要。除此之外,行业专家参与课程设计和教学,能够确保教师所教授的内容不仅理论扎实,而且贴近实际,增强

学生的实践技能和就业竞争力。

### （二）学术界对行业发展的贡献

学术界在这种跨界合作中，能通过研究和分析为行业发展提供支持和创新。高职院校的研究工作不仅可以推动理论的创新，还可以为行业实践提供新的视角和解决方案。这些研究成果不仅有助于推动行业的发展，也为学生提供了学习和参与实际项目的机会。此外，学术界的研究成果还可以指导课程内容的更新，确保教育与行业发展保持同步。

### （三）构建互惠互利的生态系统

行业专家和学术界的互动可以构建一个互惠互利的职业生态系统。这种系统不仅有助于学生获得实用的知识和技能，还为行业提供了创新的发展思路和人才培养的渠道。企业可以通过与高职院校的合作，参与课程的设计，提供实习和实训机会，从而直接影响未来员工的技能培养。同样，高职院校可以利用行业的资源和案例，使教学内容更加生动实用。此外，这种合作还促进了学术研究和行业实践之间的信息流通，为双方提供了学习和发展的机会。总之，跨界合作为学生的职业发展、高职院校的教学创新以及行业的持续进步搭建了桥梁，实现了多方共赢。

## 第三节 高职职业生涯规划教育资源的创新

拓展职业生涯规划教育的资源是为了更好地支持学生的职业发展和提升教育质量。这一创新将有助于为学生提供更多样化的支持资源，以帮助个体更好地了解自己的兴趣、技能和职业目标，从而更好地规划自己的职业生涯。

### 一、利用数字化工具和在线资源

在高职职业生涯规划教育中，利用数字化工具和在线资源不仅为学生提供了灵活多样的学习途径，也为教育者开辟了新的教学模式和方法。数字化工具的创新应用和在线资源的丰富多样性，使得职业教育更加适应时代的需求，同时更能满足学生个性化和多元化的学习需求。

### （一）数字化工具的创新应用

数字化工具的创新应用主要在于这些数字化工具能提供人人交互、人机交互和实时反馈。虚拟现实（VR）和增强现实（AR）技术可以模拟真实的工作环境，让学生在安全的虚拟空间中体验不同的职业场景，增加学习的趣味性和实践性。如 VR 技术通过头戴显示器（HMD）和交互设备，让学生沉浸在一个完全模拟的 3D 环境中。这种沉浸感使得学生可以体验到真实世界中难以实现的场景，如历史事件的重现或太空探索。学生可以通过手柄、触控板或其他输入设备与虚拟世界中的物体进行交互，增强体验感。

AI 驱动的职业生涯规划系统可以根据学生的输入（兴趣、成绩、技能）提供极具针对性的职业建议和学习路径规划。这种具象的学习体验不仅有助于提升学生的参与度，也使得职业生涯规划更加符合学生的个人特点和职业发展需求。AI 驱动的职业生涯规划系统通过数据收集、数据分析、市场趋势分析、定制化建议、动态调整等为学生提供个性化的职业建议和学习路径规划。

### （二）在线资源的创新应用

在线资源如慕课（MOOC）、网络研讨会和在线职业指导平台，为学生提供了丰富的学习材料和互动平台。

慕课（massive open online courses，MOOC）是一种大规模开放性的在线课程，是近年来在线教育领域的一个重要发展趋势。其特点表现为大规模参与、开放性网络、平台运作、灵活性、互动与合作。学生可以通过慕课访问来自世界各地顶尖学府和行业专家的讲座和课程，拓宽视野，了解全球职业发展的最新趋势。

网络研讨会可以更有效地传递知识、提供指导、促进学生互动和提供个性化服务。通过投票、问答环节和实时讨论，研讨会的互动性和参与性会更强。使用 VR/AR 技术为参与者提供沉浸式学习体验，如模拟现场操作或场景；结合视频、动画、游戏等元素，使内容更生动和吸引人；提供定制化内容，根据参与者的反馈和学习进度调整研讨会内容。这些都促进了在线资源的创新应用。

在线讨论论坛和社交媒体的应用，促进了学生之间以及学生和教师之间的互动和讨论，增强了学习社区的连通性，有助于学生建立更广泛的职业网络。

### （三）数字化工具和在线资源的整合使用

将数字化工具与在线资料结合也是当下高职职业生涯规划教育资源创新的重要手段和主要趋势，常见的结合形式如通过学习管理系统（LMS）将多种学习资源整合在一起，为学生提供一站式的学习和管理平台。这不仅方便了学生获取和管理学习资源，也使得教育者能够更有效地跟踪学生的学习进度，及时进行指导和调整。

## 二、开发和整合实习、讲座、研讨会资源

开发和整合实习、讲座、研讨会资源在高职职业生涯规划教育中的重要性不言而喻，这不仅为学生提供了实际的职业体验，还将理论与实践进行了有效的结合。

### （一）实习机会的开发和整合

实习不仅允许学生将课堂上学到的理论知识应用于实际工作中，还帮助学生理解职业环境的要求，培养必要的职业技能和职业素养。为了最大化实习的效果，高职院校与各行各业的企业建立合作关系是一项关键任务。这一过程不仅涉及开发多样化的实习机会，还包括建立长期稳定的合作伙伴关系和互利共赢的合作模式。学校可以建立一个包含不同行业代表的合作伙伴网络，这个网络可以包括本地、国内乃至国际上的企业。启动校企合作项目以及建设实习基地，这不仅能为学生提供实习机会，同时也为企业提供了研发和人才培养的平台。

此外，实习项目的设计应充分考虑学生的专业发展需求和兴趣，确保

实习经历与学生的职业生涯规划相契合。在提供课程教学的基础上，学校还应提供实习辅导服务，根据学生的专业发展需求和个人兴趣制定实习项目。在实习过程中，学校应提供持续的指导和支持，通过开设与职业生涯规划、职业素养、面试技巧等相关的课程，加强职业生涯规划的发展性教育，帮助学生更好地投入实习工作。

### （二）讲座和研讨会的资源整合

高职院校在组织讲座和研讨会时，需要采取策略化的方法，确保活动内容与学生的专业学习和未来职业发展紧密相关。这意味着学校需要与行业内的专家、成功人士和学术权威建立联系，邀请其分享最新的行业动态、技术进展以及职业经验。高职院校还应充分利用数字技术，如线上平台和社交媒体，以扩大这些活动的影响力。例如，学校可以通过网络直播讲座，使无法亲临现场的学生也能参与进来。在确保讲座和研讨会的内容相关性和实用性方面，高职院校需要紧跟行业发展的脉搏，定期对课程内容和教学方法进行更新和调整。这包括与企业和行业领袖进行定期的沟通，以获取最新的行业需求和技术发展动态。

### （三）资源的系统管理和整合

为了有效地管理和整合教育资源，高职院校可以建立一个全面的资源数据库。这个数据库应该包含各类教学材料、讲座录像、行业报告以及与职业发展相关的其他资源。通过这样的数据库，学生可以轻松获取所需的学习材料，提高学习效率。数据库的维护工作也同样重要，这不仅包括定期更新数据库中的内容，还包括确保资源的易用性和可访问性。例如，可以通过用户友好的界面设计和有效的搜索功能，帮助学生和教师快速找到所需资源。

资源的定期评估和优化至关重要。高职院校应定期收集和分析学生、教师以及行业合作伙伴的反馈，以评估现有资源的有效性和实用性。例如，可以通过访问量统计、问卷调查、小组讨论和个人访谈等方式，收集关于教学资源使用情况的反馈。根据这些反馈，学校需要不断调整资源配置。这可能包括更新过时的教材、增加新的学习模块或调整课程结构。同时，学校应考虑将新兴技术和教学方法融入教育体验中，如利用虚拟现实（VR）和增强现实（AR）技术进行实践教学，使学生能够更加直观地理解复杂的概念和流程。

## 三、建立行业—学校合作平台

建立行业与学校之间的合作平台对于高职职业生涯规划教育十分重要，这种合作为教育内容的实用性和前瞻性提供了坚实的基础。通过这一平台，学校能够与企业和行业领袖紧密合作，使得教育内容和课程设计直接反映出行业的最新需求和发展趋势。这种实时反馈机制确保了教育内容与职业实践的密切结合，增强了学生的学习效果和就业能力。在这种合作模式下，企业不仅是课程内容的贡献者，还可以成为学生实践技能培养的直接参与者。通过提供实习机会、参与课程设计和分享行业经验，企业可以帮助学校更好地理解行业需要，同时为自己未来的人才需求培育潜在候选人。这种交流和合作为学生提供了宝贵的行业视角和实战经验，有助于他们更好地开启职业生涯。

行业—学校合作平台在促进课题研究和技术创新方面扮演了十分重要的角色。这种合作模式为学校和企业之间搭建了一个互惠互利的桥梁，使双方能够共享资源和专业知识，从而共同推动科技进步和教育创新。一方面，行业—学校合作平台为教育系统提供了实践应用的机会，使得学术研究能够直接对接行业需求。在这种合作模式下，学校的研究课题往往是围绕实际工作问题设计的，学生和教师能够在真实的工作环境中进行研究，这不仅增加了研究的实用性，也提高了研究成果转化为实际应用的可能性。同时，企业可以提供实验材料、资金支持和专业指导，这些资源对于学校进行高质量的科研活动至关重要。另一方面，这种合作促进了技术创新和人才培养的紧密结合。高职院校的学生在参与和研究行业项目的过程中，不仅能够学习到最新的技术和知识，还能够培养解决复杂问题的能力和创新思维。这种实践经验对于学生未来的职业生涯发展极为重要，可以显著提高他们的就业竞争力。

行业—学校合作平台在现代教育和产业界之间搭建了一座重要的桥

梁，这一平台的有效应用，可以促进教育与产业的互动，增强教育的实践性和行业的创新力。通过实际项目合作、实习和就业辅导等，实现行业—学校合作平台的推进。

### 四、案例库和职业数据库的构建

构建案例库在高职职业生涯规划教育中发挥着重要作用。一个有效的案例库应涵盖各行各业人士的成功经历、挑战及其解决方案，为学生提供一个学习的窗口。通过分析和学习这些案例，学生不仅能够理解理论知识在实际环境中的应用，还能够学习解决复杂问题所需的创新思维。一个关于如何在市场竞争中成功定位的商业案例，可以帮助营销专业的学生深入理解市场分析的重要性和实用技巧。此外，案例库中的故事和经历也能激发学生的职业兴趣，提供职业选择和发展的灵感。为了最大化案例库的效用，高职院校应持续更新案例，确保内容的时效性和多样性，同时鼓励学生参与案例的收集和分析过程，提高他们的参与度和学习兴趣。

职业数据库的构建是高职教育资源创新的另一关键方面，能够为学生提供探索不同职业道路的广阔平台。一个全面的职业数据库应包括各种职业的详细描述、所需技能、发展前景、薪酬范围及相关行业趋势。这些信息使学生能够基于实际数据和市场分析做出更加明智的职业决策。数据库中关于数据分析师职业的信息，可以让学生了解这一职位的技能要求、工作内容和职业发展潜力，从而帮助他们评估自己是否适合这一职业，并规划相应的学习路径。为了保持数据库的实用性和相关性，高职院校应与行业专家和企业合作，定期更新数据库内容，确保信息的准确性和前瞻性。此外，数据库的页面设计应对用户友好，易于学生访问和使用。通过这样的职业数据库，学生能够获得关于不同职业道路的全面和深入了解，为其未来的职业选择和发展打下坚实的基础。

## 第四节　高职职业生涯规划教育模式的创新

高职职业生涯规划教育模式的创新是职业生涯规划教育领域发展的一

项关键指标,旨在更好地满足学生的职业发展需求,是职业生涯规划教育创新的有力表现。这一创新涵盖课程体系、课程开发、互动反馈机制、体验式学习等方面。

## 一、职业生涯规划课程体系的创新设计

在高职教育中,对职业生涯规划课程体系进行创新设计是提升教育质量的关键。这种创新设计应着重于将职业生涯规划的理念贯穿教育体系的各个方面,确保学生能够从入学起就开始思考和规划自己的职业生涯。

职业生涯规划课程体系的设计涵盖课程本身的创新,除专业课之外,还需要设置专题讲座和研讨课,这样可以紧跟当前社会就业大趋势。

### (一)课程设计

课程设计应包括行业分析、职业路径探索、个人技能评估以及职业生涯规划策略等内容。

**1. 行业分析**

在设计行业分析课程内容时,重点是教授学生如何进行深入的市场研究和行业趋势分析。这不仅涉及对当前市场状况的了解,还包括对未来发展趋势的预测。课程应包含如何识别和分析行业的关键驱动因素,如技术创新、政策变化、消费者行为等。通过实际案例研究和行业数据分析,学生可以学习如何从宏观和微观的角度评估行业的吸引力和潜在风险。此外,课程还应教授学生如何根据行业分析的结果做出职业选择和规划,使他们能够更好地适应快速变化的职业市场。

**2. 职业路径探索**

设置职业路径探索课程内容的目的是帮助学生认识不同职业的特性和职业发展的多样性。在这一课程中,学生将学习如何探索各种职业选择,了解不同职业的工作内容、所需技能和职业发展机会。课程应通过职业访谈、实地考察和职业角色模拟等方式,使学生能够深入了解不同职业的日常工作内容和长远的职业发展路径。通过这些实践活动,学生可以更加清

晰地认识自己的职业兴趣和适合的职业方向，为自己的职业生涯规划提供坚实的基础。

**3. 个人技能评估**

个人技能评估课程内容着重于帮助学生识别和发展个人的职业技能和优势。在这一模块中，学生将通过各种评估工具和活动，如技能测试、个人优势分析和自我反思等，来评估自己的专业技能、软技能和个人特质。课程设计应包括如何设定个人发展目标、制订提升计划以及如何有效地展示个人技能。通过这些课程，学生可以更加清楚地认识自己的职业优势和发展潜力，为未来的职业生涯规划和发展做好准备。

**4. 职业生涯规划策略**

职业生涯规划策略课程内容旨在教授学生如何制定和实施有效的职业生涯规划。这一环节应包括职业目标的设定、职业发展策略的制定以及应对职业道路中可能遇到的挑战和变化的方法。通过案例分析、模拟演练和职业生涯规划工作坊，学生将学会如何结合个人兴趣、技能和市场需求来制订职业计划以及如何灵活调整职业生涯规划以适应不断变化的职业环境。

## （二）设置专题讲座和研讨课

除基本的职业指导课程外，还可以设置一系列的专题讲座和研讨课，涵盖不同行业的实际情况和前沿趋势。在高职职业生涯规划教育中，设置专题讲座和研讨课是拓宽学生视野、深化专业知识的有效方式。这些讲座和研讨课通常由行业专家、企业领导或学术研究者主讲，能够为学生提供行业前沿知识、职业发展经验和未来趋势的洞见。通过这些活动，学生不仅可以获得最新的行业信息，还能直接与行业专家进行互动和讨论，从而获得宝贵的职业指导和灵感。专题讲座和研讨课的主题应涵盖各种行业领域，从传统行业到新兴技术领域，确保学生能够接触广泛的职业信息和多元化的职业视角。此外，学校还应鼓励学生主动参与其中，如通过提问、小组讨论和项目合作等方式，提高学生的参与度和学习兴趣。通过这样的专题讲座和研讨课，学生不仅能够增强专业知识，还能够为自己的职业生涯规划提供更多的思考和选择。

## 二、个性化和模块化课程的开发

随着教育个性化的趋势日益明显，开发个性化和模块化课程成为职业生涯规划教育的重要方向。这种课程设计允许学生根据自己的兴趣、能力和职业目标选择不同的学习模块，从而制订出符合个人需求的学习计划。模块化课程的设计应涵盖广泛的主题，如职业技能培养、行业知识、职业伦理和沟通技巧等，学生可以根据自己的兴趣和职业生涯规划选择相应的模块进行学习。

### （一）职业技能培养

职业技能培养模块的设计旨在提升学生的实际操作能力和工作技能。这一模块应包括专业技能训练、项目管理、团队协作等课程，旨在为学生提供具体行业的实战经验。对于工学类专业的学生，职业技能的培养尤为重要，其中机械操作和软件应用的实践课程是其核心组成部分。

机械操作实践课程主要聚焦于实际机械设备的操作。这包括但不限于机床操作、自动化设备控制、机械组装和维护等。通过这些课程，学生不仅能够掌握机械设备的操作技巧，还能够学习如何诊断和解决机械故障，提高自己解决问题的能力。在这一过程中，学生需要将课堂上学到的机械原理和设计知识应用于实际操作中，加深对机械工程的理解。此外，安全操作和维护机械设备的技能也是这一课程的重要组成部分，旨在培养学生的安全意识和责任感。

软件应用实践课程则着重于将计算机技术与工程实践相结合。这类课程可能包括计算机辅助设计（CAD）、计算机辅助制造（CAM）、工程仿真软件等的应用。在这些课程中，学生将学习如何使用各种专业软件来设计和模拟机械系统，从而提高设计的效率和质量。这不仅要求学生掌握软件的操作技能，还要求其能够通过软件工具进行创新设计和问题分析。这些技能对于现代工程师来说极为重要，可以大幅提高工作效率，降低设计和制造的错误率。

这些课程不仅要求学生理解理论知识，更重要的是要求学生将这些知识应用于实际操作中，培养其解决实际问题的能力。

### （二）行业知识

行业知识模块旨在使学生了解特定行业的历史背景、发展现状和未来趋势。这一模块应包括行业分析、市场趋势研究、行业先锋案例研究等内容。通过对行业的深入了解，学生可以更好地识别职业机会，为自己的职业生涯规划做出更加明智的决策。同时，这一模块可以帮助学生了解行业的工作环境和职业要求，为个体选择合适的职业路径提供重要参考。

### （三）职业伦理

职业伦理模块是高职职业生涯规划教育中不可或缺的一部分，旨在培养学生的职业道德和责任感。课程内容应包括职业道德原则、职业责任、法律法规遵守等主题。通过这些课程，学生不仅能够理解在职业活动中应当遵守的伦理准则，还能培养自身摆脱职业道德困境的能力。这些技能对于他们在未来的工作中保持专业的行为标准和良好的职业形象至关重要。

### （四）沟通技巧

沟通技巧模块专注于提升学生的沟通能力，这对于学生的职业发展非常关键。课程内容应涵盖有效沟通的原则和技巧、团队沟通、跨文化沟通等。通过学习，学生不仅能够提升自己的表达能力和理解能力，还能够在团队协作和职场交往中更加得心应手。

另外，良好的沟通技巧还有助于提升学生的领导能力和团队合作效率，为其在未来的职业生涯中构建良好的人际关系网络打好基础。沟通技巧的培养在高职职业生涯规划教育中占据着重要的位置，这不仅是对学生专业技能的重要补充，也是学生职业发展的关键因素。良好的沟通技巧对于提升学生的领导能力和团队合作效率至关重要，并在他们的职业生涯中发挥着决定性作用。

这种个性化和模块化的教学模式不仅提高了教育的灵活性和适应性，也更能满足学生多样化的学习需求。

## 三、互动和反馈机制的加强

在职业生涯规划教育中加强互动和反馈机制是提升教育质量的重要途径。

### （一）强化互动

互动的加强是通过创设多种教学活动来实现的。在一个关于职业生涯规划的课程中，教师可以设计一系列基于实际职业情境的案例研究，让学生通过小组讨论和角色扮演深入分析这些案例。在这个过程中，学生不仅能够学习到相关的职业知识，还能在模拟真实职业决策的过程中提升自己的批判性思维和问题解决能力。此外，学校还可以引入行业专家举办交流讲座，让学生有机会直接向专业人士了解行业动态和职业发展的实际经验。通过这些互动活动，学生能够更加主动地参与学习，从而提高对职业生涯规划内容的兴趣和理解。

### （二）定期的反馈机制

定期的反馈机制对于学生理解自己的学习进度和职业生涯规划方向至关重要。教师可以在课程结束后通过问卷调查、面谈或在线反馈平台收集学生对课程的意见、建议，以及对自己职业生涯规划的认识。这些反馈不仅能够帮助教师了解教学效果，还能够为学生提供关于自身职业生涯规划的进展和改进方向的宝贵信息。此外，定期的职业生涯规划辅导会议可以帮助学生更好地理解自己的职业兴趣和目标，以及如何根据自身优势和市场需求调整职业生涯规划。通过这样的定期反馈和辅导，学生能够在职业生涯规划的过程中得到持续的支持和指导，从而更有效地实现个人发展目标。

## 四、体验式学习的融入

体验式学习在职业生涯规划教育中是创新性的尝试，能够进一步加强理论知识与实际应用的结合。高职院校可以提高体验式学习的比重，实现学生理论向实践技能的转化。

## （一）通过实践项目、实习经历、模拟工作场景等方式融入

通过实践项目、实习经历、模拟工作场景等方式，学生可以在实际的或模拟的工作环境中应用所学知识，增强职业技能和职业适应性。

**1. 实践项目**

实践项目是体验式学习的核心组成部分，通过参与具体的行业项目，学生可以将理论知识应用于实际问题的解决中。这些项目应与行业实际需求紧密结合，包括但不限于企业合作项目、社区服务、创新研发等。在这些项目中，学生不仅能学习如何在团队中合作、解决问题，还能够理解行业的工作流程和职业要求。实践项目还鼓励学生进行创新性思考，挑战现有的理论和实践，为未来的职业生涯积累宝贵经验。

**2. 实习经历**

实习经历对于学生真正理解职场生活至关重要。通过在企业或组织中的实习，学生能够获得实际工作经验，了解特定行业或职位的日常工作内容。高职院校应与各行业企业建立合作关系，为学生提供多样化的实习机会。在实习过程中，学生不仅能够应用所学的专业知识，还能够培养职场所需的软技能，如沟通能力、团队协作能力和问题解决能力。

**3. 模拟工作场景**

模拟工作场景是将学习环境和工作环境结合起来的有效方式。通过创造模拟的工作场景，如实训室、实验室或工作站，学生可以在可控的环境中模拟真实的工作。这种模拟不仅能让学生在安全的环境中尝试和犯错，也能够让他们更好地理解理论知识在实际工作中的应用方式。此外，模拟场景还可以用于评估学生的职业技能和职业适应性，为学生未来进入职场提供指导和准备。

## （二）通过校外实习机会等方式融入

校外实习机会为学生提供了亲身体验职业工作日常的机会，这对于帮助学生理解职业世界的具体要求和挑战至关重要。通过在实际工作环境中的亲身体验，学生可以将课堂上学到的理论知识与实际工作相结合，从而

### 1. 增强职业技能和适应性

在校外实习过程中，学生有机会参与真实的工作任务，这不仅能帮助学生加强专业技能，还能培养其解决实际问题的能力。此外，实习经验还有助于学生适应职业环境，在团队中学会有效沟通和协作。这种实战经验是课堂学习无法完全提供的，对于学生的职业发展具有不可估量的价值。

### 2. 明确职业发展方向

校外实习为学生提供了探索不同职业道路的机会，帮助个人在实际工作中测试自己的职业兴趣和适应性。通过实习，学生能够更加清晰地了解自己对某一职业的喜好和适应度，从而做出更加明智的职业选择。实习过程中的体验和反思有助于学生构建自己的职业生涯规划，为未来职业生涯的发展奠定坚实的基础。

### 3. 与行业接轨

校外实习还是学生与行业接轨的重要途径。通过与企业和行业专业人士的直接接触，学生不仅可以学习最新的行业知识和技能，还可以建立职业网络，这对于毕业后的个人就业和职业发展具有重要影响。实习经历使学生能够理解行业的真实需求和工作环境，提高职业竞争力。

## 第五节 高职职业生涯规划教育评估机制的创新

在高职教育中，创新职业生涯规划教育的评估机制是确保教育质量始终走在前列、符合行业需求的关键。接下来，本书将从以下四个方面对评估机制进行探讨（见图6-2）。

### 一、多元化评估方法的引入

多元化评估方法的引入旨在全面评价学生的职业生涯规划能力和职业发展进程。传统的考试和作业评估方式被拓展为包括项目评估、口头报告、职业生涯规划案例分析在内的多种形式。这些评估方法更加注重对学

第六章 高职职业生涯规划教育的实施路径

- 多元化评估方法的引入
- 追踪学生的职业发展情况和满意度
- 结合行业需求的评估体系构建评价机制
- 持续的质量改进和反馈循环

图 6-2 高职职业生涯规划教育评估机制的创新方面

生实际操作能力的体现以及对职业知识的应用。

### （一）项目评估

项目评估是评价学生实际操作能力的有效方式。在这种评估中，学生需要参与实际项目，如设计一个产品、规划一个服务或完成一个工程任务。评估的侧重点在于学生如何运用所学知识解决实际问题、如何创新思考以及如何有效地完成项目目标。通过项目评估，教师能够直观地了解学生在真实或模拟的工作环境中的表现，评价其团队合作、项目管理和问题解决等多方面能力。这不仅有助于学生将理论知识转化为实际操作技能，也有助于培养学生的职业素养。

### （二）口头报告

口头报告则是测试学生沟通技巧和专业知识表达能力的重要方式。在这类评估中，学生可能需要就特定的职业主题进行演讲、展示或辩论。这要求学生不仅要对所讨论的主题有深入的了解，还要能够清晰、有逻辑地表达自己的观点，并有效地与听众或评委进行交流。口头报告的评估结果有助于加强学生的公众演讲能力，提高其职业场景中的沟通效率和说服力。

### （三）开设职业生涯规划案例分析

职业生涯规划案例分析是让学生理解职业生涯规划实际应用的有效途径。通过分析真实或构建的职业生涯规划案例，学生可以学习如何根据个人兴趣、能力和市场需求制定职业目标以及如何制定和调整职业发展路径。案例分析使学生能够在现实情境中运用职业生涯规划理论，提高自身对职业生涯规划复杂性的理解。

## 二、追踪学生的职业发展情况和满意度

在高职职业生涯规划教育中，追踪学生的职业发展情况和满意度是评估学生在校期间所取得的职业教育成效的关键组成部分。这种追踪不仅提供了关于学校整体教育质量的直接反馈，而且还有助于制订更有效的教学策略和课程内容以进一步提升学校办学水平。以下是对该评估机制的进一步论述。

### （一）在校学习和发展的追踪

追踪学生在校期间的学习和发展情况对于了解教育效果至关重要。这包括对学生的学术表现、实践技能的掌握以及职业生涯规划能力的评估。通过收集和分析学生在校期间的各种数据（学业成绩、校园活动参与度、学生工作经历），高职院校能够获得对教学效果的即时反馈，从而及时调整教学方法和课程设计，以满足学生的学习需求。

### （二）毕业后职业发展的追踪

毕业生的职业发展轨迹是评估职业生涯规划教育效果的另一关键指标。通过追踪毕业生的就业情况、职业晋升路径以及职业满意度，高职院校能够评估其教育内容与职业市场需求的匹配度。定期进行的问卷调查、校友访谈或校友会活动，可以帮助学校收集毕业生的职业发展信息和对课程及教学的反馈，从而指导将来高职职业生涯规划教育的改进工作。

### （三）评估结果的应用

收集到的评估结果对于高职院校来说是非常宝贵的资源，不仅可以用

于识别职业生涯规划课程的教学设计和课程设计的不足，还可以帮助学校发现专业教育过程中的成功案例、最佳实践以及不足之处。通过分析这些数据，学校可以更准确地了解学生的学习需求，调整教学方法，优化课程结构，并提供更具针对性的专业学习路径和职业指导服务。

### （四）持续的改进循环

基于追踪结果的持续改进是办学教育质量提升的核心。这一过程包括定期审视评估机制的有效性，确保评估方法能够准确反映教育质量和学生满意度。此外，高职院校应与行业界保持紧密联系，确保其教育内容和评估标准与行业需求保持一致，从而更有效地为学生的职业发展做好准备。

## 三、结合行业需求的评估体系构建评价机制

在高职教育中，构建一个与行业需求紧密结合的教学评估体系是创新职业生涯规划教育评价机制的有力尝试。这种行校结合的评估体系确保了教育内容不仅符合学术标准，而且贴合行业实际需求和未来发展趋势。

### （一）行业专家的参与

行业专家的参与是构建评估体系的一个重要方面。这些专家具有丰富的行业经验和对市场趋势的洞察力，能够为评估体系提供实际和前瞻的视角。行业专家可以参与制定评估标准、设计考核内容，甚至直接参与学生的评估过程。这种参与确保了评估标准和内容与行业实际需求保持一致，同时提供了学生切实了解行业实际用人标准的机会。

### （二）根据行业趋势及时调整评估标准

随着行业发展和技术进步，职业要求和所需技能也在不断变化。因此，评估体系需要定期根据行业趋势和技能需求进行调整和更新。这包括重新审视现有的评估标准，确保评估内容反映最新的职业技能和知识要求。例如，对于科技行业，评估体系中可能需要增加对新兴技术如人工智能、大数据等知识和技能的评估。

### （三）实践和技能导向的评估

在与行业需求结合的评估体系中，对学生实践能力和技能的评估占据核心位置。这意味着评估不仅关注学生对理论知识的掌握情况，还应重视学生的实际操作能力、问题解决能力和创新能力。对学生的实习表现的评估，可以更加准确地衡量学生的职业适应性和实际工作能力。

## 四、持续的质量改进和反馈循环

在高职职业生涯规划教育中，需要建立持续的教学质量改进和评估反馈循环，这样可以确保职业生涯规划教育真实地适应时代发展、满足学生需求和行业需要。这种循环不仅促进了教育内容的持续更新，也提高了教育过程的透明度和参与度。

### （一）定期和系统化的评估过程

持续的教学质量改进需要一个结构化和定期的评估过程。这包括定期的课程评价、教学方法的效果评估以及学生学习成果的分析。

课程评价是确保教育内容与教学目标、行业需求保持同步的重要过程，其结果可用于更新和优化课程设计。在定期的课程评审中，高职院校应评估课程内容的现实性、相关性和前瞻性。这可能包括分析课程内容是否覆盖了最新的行业动态、技术进步和未来的职业技能需求。评审过程应邀请专业教师、行业专家以及学生参与，以确保多方面的视角和反馈。

评估教学方法的效果包括分析不同教学策略的成效，如讲授法、案例研究、互动讨论、项目式学习等。这种评估可以通过学生的反馈、成绩分析、课堂观察等方法进行。教学方法的评估有助于教师识别哪些方法在促进学生的参与度、理解力和实际应用能力方面更为有效，从而指导教师调整教学策略，提高教学质量。

学生学习成果的分析包括对学生的知识掌握、技能发展和职业生涯规划能力的评估。分析可以基于考试成绩、项目完成情况、实习表现等多种指标。此外，分析还应考虑学生的职业发展路径，包括学生对其职业生涯规划满意度的反馈。这些信息不仅有助于评估学生在特定课程或整个教育过程中的表现，还能够反过来指引高职院校改进教学方法和课程内容。

### （二）广泛的利益相关者参与

持续的教学质量改进和评估反馈循环的重要参与者包括教师、学生、行业专家、学校等所有利益相关者，这样每个群体都能为教育评估提供不同角度的见解和建议。

教师作为课程内容和教学方法的直接执行者，可以提供关于教学实践的深入见解。教师可以根据学生的学习表现和反馈来调整教学策略，使之更贴合学生的需求和学习风格。此外，教师也可以从自己的专业发展和教学经验出发，为课程内容和教学方法的改进提供建议。

学生作为教育的直接受益者，可以提供关于课程内容、教学方法、学习资源等方面的直接体验和评价。定期进行学生满意度调查、召开意见征集会议或者收集在线反馈平台的反馈信息，可以帮助高职院校了解学生的真实感受和需求，从而针对性地优化教学内容和方法。

行业专家可以分享最新的行业动态、职业技能需求和就业市场趋势，从而提高高职职业生涯规划课程内容的实用性。此外，企业还可以通过提供实习机会、项目合作或工作坊等方式，为学生提供实际的行业体验和学习机会。

学校还需要建立开放和高效的沟通渠道。这些渠道包括定期举行教育利益相关者会议、在线反馈系统、工作坊以及教育质量评估委员会等。通过这些渠道，各方的意见和建议可以被及时收集和分析，从而为教育教学的改进提供有力的支持。

总之，通过广泛地吸纳各利益相关者的参与，高职院校能够更全面地评估和提升其职业生涯规划教育的质量。这种多角度的反馈和参与不仅增强了职业生涯规划教育的适应性和相关性，也为持续提升职业生涯规划教育效果创造了条件。

### （三）沟通透明和信息共享

沟通透明确保了教育改进的过程对所有参与者开放。这包括定期公布关于课程评估、教学方法改进和学生学习成果的数据和分析结果。通过这种方式，高职院校可以向教师、学生、行业专家和雇主等展示其教育质量评估和改进的具体情况。学校也可以通过邮件通信或定期报告的形式，发布这些信息。

信息共享机制对于促进高职院校内部和外部的有效合作至关重要。通过共享评估结果和改进计划，高职院校可以与外部行业专家和雇主建立更紧密的合作关系，从而确保其教育内容和方向与行业的实际需求保持一致。同时，信息共享有助于内部教师和管理人员之间的协作，其可以通过组织教师研讨会和建立工作坊，共享最佳实践和教学案例，从而促进教学方法的不断创新和改进。

为了确保改进措施的有效实施，透明的沟通和信息共享机制至关重要，学校应当定期向所有利益相关者公布评估结果和改进计划，确保所有参与者对教育质量的改进过程有一个清晰的了解。这不仅有助于构建信任和开放的学术环境、增强学校的信誉，还能鼓励所有利益相关者提供积极的反馈和建议，从而共同参与教育质量的提升过程。

### （四）基于反馈的教育内容和方法调整

基于收集到的反馈和建议，高职院校需要及时调整职业生涯规划教育的教育内容和教学方法。

在教育内容上，其调整应当基于对行业趋势、技术进步和职业市场需求的持续监测。收集到的反馈可以来自行业专家、雇主、校友以及在校的学生。这部分群体提供的信息可以帮助高职院校了解哪些新的主题、技能或理念需要被纳入职业生涯规划的课程中。如果行业反馈显示对某种新技术或软件的需求增加，高职院校可以相应地在相关的专业课程中增加对这些技术的教学，那么相对应的职业生涯规划课程上也应做好提示和要求。此外，职业生涯规划教育的内容也需要不断更新以反映当前的社会问题、行业伦理和可持续发展等领域的最新讨论结果。

在教学方法上，高职院校职业生涯规划的创新调整是为了更好地适应经济和技术发展带来的新挑战，同时满足学生个性化和多元化的职业发展需求。

首先，创新教学的核心在于实践与体验的结合，这意味着传统的课堂讲授方式需要向更加具有互动性、参与性的学习模式转变。实践导向的学习方法，如项目驱动学习、情景模拟、企业实习等，可以让学生在真实或贴近真实的工作环境中学习和应用职业生涯规划的理论知识。这种方法不仅有助于学生理解和掌握必要的职业技能，还能够增强学生解决实际问题的能力，提高职业适应性和创新能力。同时，通过这种方式，学生可以更直观地了解不同职业路径和未来职业发展的可能性，从而做出更加符合个人兴趣和能力的职业选择。

其次，随着信息技术的快速发展，高职院校应充分利用数字化工具和在线资源，创新职业生涯规划的教学方法。例如，通过构建在线学习平台，提供虚拟职业体验、在线职业咨询和互动式职业生涯规划工具，学生可以在任何时间和地点访问这些资源，进行自我探索和职业生涯规划。这种灵活的学习方式不仅能够满足不同学生的学习需求，还能鼓励个人发展自主学习和终身学习的能力。同时，利用大数据和人工智能技术分析职业趋势和技能需求，为学生提供个性化的职业发展建议和学习路径规划，可以极大地提高职业教育的效果和学生的职业竞争力。通过这些创新调整，高职职业生涯规划教育不仅能够帮助学生更好地适应快速变化的职业环境，还能培养其创新思维和问题解决能力，为学生的未来职业生涯和个人发展奠定坚实的基础。

# 第七章 高职职业生涯规划教育的多元融合

Chapter 07

职业生涯规划,究其本质,是关于个人职业发展的战略规划。其核心是解答"我的未来在何方"的问题,即明确个人的职业志向,并选定一个与自身兴趣、性格、能力或价值观相契合的职业领域,实现个人价值和社会价值的最大化。对学生而言,职业生涯规划教育并不能独立地完成其教学目标。尤其是面对复杂多变的社会环境,以及学生个性化和差异化的职业发展需求,单纯依赖职业生涯规划教育进行学生生涯规划,短板和局限越发明显。高职院校亟须优化职业生涯规划教育。因此,高职院校需要更为深入和有效地发挥职业生涯规划教育与思想政治教育、创新创业教育、劳动教育的协同育人作用,形成教育合力。这对推动学生制定健全的职业生涯规划并落地实施、提升职业生涯规划教育成效,更好应对就业市场竞争和人生挑战,具有重要意义。

## 第一节 高职职业生涯规划教育面临的困境

职业生涯规划教育在培养高职学生的职业素养、提升其就业竞争力等方面扮演着非常重要的角色。然而,在现实中,高职职业生涯规划教育在开展时却面临着多重困境,使其难以充分发挥应有的育人效能。

### 一、对职业生涯规划教育的重视程度不够

从学校立场出发。许多高职院校在职业生涯规划教育方面的重视度仍

然有待提高。首先体现在课程设置的层面。现有的课程体系过于标准化，缺乏对不同学院、不同专业乃至学生个性化需求的细致考量，未能紧密结合学校和地方实际情况，构建一个既有特色又贴近实际的职业生涯规划教育框架。课程安排亦存在不合理之处。多数职业生涯规划课程仅集中在大一阶段开设，且课时安排较少，学生无法获得连贯且全面的职业生涯规划指导，职业生涯规划课程往往沦为形式主义的"水课"。另外，多数高职院校在职业生涯规划教育领域的投入捉襟见肘，不仅缺乏专业化的职业生涯规划教育教师团队，还缺乏对专业队伍在教学能力、教学环境提升等方面的投入。

从学生个体出发。高职院校的学生对职业生涯规划教育的重要性普遍认识不足。一是学生受到传统教育观念的影响，认为只要学好专业知识就足够了，对职业生涯规划持有一种可有可无的态度，不愿意投入时间和精力去学习和实践。二是对职业生涯规划的长期性和动态性缺乏理解。学生可能认为职业生涯规划是一个一蹴而就的过程，只需要在毕业前简单规划一下即可。三是对于职业生涯规划的实际意义和应用价值认识不足。学生可能没有意识到，职业生涯规划教育能够帮助自己更好地了解自己的兴趣、能力和优势，从而在未来的就业市场上占据有利地位。四是由于学生对未来的职业方向和目标缺乏清晰的认识，往往难以意识到职业生涯规划的紧迫性和必要性，且对于未来的就业市场和职业竞争缺乏直观的感受，因此很难从内心产生对职业生涯规划教育的重视。

从家庭角度出发。在学生的成长过程中，家庭是个体最早接触的社会环境，家庭的态度和观念对个体有深远的影响。然而，在职业生涯规划教育这一重要议题上，很多家庭并没有给予足够的重视。一方面，在传统的教育形势下，家长可能更关注孩子的学习成绩，而忽略了对孩子兴趣、特长和职业倾向的了解和引导。另一方面，家长由于家庭经济条件、文化背景或教育观念的限制，本身对职业生涯规划的认识不足、缺乏职业生涯规划的意识，很少主动与孩子讨论未来的职业生涯规划和目标。在这种情况下，学生很难在家庭环境中得到关于职业生涯规划的启蒙和支持。

## 二、高职职业生涯规划课程设计不够完善

### (一) 教学内容缺乏吸引力

高职职业生涯规划教育的基础是让学生了解职业生涯规划的核心理念,通过这一基础,逐步训练和增强学生的职业生涯规划能力。通过职业生涯规划教育,学生可以提前预见到职业发展的需求,从而有针对性地提升自我,为未来融入企业、行业乃至更广泛的社会发展环境做好充分准备,成功应对未来职场上面临的各类挑战。作为学生踏入职场的关键准备期,高职阶段的职业生涯规划教育重点应聚焦于培育学生的职业核心竞争力以及增强其职场适应能力。然而,目前高职院校所开设的职业生涯规划教育课程,缺乏完整、系统的课程设计体系。

一方面,目前高职院校职业生涯规划课程的教授内容主要依据的是各类教材。这些教材虽然为学生提供了一定的基础知识,但更新速度远不及社会经济和行业发展的变化速度。从而引发的一个显著问题是,这些教材内容往往比较过时,难以及时反映当前社会经济发展的新趋势、新动态。这些过时的教材既缺乏与当前社会经济发展紧密联系的实际案例和分析,也难以学生的需求进行匹配。这就导致了学生在课堂上学习的知识和技能,可能在实际应用中已经失去了时效性,甚至与现实脱节。教材的滞后性不仅影响了学生对职业生涯规划的前瞻性理解,也阻碍了学生根据最新的行业动态和个人需求来做出合理的职业生涯规划。

另一方面,教学内容中理论篇幅较重。尽管这些理论知识如职业生涯规划的基本概念、理论和方法等,是构建职业生涯规划的基础,但过分依赖理论教学而忽视实践内容,会导致学生难以将所学知识与实际应用相结合。"实践是检验真理的唯一标准",尤其是对于职业生涯规划这种实用性极强的教育领域来说,实践内容的缺失会大大降低教学效果。学生无法通过实际操作来感受和理解职业生涯规划的真实过程及挑战,也难以培养出真正的问题解决能力和创新思维。更重要的是,缺乏实践的教学内容往往显得枯燥乏味,不仅无法让学生深刻理解和掌握职业生涯规划的精髓,更难以激发学生的学习兴趣和参与度,从而影响整体的教学效果。

更为关键的问题在于，教学内容在深度和广度上仍有不足。教学内容的深度不足体现在对职业生涯规划教育理论和实践的深入挖掘不够。教师可能只是简单地介绍了职业生涯规划的基本概念和原则，而没有深入剖析这些原则背后的理论基础、心理学依据以及实际应用中的注意事项等。同时，对于职业生涯规划中可能遇到的挑战和问题，如职业定位、职业转型、职业生涯规划的调整等，也缺乏深入的探讨和合理的解决方案。教学内容的广度不足体现在教学内容局限于传统的职业生涯规划领域。职业生涯规划是一个综合性的领域，融合了多个学科的理论和实践，包括心理学、社会学、经济学、教育学等，跨学科特征明显。这要求教师要具备跨学科的知识和视野，从多个角度全面地审视和指导学生的职业发展。然而受到任课教师的个人素养及其知识储备的限制，教学也局限于"是什么""为什么"这样的基础问题上，职业生涯规划教育未能达到预期的目的。

### （二）教学形式单一

近年来，高职院校在职业生涯规划教育的实施上，主要采取了日常课堂讲授、邀请名师进行专题讲座等方式。这些传统的教学方式虽然在一定程度上能够传递基础知识和理论，但其局限性也日渐凸显。尽管教师们也努力尝试引入多媒体教学法，通过视频、图片等多媒体元素来丰富教学内容，或者采用案例讨论法，让学生通过分析和讨论实际案例来加深对职业生涯规划的理解，但这些努力仍然未能从根本上改变教学模式单一的现状。

目前，高职院校的职业生涯规划教育以讲授为主的教学方式，过于注重知识的单向传递，而忽视了学生在教学过程中的主体地位。每个学生都有自己独特的兴趣、特长和职业目标，因此更需要的是个性化和有针对性的辅导，提供精准的教学服务。然而，目前的教学方式显然无法满足这一需求。枯燥、机械的"填鸭式"教学方式，不仅难以有效激发学生的学习兴趣和主观能动性，更无法激发他们的自主创造力和创新思维。

## 三、师资队伍相对薄弱

第一，专业知识匮乏。目前，许多一线教师是"兼职"，主责身份是辅导员或其他学校管理岗教师，专业学科背景也与职业生涯规划教育关联不大，对职业生涯规划教育的相关理论知识是缺乏深入研究的，很容易导致教育内容停留在表面层次。因此，许多教师在面对职业生涯规划的专业内容时感到力不从心，也缺乏对学生进行有效的辅导能力，使得效果不尽如人意。其次是实践经验匮乏的问题。许多一线教师是应届生毕业直接进入高职院校工作，缺乏实际的工作经验，对学生的真实需求和行业的实际情况不能准确把握，有滞后性。

第二，实践经验匮乏。这一问题在高职院校从事职业生涯规划教育的一线教师中尤为突出。普遍来看，许多教师是应届生毕业后直接进入高职院校工作，虽然学术背景和知识储备扎实，但往往缺乏实际的工作经验。这种缺乏实践经验的状况导致这批教师在教学中难以准确把握学生的真实需求和行业的实际情况，无法为学生提供与实际情况紧密相连的案例分析和实战经验分享，也无法针对学生的个性化需求提供精准的指导。同时，实践经验的匮乏还会使教学产生滞后性。行业在发展，企业在进步，而缺乏实际工作经历的教师可能无法及时捕捉这些变化，也就无法将最新的行业知识和技能要求融入教学中。这使学生在学校学到的知识和技能与现实职场存在一定的脱节，影响未来的就业竞争力和职业发展。

第三，数字化教学能力较弱。随着科技的飞速发展，VR（虚拟现实）、AR（增强现实）等各类新技术已在教育领域展现出巨大的应用潜力。这些新技术的引入，不仅能够提升课堂的互动性和趣味性，还能帮助学生更直观地理解和掌握知识。然而，目前许多高职院校教师在数字化教学能力和素养方面还相对较弱。对新技术的了解不够深入以及缺乏制作高质量数字化教学资源的能力，使得教师无法将新技术有效地融入课堂教学中，导致教育效果不佳。

## 四、教学评估机制不够科学

职业生涯规划教育的教学评估机制在高职院校中尚未形成科学、完善的体系，存在诸多不科学之处。

首先，评估标准缺乏多样性。目前，很多高职院校对于职业生涯规划课程的教学成果缺乏多元化评价。评估时往往只是简单地以学生的出勤率、作业完成情况或者期末考试成绩作为依据，而忽视了对学生职业生涯规划能力、实践应用能力等核心素养的评估。这种以单一的评估标准，既无法全面、客观地反映学生的职业生涯规划能力，也无法对学生在学习过程中的表现、进步和问题进行及时、准确的反馈，更难以有效指导教师的教学改进。

其次，评估主体缺乏多元化。在现行的高职院校职业生涯规划教育过程中，教师往往是唯一的评价主体，而学生、企业、行业专家等其他利益相关者的评价意见往往被忽视。这种单一的评价主体容易导致评价结果的片面性和主观性，无法全面反映教学质量和学生的学习效果。

最后，评估结果缺乏有效利用。很多高职院校在职业生涯规划课程结束后，并没有对历次的评估结果进行深入的分析和利用，往往只是作为教学管理的档案资料被束之高阁，而没有真正用于指导教学实践和改进教学策略。这种"为了评估而评估"的做法，不仅浪费了教学资源，也无法有效提升教学质量。

## 五、本土化进程滞后

相较于高职院校各专业目前的教学情况，职业生涯规划教育在教学理念创新、教学内容更新以及数字化技术应用等方面的步伐，显然还走得"太慢"。

### （一）教学理论有待更新

现阶段，高职职业生涯规划教育所采纳的教学理论大多源自国外，在构建课程体系时也主要学习了国外的模式，整个教育凸显了"西化"的特征。然而，这与中国社会的实际情况并不完全契合，也与国内就业市场的情况不适配。高职院校的职业生涯规划教育想要适应我国的实际情况，必须有本土化的内容，有能力的高职院校也可以有校本化的设计。

### （二）授课模式有待重构

从实际教学情况来看，传统授课模式更加注重概念的讲解，如在价值观探索领域使用的方法集中在测评工具的应用，对于学生职业价值观的养成部分涉及的内容往往不多。按照传统的授课模式，学生们对价值观的了解从理性层面和感性层面都还不够深入。

### （三）思政元素、劳动元素、创新元素的渗透还有待深入

高职职业生涯规划教育应在解答学生现实困惑和传授实用方法的同时，要与思政教育、劳动教育、创新创业教育充分融合。这既是对国家推行的教育方针和政策的回应，同样也符合学生成长、社会发展和时代进步的要求。目前而言，高职院校的这种融合教育的实施还明显不足，对学生的引导还缺乏层次性和全面性。

## 第二节 高职职业生涯规划教育与思想政治教育相融合

思想政治教育是引导学生树立科学世界观、人生观和价值观的重要途径。通过思想政治教育，学校能够协助学生确立崇高的理想信念，塑造高尚的道德情操。职业生涯规划教育融入思想政治教育后，不仅可以成为知识传授和价值引导的重要工具，更将成为人才培养过程中不可或缺的一环。更重要的是，职业生涯规划教育具备极强的实践性特点，融入思想政治教育后，可以有效地引导学生的思想、精神和行为，能帮助学生更好地将个人的职业生涯规划与国家和社会的发展需求相结合，明确自己的社会责任和担当，为其未来的职业生涯奠定稳固的基石。

### 一、思想政治教育的内涵

#### （一）职业生涯规划教育视野中的思想政治教育

2004年10月，中共中央、国务院发布了《关于进一步加强和改进大学生思想政治教育的意见》（以下简称《意见》）。关于高等学校思想政治教育，《意见》中明确指出，其根本宗旨是为培养"德智体美劳"全面发展的中国特色社会主义建设者和接班人服务的。其中，理想信念教育是高

校思政教育的核心,爱国主义教育是高校思政教育的重点,基本道德规范是高校思政教育的基础,大学生的全面发展是高校思政教育的目标。[1]

从职业生涯规划教育的角度出发,高等学校的思想政治教育既需要遵循常规的其本身基本的教学规律、教学内容和教学方法,又需要立足学生立场,与学生的自我发展、全面提升和职业目标、职业素养、职业目标紧密相融。因此,着眼于职业生涯规划的思想政治教育,对比惯有的思想政治教育的内容和标准而言要求更高,可以说是整个职业生涯规划教育的"根"与"魂",决定了学生个体职业生涯规划的定位是否准确、职业路径方向是否明确、实现途径是否可靠、最终目标是否正确,也决定了个体职业生涯规划所体现的思想境界和精神高度。这是高校思想政治教育所盼望得成的"果实"于职业生涯规划教育里最真实的体现。

### (二) 主要特点

围绕马克思主义理论中的"以人为本"思想,高职院校育人的最终目标是培养高素质的技术技能型人才,实现学生自由、全面的发展。具体而言,通过顺应人的自然发展规律教育出来的学生,是不与本性脱节、不与社会脱节的人。因此,立足高职职业生涯规划教育,思想政治教育的主要特点有以下四个方面。

**1. 时代性**

从高职职业生涯规划教育的角度看,教师作为思政教育的"发射器",学生作为"接收器"都是生活在当下的实际的、具体的人。教师和学生都受到当下思想潮流、价值观等的影响。一方面,教师在教学时,其思政性质的教育内容天然就带有一定的时代性。而学生在学校教育、家庭教育、社会教育等的多重影响下,其职业生涯规划与就业选择亦体现了鲜明的时代特征。另一方面,思想政治教育的养料既有历史积淀,也有迭变更新。为使学生的职业生涯规划更符合社会发展需求,其呈现必然也应与时代同向同行。

**2. 人本性**

解决好人的问题,就是解决了教育的本质问题。在开展职业生涯规划

---

[1] 关于进一步加强和改进大学生思想政治教育的意见 [N]. 人民日报, 2004-10-15.

的实际教学时，当学生表露出立足于个人发展和社会发展的教育需求时，作为"发射器"的教师应给予十分的关注，并主动跟进其个人的发展、尊重个人的选择。作为"接收器"的学生也不能完全成为被动式的教育客体，而应发挥其主观能动性，积极参与到教师和学校共同营造的良好氛围中，助力自己得到全面发展。

### 3. 非常规

从思想政治教育的内涵来看，与职业生涯规划教育的融合使其在一定程度上具有与常规思想政治教育不一样的地方。在职业生涯规划教育领域，学校、教师、社会对思想政治教育能否在学生的职业生涯中发挥有效作用并产生积极影响表示十分的关切，不光要"懂"，还需"用"。内在逻辑即希望学生能拥有正确的世界观、人生观、价值观并指引职业生涯的正确道路。因此，学生的职业生涯规划离不开思想政治教育的参与，而思想政治教育想要在职业生涯规划教育中"大展拳脚"也应做出相应的变化。

### 4. 发展性

与职业生涯规划教育的融合要求思想政治教育超越自己并细化其原本的内核。这就要求思想政治教育在教学理论、教学实操、教学内容和教学方法上与时俱进。肉眼可见的是，随着经济社会发展的不断进步，思政教育的变革也不会停止。反而会根据学生需求、行业需求、职业素养要求等的变化而不断发展。但是，出于社会主义办学条件下对职业生涯规划领域中思政教育工作的研究与考虑，其表现仍然相对稳定。

## 二、融合的可行性

### （一）育人目标的同向性

高职院校的职业生涯规划教育与思想政治教育在育人目标上方向是一致的。高职院校的思想政治教育的目标落脚于为培养高素质的技术技能型人才提供思想引领和精神支撑，其理论依据是党和国家的方针政策，辅之以教育学、哲学等方面的理论，最终达成学生的全面发展。具体而言，高职院校"大思政"工作的基础是思想政治教育，也是"大学工"的生命线，贯穿校园教学、生活的方方面面。伴随着招生学子构成的多样化，高职院校的思想政治工作也趋向复杂化，其精准度和针对性日益强化。在高职院校，思政工作的主要载体是思政课。其课程既要有普通高等学校思政课的基本要求，同样也应结合高职院校的办学特色育人要求；既要有理论教学的部分，同样也应有实践教学的内容；既要关注学生的全面发展，同样也要强调技术技能的重要意义。唯有尊重学生在思想政治教育中的主体地位，着眼于学生的个性化发展需求，思想政治教育工作才能更好地为学生的成长成才服务，为党和国家培养合格的社会主义建设者和接班人。高职院校职业生涯规划教育是学生在校期间接受的必修类基础教育，其教育目标是引导学生基于对个体的了解，结合对外部世界的判断，更科学、合理地选择职业发展方向并为之努力。在这过程中，学生在教师的帮助下为自身制定职业生涯发展的目标和详尽规划，同样也受到教师的引导，把自身的目标和规划与国家的发展方向和建设目标进行结合，使个人利益和集体利益有机统一、个人价值和社会价值有机结合、个人事业和国家事业有机相交。因而可知，从教育本质这一角度出发，职业生涯规划教育与思想政治教育高度一致，都旨在促进学生"全面发展、人人出彩"，为国家培养建设之基、栋梁之材。

### （二）育人内容的相关性

高职院校的思想政治教育和职业生涯规划教育在育人内容上是相互渗透、互有关联的。高职院校的思想政治教育主要载体为课堂教学，包括了"思想道德与法治""习近平新时代中国特色社会主义思想概论"等六门主要课程。在这些课程中，包括了法治、道德、价值观、理想信念等重要的教学内容。而这些内容恰能引导培养学生形成正确法治观念、道德观念、价值观念等，使其进一步融入国家发展、树立远大目标、顺利实现人生理想。而职业生涯规划教育将理论知识、实践技能、行为规范等纳入了教育活动中，着力辅助学生完成自我认知、强化社会认知，启发学生选择符合社会主流思想的职业目标和道路。只是两者的侧重点略有差异，思政教育更注重从社会、国家等宏观层面上进行认知与理解，职业生涯规划教育则更重视从个人、工作等微观层面上开展分析与决策。总体而言，高职职业生涯规划教育为思想政治教育增加了更为具体和实际的内容，实现了世界观、人生观和价值观的具象化；而思政教育的内容在职业生涯规划教育中又起到积极引导作用，具有专业性和针对性，能够帮助学生厚植良好的职业素养，包括职业认知、职业道德、职业价值观等，与职业生涯规划教育具有鲜明的关联性。这使两者在融合上具有先天优势。

### （三）育人过程的契合性

高职院校的思想政治教育和职业生涯规划教育在育人过程上是契合的。党的二十大报告强调："要用社会主义核心价值观铸魂育人，完善思想政治工作体系，推进大中小学思想政治教育一体化建设。"[①] 这一论调的提出，明确了系统连贯性是思想政治教育的重要特征。思想政治教育一体化建设表明，每个学段有不同的教学重点和特点，但从发展的观点来看又具有承接性和递进性。高职院校的思想政治教育须主动变革一成不变的教学方法，化为动态的、变化着的教学方式和手段，并结合不同学段的特点来适应动态连贯且具有系统性的思政教学过程。这样才能使得教学内容得到深化和升华，达到教学目标。与之相似的是，职业生涯规划教育也具有连贯性、动态性和系统性。"职业生涯规划"其科学定义即为确定个人的职业目标，并为实现这一目标而努力奋斗的过程。这意味着职业生涯规划教育不是针对个体某一阶段开展的教育，而是贯穿终身的教育。面对不同阶段的学生，高职职业生涯规划教育也须有不同的教学侧重点和不同的教学方法，在教学目标上保持递进，在教学实施上动态发展。由此可见，高职院校的职业生涯规划教育和思想政治教育无论是在教学实施，还是在教学目标上，都具有动态化、发展性的特点，一环扣一环。两者的融合与发展因这一特性的存在而更为顺利和有序。

### （四）育人成效的互促性

高职院校的思想政治教育和职业生涯规划教育在育人成效上是相辅相成的。思想政治教育的育人方式包括了引导式教育、激励式教育、示范性

---

[①] 习近平.高举中国特色社会主义伟大旗帜为全面建设社会主义现代化国家而团结奋斗——在中国共产党第二十次全国代表大会上的报告[M].北京：人民出版社，2022.

教育、警戒性教育等，侧重于理想信念、价值观念等思想性的塑造。职业生涯规划教育则采用测评、体验、讨论、觉察、参观等方式，突出"以生为本"的教学理念，意在调动学生的主观能动性，侧重于学习认知、逻辑思维和规划能力的培养。一方面，思想政治教育为职业生涯规划提供了方向性的指导和引领。思想政治教育的成效越好，则学生在接受职业生涯规划教育时更容易关注自身在思想意识上的提升和内在需求的满足，促进个体向内观照个人价值、向外回应时代呼唤，在寻找符合职业发展规律的职业目标时自觉把"小我"融入"大我"，将个人追求融入国家的前途命运中去。另一方面，职业生涯规划教育是实现思想政治教育价值的重要成果和有机载体。优秀的职业生涯规划教育让学生能够准确剖析社会环境、直面社会痛点，更充分地了解中国国情。在不同的学段实施阶梯式的职业生涯规划教育，能够更深层次地鼓舞学生的社会责任感和时代使命感，更自觉地为党和国家的建设贡献自己的力量。两者之间互为补充、相互促进。

## 三、融合的基本原则

### （一）坚持思政主线不偏离

培育坚持社会主义的高素质技术技能型人才是高职院校人才培养的主要目标。在每所高职院校都有自身独特的办学宗旨，在具体办学过程中，高职院校往往也拥有较大的自主权。为了持续地为社会培育出具备实操能力的应用型人才，越来越多的学校开始采纳多主体共同参与的育人模式，从而更好地对接社会的实际需求。但值得注意的是，有些高职院校过分以市场需求为风向标来制定人才培养方案，这种做法其实背离了高职教育的原始目标。另外，伴随着社会的持续进步和经济的迅猛增长，多元化的社会观念正逐渐渗透到大学生的价值观中，对其产生了日益严重的影响。高职院校的教育理念早已超越单纯的市场为导向的人才培养理念。因此，在推进职业生涯规划教育与思想政治教育相融合的过程中，高职院校应坚守以思想政治教育为基石、重塑学生价值观的重要使命。这是确保学生职业生涯规划导向正确的重要基础。这不仅有助于职业生涯规划教育始终符合高职院校人才培养的主要目标，还能有效减少不良思潮对学生职业生涯规划的负面影响,进而提升职业生涯规划教育的质量和效果。坚持思想政治教育主线不偏离,高职院校才能培养出真正既符合市场需求又具备高尚职业道德的应用型人才。

### (二) 坚持理论与实践相结合的原则

根据高职院校职业生涯规划教育和思想政治教育的特性可知,两者融合应当遵循将理论与实践两大板块充分整合的基本原则。其理论根源来自"人的主观能动性"一说,这有力指导了高职院校现行的职业生涯规划教育整体框架。基于这一原则,高职院校在开展职业生涯规划教育时应充分坚持中国特色社会主义思想,但也仍应关注学生个体与社会整体的紧密联结,激发学生的主动性与创造性。这不仅可以帮助学生找到满意的工作,更能助力学生实现自身的理想抱负,从而达成个人价值与社会价值的双重提升。

### (三) 坚持以生为本

职业生涯规划教育和思想政治教育均旨在学生的全面发展,因此相关的教育内容与活动始终体现"以生为本"这一核心特质。高职院校应优先重视学生的个性化需求,通过深度剖析他们的性格特点和技能强项,为他们精心制定符合其职业愿景的人生规划。同时,需要大力开拓多元化的职业技能提升渠道,以培育学生的社会责任感和奉献精神。此外,在引导学生关注社会动态与变迁时,也应时刻立足学生本体,不随波逐流。鉴于当前社会思潮的多元化趋势,传统的"填鸭式"思政教育方式已难以适应当前的人本教育需求。如何找到学生个人利益与社会主流价值之间的交叉点,鼓励学生主动吸纳思想政治教育中的深刻内涵,帮助学生洞察未来社会的发展方向和真实需求,是教育者应当也必须做到的工作要求。这不仅能够确保教育活动与课程真正服务于学生的成长与发展,还能有效提升学生的综合素质,为其未来的职业生涯奠定坚实基础。

## 四、影响融合成效的因素

在高职院校的职业生涯规划教育中融入思想政治教育,其成效受到多方面的因素制约。

## （一）学校因素

**1. 学生群体**

作为教育教学活动的核心参与者，学生在接受思想政治教育以及职业生涯规划教育的过程中扮演关键角色。作为教育活动的"接收器"，学生群体的年级阶段、知识水平、道德观念、情感状态、思维方式以及思想倾向等，均对思想政治教育和职业生涯规划教育的形式、策略、内容及展现方式产生直接影响。若学生对某种思想政治教育方式在职业生涯规划教育中的应用持否定态度，或对相关教育内容产生抵触情绪，那么教育效果都将大打折扣。

**2. 教师队伍**

教师队伍的力量也是影响思想政治教育与职业生涯规划教育融合效果的重要因素。这主要考虑到两支教师队伍的专业素养和教学能力。特别是那些在两个领域均具备丰富经验的教师，他们的参与指导对于将思想政治教育与职业生涯规划教育相互补充、互相渗透而言至关重要。教师队伍的强弱直接关系到高职院校是否能成功推动教学改革，整合课程资源，从而在学生的职业生涯规划中更好地融合思想政治教育，体现思想政治教育力量。

**3. 校园环境**

校园环境的建设亦对职业生涯规划教育与思想政治教育的融合产生深远影响。学生、教师和校园本身共同塑造了校园整体环境。学生和教师既是校园环境的创造者、建设者，也是校园环境的受益者、感染者。想要提高学生的综合素养，增强个体对职业生涯规划和思想政治教育的理解和把握，就需要营造一个良好的校园环境，做到"潜移默化""润物无声"，使社会主义先进文化充分发挥其深远影响、展现出更加卓越的作用，助力职业生涯规划教育与思想政治教育的有机融合。

## （二）社会因素

**1. 家庭因素**

家庭作为个体最早接触到的社会环境，其影响深远且持久，对个体的职业发展观念、道德观念以及人生价值观的形成具有决定性的作用。

一方面，家庭环境对个体的职业生涯规划意识具有塑造作用。父母作为孩子的第一任教育者，其职业选择、工作态度以及对职业的理解都会潜移默化地影响孩子。在一个积极健康的家庭环境中，父母通常会与孩子分享自己的职业经验，引导孩子了解不同的职业领域，从而帮助孩子形成初步的职业生涯规划意识。这种早期的职业生涯规划教育使学生一定形成了基本的职业价值观，难以被常规的学校生涯规划教育所动摇。另一方面，家庭中的价值观念、道德规范以及家庭成员之间的相处方式都会对个体的思想观念和道德观念产生深刻影响。一个注重道德教育、强调社会责任感的家庭，往往能够培养出具有高尚道德品质和强烈社会责任感的个体。这种品质不仅能够提升个体的职业素养和道德品质，还有助于个体在职业发展中树立良好的形象和信誉。

然而，家庭因素也会使职业生涯规划教育和思想政治教育的融合面临一些挑战。家庭教育的差异性和个性化可能会导致一些家庭难以有效配合学校的教育工作。此外，家庭环境中可能存在的消极因素也会对个体的职业发展和思想政治教育产生负面影响。因此，在推动两者融合的过程中，需要充分考虑家庭因素的复杂性和多样性。

**2. 社会思潮与文化**

学生不是独立存在于社会之中，其成长和发展受到各类文化和思潮的影响。高职院校开展职业生涯规划教育，既是学生个人成长的内在需求，也是社会对人才职业素养的期待。社会环境在良好的思想政治素质氛围中，能够为高校职业生涯规划中的思想政治教育提供有力的支撑，进一步凸显其功能和价值。然而，若社会整体的思想政治素质出现下滑，道德风尚沦丧，思想政治教育与职业生涯规划教育必然受到冲击，预期成效难以达成。

从职业生涯规划的角度出发觉察思想政治教育，会发现其本质上是一个传播与弘扬先进思想和文化，以思想和文化的力量塑造人心的过程。学生作为思想和文化的信息"接受者"，因其不成熟性和不稳定性，很容易受到某种观念、文化、思潮等的影响，而产生"虚假的认同"。粗浅的知识与技能的掌握非但不能揭露"虚假认同"的隐蔽性和虚假性，反而会使外在的行为和内在的主体自相矛盾，进而破坏个体的世界观、人生观和价值观。因此，为适应学生群体的独特性和复杂性，就需要重新审视职业生涯规划视角下的思想政治教育的表现形式与教学内容、教学方法与实施策略，还有价值功能的发挥。

## 五、融合的主要路径

高职院校应深刻认识到在大学生职业生涯规划中，思想政治教育可以发挥的关键作用。如何将主流价值观的传授与素养提升紧密结合，从而切实增强职业生涯规划教育在人才培养方面的实效性，以下提出了三个方面的主要路径。

### （一）融合教学内容

教育者为了在学习者身上达成既定的教育目标，所传授的理论与知识便构成了教学内容，蕴含了教育者独特的教育理念。在高职院校的课程体系中，思想政治教育和职业生涯规划教育的课程教学内容本就具有相关性。为了推动这两者的融合发展，需要对职业生涯规划课的教学内容进行细致的梳理，深入挖掘其中蕴含的课程思政元素，并巧妙地将这些元素融入职规课堂教学中，这不仅能够丰富职业生涯规划课的教学内容，还能在无形中深化学生的思想政治教育，发挥两者之间的协同效应，实现两者教学的双赢。

从全局来看，只有坚持以中国化、时代化的马克思主义为指导思想，才能发挥职业生涯规划课中的思政元素的功能。这就要求教师在教学过程中，运用科学方法，为学生提供系统性、连贯性的职业指导，引导学生用发展的眼光、全面的视角、长远的考量审视自身的职业发展。具体可以通过找到两类课程的教学融合点，在职规课程中融入思想政治教育的基础知识、思想理论、价值追求等要素。例如，讲述中国共产党人的职业生涯变化，培养学生的使命感，鼓励学生将个人的职业选择同国家的前途命运紧密结合；通过分析不同职业的特点，培养学生辩证思维的塑造，引导学生树立正确的就业择业观念。这样，不仅能够提升职业生涯规划教育的育人效果，还能为学生的全面发展筑牢坚实根基。

同时，在职业生涯规划课程的教学准备中，应基于教学大纲的指导，结合思想政治教育的独特性完成课程目标。这就要求学校和教师对教学内容进行精心设计。通过调整教学内容的结构、顺序和重点，确保其既符合学科要求，又能充分体现思想政治教育的价值导向，从而为学生提供一个既有深度又有广度的学习体验。因此，在职业生涯规划教育的初期，应将理想信念等作为主要教学内容，引导学生正确看待职业生涯和人生选择。在职业生涯规划教育的中期，将社会主义核心价值观等融入教学内容，帮助学生树立正确的职业观念。在职业生涯规划教育的末期，将德治、法治、道德教育等引入教学内容，提升学生职业素养。

### （二）借鉴教学方法

教学手段与方式的选择，是教育者为实现特定的教育目标、传授教育内容所采取的途径。教学方法的运用，对于教育效果的影响至关重要，在很大程度上决定了教育成果的质量和水平。高职院校的职业生涯规划教育与思想政治教育两者的教学方法各具特色。通过相互借鉴教学方法，不仅能够丰富教学内容与形式，更能推动思想政治教育深度融合进职业生涯规划教育并得到发展，实现教育资源的优化配置与教学效果的最大化。

两相对比，思想政治教育在教学方法上更为成熟且多元，这为职业生涯规划课程的教师提供了宝贵的学习借鉴机会。高职院校的思政课以课堂讲授为核心，利用学生社团和社会实践活动，实现了理论教育与实践教育的有机结合，形成了完备的教学体系。然而，职规课程在课时安排和体系建设方面仍存在不足。高职院校应以学生发展需求为导向，构建系统且有针对性的职业生涯规划课程体系，以更好地服务于学生的生涯发展需求。因此，在两者融合的过程中应引入多元化的教学方式。教师可以运用情景模拟法、案例教学法等，将思政素养的重要性进行充分地彰显和挖掘。社会实践活动也是职业生涯规划教育的重要组成部分，教师在教学过程中可设置相应的实践学分鼓励学生主动开展。学生只有在实际的社会环境中才能真实了解职场和社会趋势。同时，教师也应积极拓展职业生涯规划教育的教学媒介，如文体活动、学生社团、新媒体平台等。

## （三）共建师资队伍

在教育活动的组织和实施过程中，教师扮演着至关重要的角色。教师不仅是引领者，还是主导者，对教育过程的顺利进行和取得成效起着不可或缺的作用。通过精心的组织和实施，教师能够帮助学生成长为有知识、有素养、有技能的个体。确保职业生涯规划教育融合思想政治教育的关键在于拥有一支具备较高专业素养和卓越技能水平的师资队伍。

**1. 优化队伍结构**

建立以职业生涯规划课程教师为主，辅导员、思政教师、专任教师、企业导师、就业部门工作人员为辅的多元化教师团队，分工协作，充分发挥各自优势，为学生提供全方位、复合式的就业支持服务，切实推动学生专业技能的深化、职业素养的增强。

**2. 做好专业培训**

通过开展专业培训和进修，不断提高教师的教学水平和理论素养。一方面，思政课教师应接受职业生涯规划教育类的专业培训，职规课教师应完成思想政治教育类的理论培训，促使两方的教师队伍对另一领域的内涵掌握更为透彻，在课堂教学时自觉融入另一领域的知识易企秀，且有能力进行串联讲解。另一方面，两方的教师队伍应定期共同开展教学研讨活动，增进交流、相互学习、共同进步，推动职业生涯规划教育与思想政治教育的融合发展。

**3. 完善考核制度**

高职院校可在借鉴国外职业咨询师考核制度的基础之上，建立一套职业生涯规划课教师的考核标准，同时强调思想政治教育在课程中的占比和要求，强化师资队伍的专业性，选拔出拥有专业水平的教师从事职规课的教学工作，为教师队伍注入新的活力与智慧。

在高职院校中，未来教育教学改革的重要趋势就包括了职业生涯规划教育与思想政治教育协同并进、互相融促，实现职业技能培养和职业精神塑造的深度融合。职业价值观决定了高职学生职业生涯发展的最终表现。职业价值观不仅是学生职业发展的精神支柱，更是国家职业文化的力量基石，深刻体现了职业生涯规划教育的核心精髓。因此，将思政教育融入职业生涯规划教育，是推进职业生涯规划教育教学创新的基础所在。

## 第三节　高职职业生涯规划教育与创新创业教育相融合

职业生涯规划教育与创新创业教育是高职院校教育人才培养的核心内容之一。两者的共同目标，都旨在引导学生精心筹划未来职业路径，实现个人价值的最大化，进而推动社会经济的蓬勃发展。职业生涯规划教育和创新创业教育互为补充、相得益彰。通过将两者紧密融合，高职院校可以培养出更具创新精神、更有职业发展生命力的高素质人才，提升个体的综合实力。这种融合也为高校人才培养模式的革新注入了新的活力，更为我国经济社会的繁荣发展提供了坚实的人才基础。

### 一、创新创业教育的内涵

#### （一）职业生涯规划教育视野中的创新创业教育

2010年5月，教育部出台了《关于大力推进高等学校创新创业教育和大学生自主创业工作的意见》，[①] 首次提出了创新创业教育这一理念，其目的在于将大学生的创新能力培养与解决就业问题相融合，以期实现两者的有效衔接与相互促进。2021年9月，国务院办公厅又出台了《关于进一步支持大学生创新创业的指导意见》，进一步明确"坚持创新引领创业、创业带动就业"这一理念，为实现学生群体更充分、更高质量的就业提供政策支持和保障。[②] 自2010年以来，多份指导性意见的颁布从宏观层面为创新创业教育的开展提供了动力，也为高职院校的职业生涯规划教育增添了新的元素和内涵。

从高职院校职业生涯规划教育的角度出发，创新创业教育旨在培养学

---

[①] 关于大力推进高等学校创新创业教育和大学生自主创业工作的意见 [EB/OL]. 中华人民共和国教育部，2010－05－13.

[②] 国务院办公厅关于进一步支持大学生创新创业的指导意见 [EB/OL]. 中华人民共和国中央人民政府，2021－10－12.

生的创业意识、创造思维、创新精神,其本质上是一种素质教育。同时,创新创业教育也是实践教育,鼓励学生通过各类创新创业形式,如自主创业、技术创新等实现个人职业生涯目标。从生涯规划角度来看,创新创业教育不仅使在校生受益,同样适用于全社会各个层次的创新创业群体。

(二) 主要特点

立足职业生涯规划的角度观察创新创业教育的开展,可以归纳出以下五个特点。

**1. 强调实践**

在高职院校,实践性是职业生涯规划教育和创新创业教育都强调的核心教育理念,始终要求人才的培养不能仅仅停留在理论知识的传授上,更要注重将知识转化为实际操作能力。这就鼓励学生深入到实践中去,从实践中发现问题、解决问题,感悟"实践出真知"的魅力,真正掌握创业技能和职业发展的要领。融入职业生涯规划教育的创新创业教育更期待学生能够接触到真实的创业环境和市场需求,体验创新创业的艰辛与乐趣,从而加深对理论知识的理解与掌握,反哺学生创新创业能力的提升,使其具备更强的就业竞争力。

**2. 跨学科融合**

在高职院校,无论是职业生涯规划的课堂教学,还是创新创业的课堂教学,都具有跨学科背景。创新创业教育融入职业生涯规划教育后,将广泛吸收并融合多个学科的知识和方法,如管理学、经济学、心理学、社会学等,使学生能够从多个角度审视和理解创新创业问题、职业生涯发展问题。这种跨学科的知识结构突破了传统学科教育的界限,实现知识的整合与应用,有助于培养学生的综合素质和全局思维,使学生能够更全面地分析和解决复杂问题,以培养学生全面的创新素养和实践能力。

**3. 多元化教学**

在高职院校,创新创业教育的融入激发了职业生涯规划的教育过程更丰富多彩,更加符合当代学生多样化的学习需求。在这一过程中,教育不再仅仅依赖于传统的讲授式教学,而是注重采用多种教学方法,如案例分析、角色扮演、模拟创业、小组讨论等,以激发学生的学习兴趣和积极性,在参与和互动中深化对创新创业和职业生涯规划的理解，提升解决实际问题的能力。同时，充分利用线上线下的教学资源，包括网络课程、电子教材、在线论坛等丰富教学内容、提供更多的学习选择和路径，还积极与企业、社会机构等合作搭建实践平台，进一步推动学生完成更加高效的学习和成长。

**4. 个性化教育**

在高职院校，创新创业教育注重营造开放、包容、创新的教学环境，鼓励学生自由表达、大胆尝试，为学生个性化成长提供了充分的空间。融入职业生涯规划教育的创新创业教育更体现了"因材施教"理念，根据学生的个性和需求提供个性化的学习体验。同时，受益于现代技术手段和数字化的发展，线上教学资源和网络授课方式为广大师生提供了个性化教学的可能。从学生的角度出发，接受教育已不再受到时间和空间的限制，教学内容也可以根据自身的兴趣和特点进行个性化定制。充分尊重个性的教育特性使创新创业和职业生涯规划教育的教学质量大大提高，也为学生未来的就业创业之路提供了更多的可能。

**5. 突出服务意识**

教学、科研和社会服务是高等学校的三大基本职能。[①] 在高职院校，创新创业教育与职业生涯规划教育的融合，就要求在教学中要更突出学生服务意识的培养。这不仅是教育理念的更新，更是对当前社会经济发展趋势的深刻回应。服务意识的教学，可以培养学生敏锐的市场洞察力和社会责任感，并始终将满足社会需求和解决现实问题放在创新创业过程的首位，为他人和社会创造更多价值。这样一来，可以培育更多具有时代使命感和创新精神的高素质技术技能型人才，成为推动社会进步、经济发展的重要力量。

## 二、两者的内在关联

### （一）职业生涯规划教育是创新创业教育的基础

简单来说，职业生涯规划是指个人经过对自身兴趣、专长、能力进行全面评估与分析后，结合当前社会背景，依据自身的职业偏好，明确最适

---

[①] 资料来源：《中华人民共和国高等教育法》。

合自己的职业发展目标，并制定切实有效的行动策略来达成这一目标的过程。在这一过程中，通过职业测评等方式，学生能够深入了解自我、明确个人的优势与不足，提升自我认知，进而减少在创新创业道路上走弯路的概率。职业生涯规划教育还引导学生学会关注市场需求和行业趋势、了解不同职业领域的发展前景和就业机会。通过市场分析、行业调研等方式，学生可以更加准确地把握市场脉搏，为未来个体进行创新创业提供有力的实证支撑。同时，职业生涯规划教育也注重培养学生的实践能力和职业素养。通过实习实训、社会实践等方式，学生可以积累宝贵的职业经验，提升自己的职业技能和综合素质。这些都是接受创新创业教育的重要基础。

### （二）创新创业教育为职业生涯规划教育提供方向

在当前社会背景下，对高职院校的学生而言，职业生涯规划教育为其指明了职业发展方向。在职业生涯规划的广阔天地中，创新创业为大学生开辟了一条崭新的发展道路。过去，学生通常将找工作看作是毕业后的固定路径。然而，随着就业市场的多样化和时代趋势的变迁，创业已经变成很多学生追求的发展路径之一。因此，创新创业教育正通过教学助力学生深刻洞察并把握创业机遇，为职业生涯规划注入更多的活力与可能性。

### （三）创新创业教育丰富职业生涯规划教育的内涵

高职院校创新创业教育极大地丰富了职业生涯规划教育的内涵与外延。第一，强化自主学习能力的提升。在创新和创业的实践中，为应对市场环境的快速变化，学生需要不断刷新知识库，习得新技能。这种自主学习能力的锤炼，使得学生在规划职业生涯时能够持续地自我提升，从容应对职业发展的多重需求。第二，注重团队合作精神的培养。创新创业的成功往往依赖于团队成员的共同努力。学会合作，学生能够更好地实现资源共享、优势互补、共克难题，达成既定目标。第三，注重抗压能力的培养。创新创业之路充满未知与挑战，风险与机遇并存。积极应对风险、挑战自我，学生能够逐渐培养起坚韧不拔的意志和勇往直前的精神，使学生在职业生涯规划中能够更加自信地面对未知，勇于探索新的领域。第四，注重创新能力的培养。当下，创新能力已经成为个人和组织在竞争中取胜的重要因素。通过接受创新创业教育，大学生可以接触到前沿知识和先进观念，学会在实际工作和生活中灵活运用创新思维，从而更好地迎接未来职业发展所带来的各种需求和挑战。

### （四）教育教学各有侧重

高职院校的创新创业教育，其教学重心落在实践应用。这种教育模式不仅仅关注，更重视学生是如何将理论知识转化为实际的创业能力和创新智慧。在创新创业教育中，学生需要通过实践，直观地理解商业世界的运作方式，在真实的市场环境中应对挑战、抓住机遇。因此，高职院校的创新创业教育往往包含大量的实践环节，如案例分析、模拟创业、实地考察等。相对而言，高职院校的职业生涯教育的教学重心落在思想引领和理论指导。在教育过程中，教师会向学生传授职业生涯规划的理论知识和方法，如职业兴趣测试、职业生涯规划技巧、求职策略等。同时，高职院校的职业生涯规划教育也强调"终身职业生涯规划"理念，树立终身发展观，为未来长期的职业生涯做好充分准备。

## 三、两者融合的必要性

### （一）对人才培养的新需求

当前，产业供给侧结构性改革正深入推进，这要求高职院校密切关注产业发展的新趋势，紧跟行业发展的新需求，培育出能够适应产业变革的高素质技术技能人才，成为推动区域经济转型和产业结构升级的新生力量。新科技革命的发生对高职院校的人才培育提出了新的要求。这催促着高职院校的教育体系必须改革，其中，创新创业教育与职业生涯规划教育的融合教学显得尤为关键。其特性决定了融合后的教育教学内容和方式能够帮助学生精准对接产业改革的需求和地方生产实际，有效发挥两种类型教育的优势，培养出符合未来发展趋势的具备创新创业能力的新型人才。

### （二）提升人才质量的新要求

高职院校致力于培养具备高素质与专业技能的人才。其教育教学的核心目标是使学生能够熟练掌握岗位所需的关键技能，为其未来在职场中的顺利发展打下基石。当前的教学模式可以使学生掌握一定的生产能力，但往往缺乏了管理能力和创新意识，这在一定程度上限制了学生未来的职业发展空间。为了弥补这一不足，职业生涯规划教育需要与创新创业教育进行融合，顺应社会发展的需求，共同激发学生的创业热情，塑造创新思维，进而提升个人综合素质和竞争力。因此，高职院校有必要对现有的教学理念进行革新，将创新创业教育深度融入职业生涯规划教育中。通过构建系统化的教学体系，有效培养学生的创业意识、创造思维、创新精神和创新创业能力，全面提升高职院校人才培养的质量和水平。

（三）实现高质量就业创业的迫切性

当前，国内经济形势已由高速增长阶段转向高质量发展阶段。普通的技术技能人才已无法适应新的产业需求和经济格局。面对这一新形势，高职院校应积极将职业生涯规划教育与创新创业教育相融合，旨在激发学生的创新意识，培养其创新素养和协作素养，进而提升其就业竞争力和干事创业能力。这一举措有助于为推动国家产业升级和区域经济发展输送更具水平的高层次人才。因此，新时代的高校应当更加重视这两种教育的有机融合，以满足广大青年学生职业发展的多元化需求，使学生更好地适应国家高质量就业创业的新特点。

## 四、融合的指导原则

（一）以学生为中心

高职职业生涯规划教育与创新创业教育的融合过程中，应始终以学生为中心，以学生的切实需求和能力养成为重点。在制定教学内容和实施方案时，教师应充分考虑学生的不同背景、兴趣爱好及个人优势，以引导个体向多元化方向发展。同时，应突出学生的主体性，确保课程教学能真正促进学生综合素养的提升。在教学过程中，更应发挥学生的主观能动性，积极鼓励学生参与课程规划与实践，使学生能够更好地融入课程学习，从而有效激发其创业意识和创新思维，实现全面而个性化的发展。

## （二）以创新为基准

融合创新创业教育后的职业生涯规划教育应该着重强调创新性的教学特质，将学生的创新创业能力和创新精神培养列为教学核心目标。在进行教学设计时，教师应坚持开放思维，鼓励学生、引导学生发散思考，拓展思维边界。同时，教师也应注意在鼓励创新创业行为时，仍需要坚守道德底线和法律底线，逐步激发学生的创新热情。

## （三）以变化为常规

高职教育始终是为社会经济的发展服务的。一方面，社会发展日新月异。职业生涯规划教育与创新创业教育的融合离不开对新形势、新变化的吸纳。另一方面，人才需求今非昔比。职业生涯规划教育与创新创业教育的融合要适应"快变化""新需求"，将反映行业发展特点的更多要点融入教学之中。以变化为教学常态，紧跟时代步伐，致力于培养既具备就业竞争力又善于创业实践的创新型人才。

## （四）坚持理论和实践并重

虽然创新创业教育和职业生涯规划教育各有侧重，但是在融合的过程中应注意坚持理论和实践并重，确保学生既能够获得扎实的理论知识，又能够将这些知识应用于实际的职业生涯规划和创新创业中。开展教学时，既要有充实的理论教学环节，又有干货满满的实践环节和实践机会，全面关注并对标学生多样化的成长需求，在注重提升学生职业生涯规划和创业学科专业能力这一"点"的同时，更要兼顾培养创业精神和职业素养这一"面"。

## 五、融合面临的主要困境

在高职院校的实际教学中，创新创业教育与职业生涯规划教育在教学的主要内容、应用手段、讲课目标、课程评价等维度都是简单勾连的，一致性不足。这导致两者无法实现深层次的整合。

## （一）专业教育未发挥协同作用

创新创业教育与职业生涯规划教育的融合不是互相反应即可实现融合目的、发挥真正实效的，其中需要协调多方力量共同发挥作用。而在高职教育体系中，专业教育无疑占据着举足轻重的地位。然而，在专业教育的实践中，不少高职院校对创新创业教育与职业生涯规划教育的定位尚不够清晰，对两者的融合发挥协同作用理解不到位。学校既缺乏从宏观层面对这一工作的整体战略规划，也未能针对融合需求设计相应的课程内容，导致人才培养质量不尽如人意，难以满足产业改革的迫切需求。深挖原因，除了学校本身产生一定的制约之外，教育指导部门也未能及时对高校专业设置进行适时的调整与优化，使创新创业教育与职业生涯规划教育的融合缺少了很大的意义，更进一步地弱化了融合工作的重要性和进程。

## （二）师资力量不足

受限于师资力量和教学能力的短板，职业生涯规划教育与创新创业教育的融合难以迈出实质性的一步。无论是创新创业教育还是职业生涯规划教育，均需要具有对应的专业背景和相关的丰富实践经验教师来进行授课和指导。但是目前高职院校中从事这两个领域的任课教师大多数为辅导员和思政教师，普遍缺乏实战经验和专业背景，从根本上来说难以胜任两门课的教学任务，将职业生涯规划教育与创新创业教育贯通串联的能力也是捉襟见肘。因此，许多高职院校的职业生涯规划课程和创新创业教育内容通常仅限于对理论知识的浅显阐述，而缺少深入的实例分析。这种课程设计不仅无法帮助学生深刻理解行业发展和就业市场的情况，更难以为学生提供具有实效性的创新创业培训和个性化的职业生涯规划建议。

## （三）教育资源匮乏

职业生涯规划教育与创新创业教育的有效融合离不开充沛的教育资源支持，其中包含专业教学场所、实践基地、实训基地等的建设。当前，实训基地的匮乏已成为制约两者融合发展的主要因素之一。职业生涯规划教育和创新创业教育都注重学生的实践操作和探索学习。然而，由于缺少适宜的实训基地，学生难以积累宝贵的实践操作经验。这不仅影响了学生的学习效果，更在一定程度上制约了学生的职业技能提升。另外，专业的教学环境也有待改善。大众普遍认为，职业生涯规划和创新创业无须特定的教学环境。其实不然。如职业体验中心、创业园、创业苗圃等场所的存在，可以使学生在教学中得到具象化的体验。但大部分学校和地区在这些场所的建设上仍存在短板，这无疑影响了教师的教学质量与效果。

### （四）学生意识薄弱

许多学生或许尚未意识到职业生涯规划和创新创业教育之间的支持与互补关系，这在两者融合后的作用发挥上带来了一定的阻碍。在高职院校，学生往往将这两个领域视为孤立的存在，认为职业生涯规划教育与创新创业教育适用的人群是不同的。在课堂教学中，部分教学内容过于单调乏味，教学方法单一，缺乏吸引力，学生的兴趣和关注力被冲击。这导致学生学习意愿不足，学得越少认知越弱。同时，学生对创新创业教育和职业生涯规划教育的重要性认识不足，认为这些与专业学习关系不大，对未来发展帮助有限。此外，学生在专业学习和就业创业之间常感到矛盾，对三方的关系认识模糊，更难以达到学习效果。部分学校和教师未能有效帮助学生认识到职业生涯规划、创新创业教育、专业教育三者间的相互提升关系，导致学生的学习动力不足。

### （五）评价体系不健全

职业生涯规划与创新创业教育融合的一大阻碍是评价体系不健全。一方面，高职院校关于职业生涯规划和创新创业教育的评价体系在具体内容要求上显得模糊不清。由于缺乏明确的评价内容，无论是学生还是教师，都难以把握教育的核心要点，更难以在实践互动中实现有效提升。另一方面，现行的评价体系过于侧重学生的考试成绩，而未能充分考虑学生在职业技能、职业观念、生涯规划成果等多方面的表现。这种主要以分数为衡量标准的评价方式，难以全面体现学生的整体素质和职业发展潜能，同时也难以有效调动学生的热情，促使他们积极主动地参与到职业生涯规划和创新创业教育的实践中去。

## 六、两者的融合策略

### （一）增强学生生涯规划意识

提升职业生涯规划教育和创新创业教育融合成效的首要策略，是提升学生的生涯规划意识。生涯规划意识的提高，才能进一步推动创新创业意识的提高。这两者存在前后递进的关系。因此，高职院校应充分发挥自身在教育中的引领作用，通过多种途径广泛宣传职业生涯规划教育和创新创业教育，以帮助学生深入理解其对个人未来发展的重要意义。学校可以通过新生始业教育、生涯规划讲座、创新创业培训、职场体验行等活动，可以利用学生组织、兴趣社团、校外专业培训机构等团体，可以发挥新媒体平台、海报栏等宣传阵地作用，引导学生初步形成对职业生涯规划和创新创业的基本认识。学校还可以设立生涯辅导工作室，为学生提供个性化的辅导，对学生在生涯规划和就业过程中遇到的困惑和亟待解决的问题给予专业的指导和建议，进一步强化学生的职业生涯规划意识和能力。

同时，教师也应不断创新教学方法，如采用"启发式"提问法，引入"人生规划图"于课堂之中；在教学设计上，应以深入分析教学需求为基础，有针对性地筛选教学内容，提升职业生涯规划教育的科学性与实效性，以激发学生学习职业生涯规划与创新创业知识的兴趣与热情。举例来说，对于初入校园的大学一年级新生，职业生涯规划教育的首要任务是帮助个体认知自我，明确未来三年的学习目标，并掌握科学地规划生活与学习的能力。到了大学二年级阶段，职业生涯规划教育的重点则转向职业定位，通过实际体验、相关测试工具等深化职业认知。到了第三学年，则着重引导学生参与实习、走进职场，补短板、找强项，为即将到来的就业做好充分准备。

### （二）强化课程整体建设

为提升职业生涯规划教育与创新创业教育的整合效果对学生的成长发展有所帮助，就必须强化职业生涯规划课程与创新创业课程的顶层规划与整体设计。

从宏观层面出发，要全面审视并细致规划教学课程内容，以增强课程架构的系统性与连贯性。在此基础上，需要对两种课程的体系进行重构，形成"你中有我、我中有你"的局面，确保学生能够循序渐进地掌握职业生涯规划和创新创业的核心知识和技能。同时，还应关注课程的实用性，确保课程内容与学生的实际需求有关联，能够满足学生在职业发展中的切实需要。在教学内容上，高校和教师应在职业生涯规划教育的日常教学目标中有计划地融入创新创业教育，还要整合职业发展的新趋势和新要求，包括引入最新的职业生涯规划理念、成功创新创业案例等，构建符合当下社会发展的有效课程内容。在教学方法上，不仅要注重课堂上的理论教学，还需在课上、课后开展丰富的实践活动，以促进学生全面理解理论知识，并真实掌握实操技能。学生可以通过测评工具、案例分析、模拟实战等方式，明确界定自己的职业追求，并据此制定切实可行的职业生涯规划。在教学评价体系上，应该通过综合考察、整体评价的方式来对课程质量和学生学习成效进行科学评估。这包括了对学生知识的考评、职业意愿的评估以及各类职业能力和创新创业能力的评估。通过这样的课程建设，整合职业生涯规划教育和创新创业教育，构建一种综合性、跨学科的教育路径，才能使两者实现深度的融合，才能为学生的职业发展提供有力的支持和保障。

### （三）打造专业团队

高职院校应构建专业化的教学团队，这对于实现创新创业教育与职业生涯规划教育的融合发展、推动教育质量的提升具有重要意义。专业化的教学团队可以提供更优质的教学服务，满足学生需求、达成育人目标的同时助推社会经济的蓬勃发展。

首先，引进资深专业教师。这些教师不仅具备扎实的理论功底，还拥有真实的就业创业实践经验和独到的见解，能够将理论知识与实际操作相结合，为学生提供更加贴近实际的指导与启发。他们的加入将为创新创业教育与职业生涯规划教育的融合教学带来新的视角和方法，进一步提高教师队伍的整体水平，营造更加积极的教学气氛。其次，跨领域组建教师队伍。除了本校教师以外，还应招募校外教师，包括企业导师、行业专家、技术专家、创业导师等，在课程设计、实习体验、项目培育、政行企校合作等多方面发挥直接作用，共同为学生提供全方位的创新创业与职业生涯规划指导，有效提升就业创业指导的专业水准。最后，深化现有师资培训。高职院校应定期组织培训、讲座、研讨等，助力课程教师掌握创新创业教育与职业生涯规划教育的最新教育理论和教学方法，提高融合教学的能力和实效。

### （四）结合特色精准定位

对专业特色和就业创业优势的正确认知，可以提高学生对专业对口发展的认可度，影响学生的职业选择和生涯发展。因此，高职院校应依托自身的专业优势与特色，结合属地经济发展优势与特色，开展精准定位的职业生涯规划和创新创业融合教育，从而精准对接学生的就业创业需求，进一步强化高职院校的职教色彩，形成具有高职特色的职业生涯规划教育和创新创业教育融合发展形态。

### （五）多方参与合作共赢

高职院校的职业生涯规划教育和创新创业教育离不开政府、行业、企业的参与和支持。一方面，需要政府在资金上对高职院校职业生涯规划和创新创业教育的持续投入，并制定有利的相关政策法规，用以保障各项就业创业类教育活动的顺利开展。另一方面，呼吁行业和企业参与到学校的职业生涯规划教育和创新创业教育中来，加强与高职院校的校企合作，并发挥行企主体在学校生涯规划和创新创业事业中的应有作用。多方参与，为高职院校发展职业生涯规划教育和创新创业教育提供了动力和保障。

在当前的就业创业形势下，高职院校职业生涯规划教育与创新创业教育的融合是应对毕业生就业难、就业慢的必然选择。这既是深化教育教学改革的重要途径，也是推动学生高质量就业创业的重要举措，为学生的成长成才提供了更多可能。

## 第四节 高职职业生涯规划教育与劳动教育相融合

目前，高职院校的学生普遍存在人生迷茫、择业困难、就业散漫、劳动观念淡化、生涯规划意识不强等一系列问题。从客观环境来看，高职院校想要完成立德树人的根本任务，就需要进一步加强职业生涯规划教育和劳动教育的融合研究。经由劳动教育的实施，学生能够形成良好的劳作习惯和端正的劳作态度，从而建立正确的劳动观念。在增强劳动技能的过程中，学生的职业发展能力也将得到相应的提升。

## 一、劳动教育的内涵

### （一）职业生涯规划教育视野中的劳动教育

2020年3月，中共中央、国务院印发了《关于全面加强新时代大中小学劳动教育的意见》，其中强调了劳动教育不仅是中国特色社会主义教育制度的重要内容，还是新时期党对中国特色社会主义教育的新要求。[①] 当前，劳动教育的实施重心在于，通过劳动课程有针对性地规划并组织学生参与各类劳动，培育学生形成正确的劳动价值观和优秀的劳动品质，引导学生认识到劳动是创造价值、服务社会的重要途径，从而成为一名具备社会责任感和实践能力的优秀公民。基于职业生涯规划教育的角度，劳动教育不仅包括技能的传授，还有对意识、观念的培育。同时，劳动教育也强化了学生的实践能力、问题解决能力和创新精神，帮助学生树立正确的职业价值观，影响了其生涯选择的多重可能性。

### （二）主要特点

#### 1. 思想性

劳动教育强调马克思主义劳动观念，传承具有中华烙印的劳动精神，因此具有鲜明的思想性。新时代的劳动教育再次重申财富来源于劳动，只有劳动才能完成人生梦想、实现个人价值，任何劳动活动和劳动者值得他人的尊重和社会的认同。劳动精神被总结为"勤俭、奋斗、创新、奉献"。[②]

---

① 中共中央，国务院关于全面加强新时代大中小学劳动教育的意见［EB/OL］. 中华人民共和国中央人民政府，2020 – 03 – 26.
② 教育部关于印发《大中小学劳动教育指导纲要（试行）》的通知［EB/OL］. 中华人民共和国教育部，2020 – 07 – 15.

**2. 社会性**

人的基本属性之一是社会性。劳动教育是强化人的社会属性的一种重要方式，为个人与社会搭建了一座牢固的沟通桥梁。一方面，个体通过劳动认识社会，体会社会结构、劳动关系等。另一方面，社会通过劳动与个人产生直接联系，影响个人的分工选择和价值观形成。同时，劳动教育鼓励学生与他人互动学习，"立足巨人的肩膀"常使用新办法解决老问题，推陈出新。

**3. 实践性**

劳动教育同职业生涯规划教育一样，需要走进真实的工作世界。结合对职业生涯规划教育的理解，劳动教育更关注学生是否亲身经历过真实的劳动，是否真实运用知识解决了实际生产或服务问题。学生在实际的劳动实践中体会和收获，用"动手"的方式增进对外部世界的认知，是劳动教育的根本特征。劳动教育始终期待学生从劳动中获得价值感和荣誉感，并做出正确的职业选择。

**4. 时代性**

劳动教育在不同的时代有不同的教育内涵和要求。新时代的劳动教育创新教育内容、方法和路径，与科技发展和产业变革同向同行，使劳动教育更贴近现实需求和时代特色。学生也要精准理解新时代的劳动工具和劳动形态呈现出的新趋势，同样也要传承传统的劳动技能和精神，增强劳动教育的育人成效。

## 二、两者的内在联系

### （一）教育目标一致

总的来说，学生的全面、可持续发展是职业生涯规划教育与劳动教育共同追求的目标，只是侧重点有所不同。劳动教育旨在培养学生拥有扎实的劳动能力，养成良好的劳动习惯，全面提升劳动素养。职业生涯规划教育则着重于引导学生在自我认知和职业认知上有科学探索，从而更好地应对来自职场和社会的挑战。此外，两者在培养学生职业素养方面目标也是一致的。劳动教育和职业生涯规划教育都强调学生要在认清职业本质、职业发展、社会需求的基础上，明确自身的责任与担当，塑造良好的职业素养，增强个人职业选择与生涯发展的能力。需要进一步说明的是，劳动教育和职业生涯规划教育共同激发了学生的创造力。在两种教育的影响下，学生在不同的学段都一直需要思考如何创造价值这一问题，进一步锻造了个体的创新能力和积极向上的开拓进取之心。

## （二）教育内容融通

### 1. 价值观融通

劳动教育中的劳动观念与劳动精神，与职业生涯规划教育中的职业价值观是一体的。高职劳动教育通过引导学生深刻领悟"劳动是价值的源泉"以及"勤劳致富"的真理，帮助学生培育健康的职业价值观，进而在职业选择上能够做出既符合自身成长需求又顺应社会发展趋势的明智决策。高职职业生涯规划教育则通过重塑学生对自我价值与社会价值的认知，强调在劳动实践及其成果中彰显个人价值这一观念，从而塑造学生踏实肯干的劳动态度和乐观进取的劳动精神。可以说，劳动教育与职业生涯规划教育在价值观的塑造上互为补充和台阶，共同为学生的全面发展奠定了坚实的思想基础。

### 2. 实践环节融通

高职院校劳动教育和职业生涯规划教育的实践环节是相通的。两者的实践教育环节均以学生的职业倾向与个性特质为出发点。在劳动教育的实践中，学生通过加入真实的劳动事件，从而更深刻地理解由职业测评得出的个人职业兴趣、性格特质，能够结合实际分析技能运用以及岗位需求与发展趋势，真正做到理论与实践相结合，为后续的生涯规划与决策奠定坚实的基础。同时，职业生涯规划教育对学生自身的深入分析，可以从思想根源和情感偏好上激发学生参与劳动教育的主观意愿，提升职业生涯规划教育与劳动教育的育人效果。

### 3. 技能要求融通

高职院校的劳动教育和职业生涯规划教育中关于技能的培养要求是相呼应的。两者的核心教育目标均聚焦于提升学生的职业技能水平。通过职业生涯规划中对目标岗位所需的职业技能分析，以及对自身能力的探索，学生能够更有针对性地参与到相应的劳动实践活动中，进而精准地提升自己的劳动实践能力。这样，劳动教育得以在学生个性化成长的道路上发挥实效。同时，个体在参与劳动实践的过程中，不仅能够提升专业技能，还能增强可迁移技能，进一步激发学生参与劳动教育和职业生涯规划教育的热情，提升对劳动教育和职业生涯规划教育的重视。

### （三）教育方法共用

首先，高职院校的劳动教育和职业生涯规划教育均强调实践教学的重要性，即倡导学生通过实践的方式来学习和掌握相关知识和技能，以积累实践经验、提升实操水平。其次，个性化教学也是被充分运用在两者的教学中，即根据学生的个人特质为其量身提供相应的学习方案，提升教学成效。再次，两者均强调协同育人的理念，即整合多方资源，如政府、企业等校外资源，使学生能够更加全面、准确地了解职业市场的需求和趋势，真正提高个体的就业竞争力。最后，自主学习是高职劳动教育和职业生涯规划教育都暗含的教育方法，即引导学生带着明确的目标从被动学习转向主动探究，在实践中发现困难、寻找差距、弥补不足。

## 三、融合的价值意蕴

### （一）完善育人价值

高职院校的劳动教育可以促进职业生涯规划教育的发展。劳动教育既代表了一种教育形式，也包括一种教育内容。通过劳动，个体可以感悟劳动精神、掌握知识技能、锻炼身体健康、培育健康审美。从教育发展的角度出发，劳动是"德智体美劳"五育并举的重要组成部分。劳动教育的融入使得职业生涯规划教育在形式上变得更有抓手、在内容上完成了闭环，促进学生全面发展的目标得以顺利达成。从育人价值的角度出发，学生职业生涯发展离不开劳动教育的参与。从现实运作的角度出发，学生的实践技能、劳动观念、价值偏好等的形成均受到劳动教育的影响。因此，在高职职业生涯规划教育过程中融入劳动教育的元素，能够进一步完善其教育的综合价值，促进学生的全面发展。

## （二）实现育人目标

一方面，劳动教育的内容与形式互为表里。这种一体性不仅有助于高职职业生涯规划教育的落地实施，同时也为劳动教育和职业生涯规划教育共同的育人目标提供了明确的方向指引。劳动教育的一体性为学生带去全方位的实践感受和精神熏陶。在劳动的过程中，学生就能够建立正确的就业择业观，明确自身的生涯发展方向。另一方面，根据劳动的性质，劳动教育是有主体的，即"人"。人始终具有主动劳动的意识。因此，从这一层面上看，劳动具有主动性，这对于学生在职业生涯规划中发掘自我潜能、提升自我能力、制定个人规划具有积极的促进作用。

## （三）拓展育人手段

整体性是高职职业生涯规划教育的一大特征，由基本生存、个人兴趣、未来发展三个层次构成。在受教育的过程中，学生一般难以做到兼顾三个层次。而劳动教育恰好具备了以上三大特性，从而能够为职业生涯规划教育提供稳固平衡的支撑点，确保高职职业生涯规划教育过程更为全面与均衡。同时，与传统的劳动教育相比，新时代的劳动教育立足于学生的全面发展，又受到新理论、新政策的指导，天然地更具系统化、理论性。凭借其一体性、实践性和参与性等特点，劳动教育的融入为高职职业生涯规划教育拓展了育人手段。

## 四、融合发展的困境

### （一）融合意识淡薄

将劳动教育融入高职职业生涯规划教育是十分必要的。可以从三个方面阐释：一是由劳动实践形成的自我认知更具参考价值；二是劳动实践与职业存在着紧密关联；三是劳动实践囊括了职业体验。劳动实践是检验职业生涯规划是否具有科学性与合理性的关键。基于这一点，可以明确的是，无论是职业生涯规划的制定，还是职业生涯规划教育，都离不开劳动实践与劳动教育的深度融合。然而，在实际生活中，职业生涯规划教育与劳动教育间的紧密关系往往未能被学生充分认识，学生也缺乏将两者主动融合的意识。

### （二）协同育人不全

在高职职业生涯规划教育体系中，融入劳动教育是一个长期的动态深入的系统性工程，是"三全育人"理念的生动展现。从实践上来看，多数高职院校在劳动教育与职业生涯规划教育的融合上仍面临挑战，尚未与家庭、企业及社会建立起有效的全方位合作的育人机制，难以形成推动教育融合的合力。首先，问题在于高职院校在利用社会资源进行劳动教育与职业生涯规划教育时显得力不从心。尽管开展了校地、校企合作，但教育形式缺乏多样性，教育内容渗透不足，既无科学的统筹规划，也缺少一个成熟的合作教育机制。其次，高职院校在进行相关教育时，未给予家庭这一教育主体足够的重视，缺失了协同教育的重要一环。此外，仍有一些高职院校在内部协同育人方面也存在不足，缺乏完善的校内合作教育体系，校内各部门间无法紧密联动，导致教学成效不尽如人意。

### （三）课程体系化不足

劳动教育和职业生涯规划教育在高职院校中引入的相对较晚，近两年才得以逐步构建系统化的课程体系，目前还处于起步阶段。特别是在课程的针对性和实用性方面，仍需进一步完善和优化。对于专业性较强的高职院校而言，尽管专业教学和实习实训安排得颇为充分，但还缺乏一套精准且高效的职业生涯规划教学体系。

现阶段，高职院校的课程安排主要侧重于专业教学，劳动课与职规课的课程安排相对较少，且两者互动少，难以实现深度整合。一方面，许多高职院校在尝试将劳动教育与职业生涯规划相结合时，方法显得十分生硬，未能找到两者之间的有机联系，仅是形式上的交叉或叠加，远不能达到预期的融合效果。另一方面，目前设置的课程中，理论课程占据主导，实践环节相对薄弱。这种偏向理论的教学模式不利于劳动教育与职业生涯规划教育的有效融合。此外，劳动课程和职业生涯规划课程与第二课堂的关联性也不高，存在"各自为政"的情况，阻碍了劳动教育的融入。

### (四) 师资力量不平衡

高职院校在推进职业生涯规划教育和劳动教育时，其实还面临着教师队伍薄弱的问题，不仅教师数量匮乏，而且教师队伍的构成也存在不合理之处。首先，学历构成单一。高职院校聘请的职业生涯规划教育和劳动教育教师多数为系统接受过普通专业学科教育的硕士研究生，而非具有职业生涯规划教育背景和劳动教育背景的专业型人才。且这些硕士研究生普遍没有企业工作经验，一般都是应届毕业即参加校园工作，实践能力较弱。其次，人员配置不合理。多数高职院校依赖辅导员来负责劳动教育课和职业生涯规划课的教学工作，但由于辅导员自身的年龄和经验所限，且缺乏必要的专业知识和经验，更难以将这两项教育相结合，从而影响了教学效果。同时，高职院校中能够胜任这两项教育的兼职导师，尤其是具备高素质的社会人才非常稀缺，制约了高职院校开展劳动教育和职业生涯规划教育的融合发展。

## 五、融合发展的路径

### (一) 坚持一个中心

在高职院校中，推进新时代劳动教育与职业生涯规划教育融合的时候，应重视价值导向。为此，必须以马克思主义劳动观作为指导思想，确保课程方向正确。这一观念应贯穿劳动教育与职业生涯规划教育的始终，成为培养学生正确劳动价值观、人生价值观的基石。在融合的过程中，教师应灵活运用多种教学方式，如主题教育、小组讨论、寻迹溯源等，实现教与学的双向互动。这将有助于在各个教学环节中明确并强化价值引领，帮助学生树立正确的劳动观念和职业观念。最终，要确立马克思主义劳动观念在两个教育领域的指导地位。这意味着不仅要让学生掌握必要的专业知识和技术技能，更要在职业生涯规划中培养学生敬业乐业的劳动精神。通过理论与实践的结合，使学生能够将"马克思主义劳动观"落地、落实，为未来的职业生涯发展提供强劲的信念支撑。

## （二）建立多元协同

高职学院应构建健全的协同育人机制，明确各类教育主体及其责任范畴，厘清各个主体间的关系，以充分体现教育主体在劳动教育融入职业生涯规划教育的主导作用。

以校内为例。在学校层面，需强化对劳动教育与职业生涯教育融合工作的全面规划与协调，并确立牵头领导、指导部门、责任部门和配合部门。各行政部门需清晰界定责任范畴，紧密协作，制定劳动教育融入职业生涯规划教育的指导性工作方案。各二级学院则在本院的实际基础上，根据工作方案，对人才培养方案进行优化，确保劳动教育与职业生涯教育能够自然地渗透到教育的每个环节中。

以校外为例。各类社会资源如地方政府、行业协会、企业等需要进行深入发掘并整合，建立持久稳定的协同教育模式，以助力学校教育实践平台的搭建。这不仅为学生提供了社会实践和顶岗实习的机会，培育劳动态度、形成职业生涯规划，同时也为社会和企业在人才选拔上提供了有力帮助。高职院校还应鼓励校外的教育资源进入校园，最大程度地发挥多方协同育人的优势。此外，家庭也是校外育人资源的重要一方。高职院校应充分认识到家庭育人的重要性，通过家校联系和其他形式的活动向家长普及劳动教育与职业生涯规划教育的理念，引起对两者融合教育的重视，并鼓励家长实际运用到日常家庭教育中去。

在以高职院校为主导的体系下，校内与校外各方需构建分工清晰、紧密协作、全方位联动的"三全育人"局面。通过资源的有效共享与优势互补，进一步开拓劳动教育融入职业生涯规划教育的宽广格局。

## （三）丰富内容和形式

在高职教育中，劳动教育的重点会随教育阶段的不同而有所调整。因此，在融入职业生涯规划教育时，应充分考虑劳动教育的阶段性特点，使劳动教育的内容与形式多样化，为学生提供更多的实践机会。这样做不仅可以激发学生的创造力，还能提高学生的择业和创业能力，为个体制定有效的职业生涯规划提供保障。

首先,高职院校劳动教育的必修课开设需要得到保障。这就要求学校着手制定对应的课程标准和内容体系,同时配备一支专门从事劳动教育的师资队伍。这样可以确保劳动教育有基础的教学保障,课堂教学的质量也能有所提升。其次,通过深入挖掘公共基础类课程、专业类课程以及实训类课程中的劳动教育元素,将劳动教育巧妙融入其他学科的教学中,使劳动教育"无处不在",持续影响学生的劳动价值观形成和劳动素养锻造。最后,高职院校可以围绕专业特色建设,在职业生涯规划教育中设计生产类劳动实践穿插于专业实习和实践教学环节中,并及时考核反馈。这种跨学科的高效融合,将有助于形成更加全面、有效的职业生涯规划、劳动教育、专业教育、通识教育联合育人模式。

此外,高职院校可以借助"第二课堂""第三课堂"来拓宽劳动教育融入职业生涯规划教育的道路,提振融合成效。例如,举办以劳动为主题的校园活动。例如,工匠进校园、劳动模范事迹宣讲、技能竞赛等,在轻松有趣的校园活动中融入劳动教育的基础理论知识和职业生涯规划教育的引领作用,这不仅能引发学生对理论学习的兴趣,还能增强学生的劳动热忱,更深入地发挥劳动教育在培养人才方面的作用。另外,学生可以走出校园、走进社会,通过志愿服务活动和兴趣社团活动等载体,利用专业知识开展社区服务、公益活动等服务性质的劳动实践活动融入职业生涯规划教育中,在全身心投入劳动的大氛围中体会劳动的真正价值和含义,在无偿服务他人的劳动实践中提升公共服务意识和奉献精神,形成良好的劳动品质和职业观念。

总而言之,多样化的劳动教育内容与形式能够帮助学生在广泛的学习过程中找到自己的兴趣和专长,这一过程在职业生涯规划教育中也占据了重要地位。因此,通过参与劳动教育的各类实践,无论是深入农田进行农耕体验,还是进入企业开展实地劳作,抑或积极投身于志愿服务和基层实地调研,学生们都从中获取了珍贵的职业感受和工作经验,为未来职业选择提供了参考。

### (四)更新理念和手段

新时代的高职院校育人工作要与时俱进、不断创新。随着互联网技术的广泛应用，网络课程和线上教学已成为高职院校教育的重要组成部分。为了更有效地将劳动教育融入职业生涯规划，高职院校应深化"网络育人"理念及线上教学手段。在观念上，需积极认可网络技术的正向作用，转变传统的教学理念，跟上"数智化"教学步伐，努力提升教育成效。在宣传上，要充分利用各类网络平台，普及职业生涯规划教育的相关知识，还要积极推广劳动教育的理念，展示校园内的劳动实践活动和生涯体验活动。在课程实施上，应有效发挥网络工具的作用来支持职业生涯规划教育的教学，实现职业生涯规划教育与劳动教育在课程进度、课程效果上的互通，强化劳动教育融入职业生涯规划教育的作用。

在高职院校的教育体系中，劳动教育和职业生涯规划教育的重要性不言而喻，两者之间存在着紧密的联系。通过将劳动教育融入职业生涯规划教育中，可以探索出更为高效且切实可行的生涯规划教育方法。通过这种融合教育模式，学生不仅能够获得更扎实的知识和技能，也能在未来的职业生涯中展现出更强的适应能力和发展潜力。

Chapter 08

# 第八章 高职职业生涯规划教育的未来展望

高职职业生涯规划教育正面临着前所未有的挑战。随着职业环境的快速变化和学生需求的日益多样化，传统的教育方式已经难以满足当今社会的需求。本章将研究未来可能出现的创新教育方法、技术应用、合作机会和教育政策变化，以探讨如何更好地开展职业生涯规划教育，帮助学生迎接未来的职业挑战。

## 第一节 高职职业生涯规划教育的未来趋势

### 一、趋于个性化

#### （一）学生兴趣与能力的精细化识别

在未来的高职职业生涯规划教育中，个性化教学将成为主流，这源于其对学生兴趣与能力的精细化识别。传统教育模式往往采用统一的教学计划，忽略了学生之间在兴趣和能力上的差异。精细化识别意味着教师将通过一系列评估工具和方法，如心理测试、能力倾向测评和个性分析等，深入了解每位学生的特点和需求。这种方法不仅能帮助教师更准确地了解学生，还能为学生提供更加贴合其兴趣和能力的学习和职业发展指导。

随着大数据和人工智能技术的发展，未来的职业生涯规划教育将能够利用这些技术进行大规模的数据分析，从而实现对学生兴趣和能力的精准识别。这不仅提高了教育的效率,也为学生的个性化发展铺平了道路。

### (二) 职业生涯规划路径的多样化选择

随着职场环境的日益多元化和职业选择的不断扩展,未来高职院校的职业生涯规划教育将提供更为多样化的职业生涯规划路径。这种多样化不仅反映在职业类型的广泛性上,还体现在职业发展的灵活性和个性化选择上。学生将有机会根据自己的兴趣、能力和职业目标,选择最适合自己的职业路径。

多样化的职业生涯规划路径要求教育体系提供丰富的资源和支持,包括不同行业的实践机会、专业培训课程以及行业专家的指导等。此外,高职院校还应建立与企业和行业的紧密联系,了解最新的职业趋势和需求,从而为学生提供前沿的职业信息和更好的发展机会。

### (三) 学习计划与发展目标的个性化定制

个性化的学习计划和发展目标定制是未来高职职业生涯规划教育的另一大趋势。每位学生的学习计划将根据其个人的兴趣、能力和职业目标进行定制,确保学习内容和方式能够最大限度地满足其个人的发展需求。这种个性化的学习计划不仅包括理论学习的内容,也涵盖实践技能的培养、职业素养的提升和个人潜能的开发。

为实现学习计划与发展目标的个性化定制,高职院校需要采用灵活的教学管理系统,允许学生根据自己的进度和兴趣选择课程,同时提供个性化的学习支持和咨询服务。职业生涯规划教师将发挥关键作用,其需要根据学生的反馈和进展,不断调整和优化学习计划,确保学生能够顺利实现自己的职业发展目标。

## 二、重视技能和知识

### (一) 跨学科学习

在未来的高职职业生涯规划教育中,跨学科学习将成为一种重要趋势。跨学科学习意味着学生不仅在自己的专业领域内深入学习,还将涉足其他学科领域的知识和技能,以促进能力的全面发展。跨学科学习的核心在于打破传统学科之间的界限，鼓励学生从多角度、多维度理解和解决问题。例如，一个学习机械工程的学生，也可能需要学习计算机编程、市场营销甚至心理学的知识，以更好地适应未来的职业需求。

跨学科学习要求教育者重新设计课程和教学方案，强调学科之间的联系和相互作用。通过项目式学习、案例研究、团队合作等教学方式，学生可以在实际项目中应用跨学科的知识，提高解决复杂问题的能力。此外，高职院校还需要建立一个支持跨学科交流和合作的学习环境，鼓励学生和教师之间的知识共享。

### （二）技能与职业适配性的提升

技能与职业适配性的提升是未来高职教育的另一大趋势。随着职业市场的不断变化，企业对于技能的需求也在不断地变化。高职院校的职业生涯规划教育将更加注重培养学生的职业技能，特别是那些可以直接应用于工作场所的技能，如技术技能、沟通能力、团队协作能力等。提升技能与职业适配性的关键在于紧密跟踪行业发展趋势，及时调整教学内容和方法，确保学生所学技能与未来职场的需求相匹配。

为了实现这一目标，高职院校需要与企业和行业紧密合作，了解最新的职业技能需求，同时引入行业专家参与课程设计和教学。通过实习、实训、工作坊等形式，学生可以在真实或模拟的工作环境中学习和应用这些技能，从而提高其职业适配性和就业竞争力。

### （三）实践经验与理论知识的融合

实践经验与理论知识的融合将是未来高职教育的一个显著特征。理论知识为学生提供了坚实的学术基础，而实践经验则让学生将这些知识应用于实际工作中，通过"学以致用"达到深度学习的效果。未来的职业生涯规划教育将更加强调在真实或接近真实的工作环境中进行学习，通过解决实际问题来培养学生的职业技能和解决问题的能力。

为了实现理论与实践的有效融合，高职院校需要开设更多的实践课程，如实习、项目驱动学习、企业参观等，使学生有机会接触到真实的行业环境和工作任务。同时，教育者应当引导学生反思实践经验，理解理论知识在实践中的应用和价值，进一步加深学生对专业知识的理解和掌握。通过这种融合教学，学生可以更好地迈入职场，应对未来的工作挑战。

## 三、终身职业生涯规划

### （一）职业路径的动态调整能力

在未来的高职职业生涯规划教育中，培养学生职业路径的动态调整能力将成为一项核心任务。这种能力强调学生在其职业生涯中能够根据个人兴趣、能力发展、市场需求变化以及生活阶段的不同需求，灵活调整自己的职业生涯规划和发展方向。在快速变化的职场环境中，很少有人能够一生只从事一种职业而不进行任何转变。因此，学会如何在必要时刻进行职业转换或升级，对于维持个人职业生涯的持续性与满意度至关重要。

这就需要高职院校在课程设计中融入职业生涯规划的灵活性概念，教授学生学会定期识别和评估自己的职业兴趣、技能和价值观，并掌握获取和分析职业市场信息的能力。此外，学习如何制定短期和长期的职业目标，以及如何根据变化调整这些目标，也是教育内容的重要部分。通过案例研究、职业辅导、模拟演练等方式，学生可以在安全的教学环境中实践和体验职业路径的调整，为未来的实际操作做好准备。

### （二）自我更新与再教育的意识

自我更新与再教育的意识是终身职业生涯规划教育中的另一关键要素。这一趋势反映了在职业生涯中，个人持续学习和自我提升的重要性。随着技术的进步和职场需求的变化，昨天的知识和技能可能很快就会变得过时。因此，终身学习成为职业成功和个人发展的基石。自我更新意味着个人能够主动识别学习需求，采取行动填补知识和技能的空缺，而再教育则是通过正式或非正式的教育渠道，系统地获取新的知识和技能。

高职院校职业生涯规划教育就应包括培养学生的自我驱动学习能力，教会学生如何利用在线资源、开放课程、工作坊等多种途径进行自我教育。同时，提供丰富的继续教育课程和职业发展资源，鼓励学生在毕业后继续与学校保持联系，利用这些资源进行职业生涯上的自我更新。通过树立终身学习的理念，学生将能够更好地适应未来职场的变化，保持职业竞争力。

### （三）对未来职场趋势的适应性预测

对未来职场趋势的适应性预测能力是高职院校职业生涯规划教育的重要组成部分。这种能力涉及对行业动态、技术革新、职业市场变化等方面的敏锐洞察，以及能够基于这些信息做出合理预判和规划自己职业路径的能力。在不断变化的职场环境中，能够提前预见未来趋势并做好准备的个人，将更有可能抓住职业发展的机会，避免被市场淘汰。

为了培养学生的这种预测能力，学校与教师需要提供与行业实时动态相结合的课程内容，引入行业专家讲座、企业实地考察、市场分析报告等教学资源。此外，培养学生的批判性思维能力，教会学生如何分析和评估各种信息来源，也是至关重要的。通过这些教育活动，学生可以学习如何识别和分析未来职场的发展趋势，为自己的职业生涯做出更加明智和具有前瞻性的规划。

## 四、国际化视野

### （一）全球就业市场的适应性

随着经济全球化的深入发展，世界经济和就业市场日益一体化，高职学生的职业生涯规划教育需要具备国际化视野。这意味着职业生涯规划教育不仅要关注国内的就业市场，还要关注全球就业趋势，包括国际企业的需求、全球职业发展的方向，以及国际劳动力市场的变化。学校应该鼓励和指导学生掌握多种语言能力，了解不同国家和地区的文化差异，增强其在多元文化环境中工作的能力。在具体实践中，学校可以引入国际化的课程体系，邀请外籍教师和专家授课，开设国际职业发展规划的专题讲座，以及鼓励学生参加国际交流项目，拓宽他们的国际视野。

### （二）跨文化沟通能力的培养

在经济全球化的背景下，跨文化沟通能力成为个人职业生涯成功的关键因素之一。高职职业生涯规划教育需要重视这一点，通过教育培养学生理解和尊重不同文化的能力，提高学生的国际沟通技巧。这不仅包括学生语言能力的提升，还包括其对非语言沟通方式的理解，如肢体语言、面部表情和礼仪习惯等。实践方法可以包括设立模拟国际工作环境的课程，开设跨文化沟通工作坊，以及通过模拟国际会议、国际项目合作等活动，让学生在实践中学习和提高跨文化沟通能力。

### （三）国际职业标准与认证的了解

随着职业领域的国际化，很多行业都形成了国际认可的职业标准和认证体系。高职学生的职业生涯规划教育应该包括对这些国际职业标准和认证的了解，帮助学生认识获取相应的国际认证对于提升个人在全球就业市场中的竞争力的重要性。具体实践可以是开设相关课程，介绍不同职业领域的国际标准和认证过程，组织学生参观国际企业或机构，以及与国际职业认证机构合作，为学生提供取得国际职业资格证书的机会。

## 第二节 先进技术在高职职业生涯规划教育中的应用前景

在先进技术的推动下，当今世界正在经历前所未有的技术变革。云计算、AI 技术、元宇宙等的迅速发展，为职业教育带来了新的挑战和机遇。其不仅改变了就业市场的结构和需求，也对教育系统提出了更新更高的要求。劳动力市场方面，劳动力市场的需求在不断变化，对工作技能的要求也在不断升级。许多传统职业因技术革新而消失的同时，产生了许多全新的职业领域。

在这样的背景下，高职职业生涯规划教育需要紧跟技术发展的步伐，利用这些技术为学生提供更有效、更个性化的职业生涯规划指导。在高职职业生涯规划教育中，先进技术的应用具有广阔的前景，主要表现在以下三个方面。

### 一、云计算在高职职业生涯规划教育中的应用

云计算为高职职业生涯规划教育提供了一个灵活、可扩展的平台，使

教育资源、工具和应用程序能够通过互联网访问。

### (一) 云计算平台的灵活性与资源可访问性

云计算技术为高职职业生涯规划教育带来了前所未有的灵活性和资源可访问性。该技术的核心在于其能够提供一个去中心化的资源共享平台，这意味着教育资源、工具及应用程序无须局限于特定的物理位置或设备，便可通过互联网进行访问和共享。对于高职院校而言，这种技术的应用允许学生和教师随时随地获取最新的职业生涯规划工具和资料，无论是专业课程内容、职业路径探索工具，还是各种评估和自我发现的在线应用，都可以通过云端服务实现实时更新和广泛传播。

云计算平台具有高度可扩展性，这意味着教育机构能够根据需求增减资源，有效管理成本，同时确保学生能够访问其所需的各类教育资源。

### (二) 个性化学习路径与在线评估工具的创新应用

在高职职业生涯规划教育中，云计算技术的应用进一步促进了个性化学习路径的发展与在线评估工具的创新。通过利用云端数据库和人工智能技术，教育机构能够基于学生的学习行为、兴趣偏好和能力水平收集和分析数据，进而为每位学生设计符合其特点的个性化职业发展规划。这种方法不仅增强了学生的学习动机和参与感，而且通过精准匹配教育资源和职业路径，极大提升了教育的有效性和学生的满意度。在线评估工具的应用，如虚拟职业兴趣测试和技能评估，利用云计算平台的高效数据处理能力，为学生提供实时反馈和建议，帮助他们更清晰地认识自我，有效指导职业生涯规划的方向。

### (三) 职业探索模拟环境的构建与实践经验的增强

云计算技术在高职职业生涯规划教育中的另一重要应用是构建职业探索模拟环境，通过这种模拟环境为学生提供宝贵的实践经验。依托平台的强大计算和存储能力，教育机构可以创建逼真的工作环境、职业角色扮演游戏和虚拟实习场景，使学生能够在安全的虚拟环境中尝试不同的职业角色，掌握必要的职业技能。这种互动式学习体验不仅加深了学生对特定职业的理解，而且有助于学生在实际进入职场前，提前适应工作环境，增强职业适应能力和解决问题的能力。

另外，通过模拟环境中的团队合作和项目管理练习，学生还能培养团队协作和领导力等软技能，为未来职业生涯的成功奠定坚实的基础。

## 二、生成式 AI 在职业生涯规划教育中的应用

生成式 AI，尤其是像 ChatGPT 这样的 AI，通过学习大量的数据模式和结构，能够生成新的内容，包括文本、音频、图像和视频。这种技术的引入为高职职业生涯规划教育开辟了新的路径。

### （一）生成式 AI 在职业路径规划与模拟中的应用深化

生成式 AI 技术，为高职职业生涯规划教育带来了革命性的影响。其通过分析和学习大量的职业发展数据、案例研究和行业动态，能够提供个性化的职业生涯规划建议和决策支持。生成式 AI 可以根据学生的兴趣、技能和职业倾向，生成详细的职业路径规划报告，包括推荐的学习课程、必备技能和潜在的职业发展机会。这种技术不仅帮助学生发现与其能力和兴趣相匹配的职业路径，还能够提供实时行业趋势分析，使学生能够及时调整职业生涯规划策略，以适应不断变化的职业市场需求。

生成式 AI 在模拟未来工作场景方面的应用也极具创新性。通过创建虚拟工作环境和情景，学生可以在模拟的工作场景中扮演不同的职业角色，从而深入理解各职业的日常工作内容和挑战。这种模拟经验不仅有助于学生建立职业目标和规划，还能够帮助学生提前培养解决实际工作问题的能力。

生成式 AI 能够根据最新的行业要求和工作描述，定制化生成模拟项目和工作任务，为学生提供与真实工作环境相似的学习体验，极大地增强了教育的实用性和针对性。

### （二）定制化学习材料和职业咨询的创新应用

生成式 AI 在提供定制化学习材料和职业咨询服务方面展现了巨大的潜

力。这种技术能够基于学生的学习进度、兴趣和职业目标，动态生成和调整学习内容和课程。生成式 AI 可以分析学生在特定领域的学习强项和弱点，据此提供量身定制的补充材料和练习，从而促进学生在关键领域的技能提升。这种个性化的学习方案极大地提高了学习效率，帮助学生更加有针对性地为未来的职业生涯做准备。

在职业咨询方面，生成式 AI 能够提供基于深度学习和大数据分析的职业发展指导。通过与学生的互动对话，AI 可以深入了解学生的职业期望、个人特质和职业发展障碍，进而提供专业的建议和解决方案。

生成式 AI 还能模拟真实的面试场景，通过模拟面试练习帮助学生提高面试技巧，增强职场沟通能力。这种应用不仅提高了学生应对真实职场挑战的能力，也为学生提供了一个安全的环境来帮助其探索不同的职业发展路径。

## 三、元宇宙在职业生涯规划教育中的应用

元宇宙提供了一个共享的虚拟空间，个体可以在其中进行社交互动。这为教师和学生在职业生涯规划教育的教与学过程中提供了多重体验的机会。

### (一) 构建职业相关的社交网络和互动环境

元宇宙作为一个共享的虚拟空间，提供了构建职业相关社交网络和互动环境的独特平台。在这一环境中，学生可以与来自不同地区和背景的同行、导师及行业专家进行交流和互动，从而获得宝贵的职业发展指导和行业洞察。这种跨时空、跨文化的交流机会不仅扩大了学生的职业视野，也增强了学生的职业体验，提高学生的沟通能力和团队合作能力，为学生未来的职业生涯奠定了坚实的社交基础。通过参与元宇宙中的讨论会、研讨会和网络活动，学生能够深入了解各行各业的最新趋势和技术发展，从而更加明智地制定自己的职业生涯规划。

### (二) 角色扮演和模拟职业体验的创新实践

元宇宙为学生提供了通过角色扮演和模拟职业体验进行职业探索的新

途径。在这个沉浸式的虚拟环境中，学生可以体验不同职业角色的日常工作，包括面临的挑战、工作流程以及决策过程。这种极具真实感的职业模拟不仅让学生在安全的环境中尝试不同的职业路径，还能够帮助学生更准确地评估自己对某个职业的适应性和兴趣。通过这些模拟体验，学生能够在真实进入职场之前，对自己的职业选择有更深入的了解和认识，减少未来职业转换的可能性和成本。元宇宙中的职业模拟还能够提供即时反馈和评估，帮助学生及时调整学习计划和职业目标。

### (三) 提供沉浸式学习环境与心理健康支持

元宇宙通过提供沉浸式的学习环境，为学生探索职业路径提供了强大的支持，同时关注到了心理健康的重要性。在这样的环境中，学生不仅能够获得关于职业生涯规划的知识和技能，还能在遇到困难和挑战时获得心理健康方面的支持。该技术的运用，可以引导高职学生通过参与元宇宙中的正念冥想和压力管理工作坊，学习管理焦虑和压力的有效方法，这对于准备进入高压力的职场环境的学生是非常有益的。

### (四) 促进职业生涯规划教育的创新与多元化

元宇宙为高职职业生涯规划教育带来了新的发展机遇。在这一虚拟环境中，教师可以设计和实施各种创新的教学活动和课程，如虚拟实习、在线职业展览会、互动式职业发展游戏等，这些活动不仅增加了学习的趣味性和参与度，还大大提高了教学的效果和质量。元宇宙中的多元化教学资源和活动为学生提供了广泛的学习选择和体验机会，有助于激发学生的学习兴趣和职业探索的热情。此外，元宇宙的全球性和开放性也为职业教育的国际化和跨文化交流提供了新的平台，促进了全球职业教育资源的共享和交流，为学生提供了更加广阔的职业发展空间和机会。

# Chapter 09 第九章 结　语

在当前以科技进步驱动的经济环境中，高等职业教育的重要性不容忽视。作为一种类型教育，高等职业教育不仅是护航经济发展的重要动力，更是培养具有创新能力的高素质技术技能人才的关键领域。高等职业教育通过提供专业化、实践性强的课程，使学生能够掌握必要的技术技能和职业素养，为个人职业生涯发展奠定坚实的基础。

职业生涯规划教育使学生从早期开始就对自己的职业方向和生涯目标有了清晰的认识，从而能够做出更明智的教育和职业选择。对于高职学生而言，职业生涯规划不仅是个人发展的重要组成部分，也是实现个人职业目标和人生梦想的关键。通过职业生涯规划，学生可以更好地识别适合自己的职业路径，规划自己的学习和发展方向，以及提前准备所需的技能和知识。在职业生涯规划的过程中，学生不仅能够探索不同的职业机会，还能够学习如何有效地应对职业生涯中的挑战和变化。通过这些学习，学生不仅能够为未来的职业生涯做好准备，还能够提升自己的自信心和自我效能感。

这种针对性的教育和指导不仅提高了高职学生的就业竞争力和职业满意度，也为企业和行业输送了更匹配的人才。这种针对性的教育和指导，其深远影响不仅局限于学生个体，更延伸到了整个社会和经济发展中。对于高职学生而言，通过接受这种教育和指导，能够更清晰地认识到自己的兴趣、优势和潜力所在，从而制定出更为明确和切实可行的职业目标。这一过程中，学生不仅提升了自己的就业竞争力，更在职业选择和发展上获得了更高的满意度。而对于企业和行业来说，这种针对性的教育和指导为企业和行业输送了更加匹配、更加优秀的人才。这些人才不仅拥有扎实的专业知识和技能，更具备清晰的职业生涯规划和远大的职业理想，能够更快地融入企业和行业，更好地发挥自己的才能和潜力，为企业和行业的发展注入新的活力和动力。

职业生涯规划不仅是一个阶段性的任务，而是一个伴随人一生的持续性课题。在人生的不同阶段，每个人的兴趣、能力以及市场需求都会发生变化。这就要求个体能够不断地重新审视和修订自己的职业生涯规划。因此，职业生涯规划是一个动态的过程，要求每个人不断地进行自我反思、学习和调整。只有这样，个体才能在不断变化的职业环境中找到最适合自己的发展道路，实现个人价值和职业发展的双赢。所以，职业生涯规划是每个人都需要长期关注和投入的课题，关乎个体未来的发展方向、职业成长，以及幸福感和满足感。这个过程并非一蹴而就，而是需要不断地调整、优化和更新。

在新时代，新的行业和职业不断涌现，传统行业也在经历着深刻的变革。高职职业生涯规划教育应当更加重视生涯规划的个性化和实用性，与行业紧密结合、与时代同频共振，充分运用现代科学技术为职业生涯规划教育带去新的可能，使职业生涯规划教育更加高效，为国家培养出更多的高素质技术技能人才。

# 参 考 文 献

[1] 蔡冰冰. 地方高校大学生职业生涯规划教育提升路径探索[J]. 咸阳师范学院学报, 2023, 38 (5): 117-120.

[2] 常莎. 关于高职院校职业生涯规划教育改革的思考[J]. 现代职业教育, 2020 (19): 174-175.

[3] 陈雄. 大学生职业生涯规划: 高职高专版[M]. 北京: 国家行政学院出版社, 2018.

[4] 陈奕荣, 王树生, 黄重成. 生涯心理资源开发与职业生涯辅导[M]. 厦门: 厦门大学出版社, 2019.

[5] 董刚. 高等职业教育内涵式发展研究[M]. 北京: 高等教育出版社, 2014.

[6] 董敬文. 劳动教育融入大学生职业生涯规划的研究[J]. 就业与保障, 2022 (4): 163-165.

[7] 董艳宁. 高校职业生涯教育与创新创业教育内涵及关系探究[J]. 创新创业理论研究与实践, 2021, 4 (4): 4-5, 8.

[8] 高健. 大学生职业生涯规划与思想政治教育融合的研究与实践[J]. 教育与职业, 2015 (5): 83-84.

[9] 郝永建, 赵庚, 崔丽丽, 等. 高职职业生涯规划教育中的问题及对策[J]. 职教论坛, 2011 (8): 9-11.

[10] 江梅芳. 高职学生就业能力目标导向下大学生职业生涯教育改革研究[J]. 湖北开放职业学院学报, 2022, 35 (24): 32-34.

[11] 荆伟伟, 王旭. 大学生职业生涯规划教育的实践与探索: 基于工程教育专业认证背景[J]. 教育教学论坛, 2022 (33): 103-106.

[12] 寇静, 石玥. 浅析就业能力培养的大学生职业生涯探索与实践[J]. 现代职业教育, 2022 (3): 160-162.

[13] 李兵."双创能力培养"背景下高职院校学生职业生涯规划教育实践研究［J］.中国多媒体与网络教学学报（中旬刊），2023（1）：164-167.

[14] 李菌.高职院校"多对象—多场景—多元化—多维度"职业体验教育研究［J］.教育与职业，2023（4）：95-101.

[15] 李宏.教师能力素养导论［M］.广州：世界图书出版公司，2013.

[16] 李家祥.云南职业教育产教融合、校企合作的理论与实践［M］.昆明：云南大学出版社，2022.

[17] 李经山.高职大学生职业生涯设计与规划［M］.长沙：湖南师范大学出版社，2013.

[18] 李思静.大学生职业生涯规划教育的现状与对策思考［J］.现代职业教育，2023（30）：161-164.

[19] 李晓红主编.职业生涯规划［M］.南昌：江西科学技术出版社，2019.

[20] 李燕.新时期高校教师能力培养与专业化发展探究［M］.成都：四川大学出版社，2018.

[21] 刘明.高职院校教师能力建设与管理［M］.合肥：中国科学技术大学出版社，2012.

[22] 刘玉升，褚蓉.试论新时代背景下高职院校职业生涯教育课程体系构建［J］.职业教育研究，2019（4）：66-70.

[23] 孟喜娣，王莉莉.职业生涯规划［M］.北京：北京邮电大学出版社，2017.

[24] 彭晋全.基于职业素养教育的高职院校德育课程改革［J］.机械职业教育，2022（11）：25-29.

[25] 孙晃.高职院校学生职业生涯规划与就业创业指导［M］.苏州：苏州大学出版社，2016.

[26] 谭艳芳，牛荣健.新形势下高职生职业生涯规划与就业指导［M］.成都：西南交通大学出版社，2015.

[27] 王继顺，仲芳.高职院校心理教育融入职业生涯规划探究［J］.

辽宁高职学报，2023，25（8）：82-84，106.

[28] 王文颖. 浅析多元需求背景下高职院校大学生职业生涯教育与就业力的培养[J]. 产业与科技论坛，2022，21（15）：230-231.

[29] 王雨，刘爱春. 基于生涯建构理论的大学生职业生涯规划课程建设研究[J]. 现代职业教育，2023（11）：53-56.

[30] 吴海英，于琦. 大学生职业生涯规划实践课程建设研究[J]. 教育教学论坛，2017（30）：152-153.

[31] 肖雯. 关于职业生涯规划课程教学方式的思考与实施[J]. 现代职业教育，2021（2）：12-13.

[32] 谢一风. 高职院校学生职业生涯规划研究[J]. 职教论坛，2007（8）：25-27.

[33] 杨必忠. 大学生职业生涯规划与就业创业教育[M]. 成都：电子科技大学出版社，2019.

[34] 杨乐. 高职生职业生涯规划教育有效性研究[J]. 领导科学论坛，2014（21）：38-40.

[35] 于莉，王颖，孙长远. 职业教育校企合作的理论与实践[M]. 长春：吉林人民出版社，2021.

[36] 于万成. 校企合作创新之路[M]. 北京：机械工业出版社，2021.

[37] 袁国，谢永川. 高职大学生职业生涯规划实用教程[M]. 北京：北京理工大学出版社，2015.

[38] 翟新明，史永博，刘大鹏. 三层递进的高职创业法律教育目标、课程体系与实施策略[J]. 创新与创业教育，2023，14（2）：165-171.

[39] 章玲. 大学生职业生涯规划[M]. 北京：北京理工大学出版社，2021.

[40] 赵益枢. 我国职业生涯教育研究现状可视化分析：基于CNKI 2001—2020年的文献[J]. 职教通讯，2021（6）：22-31.

[41] 钟树春，吴先用，李金梅. 职业生涯规划[M]. 成都：电子科技大学出版社，2020.

[42] 周纯江，朱蕾，毋琦. 对高职职业生涯规划教育的思考[J]. 教育与职业，2020（23）：74-77.

[43] 周建松. 高等职业教育高质量发展研究 [M]. 杭州：浙江大学出版社，2020.

[44] 周建松. 现代职业教育体系建设与高职教育创新发展 [M]. 杭州：浙江工商大学出版社，2016.

[45] Chambers R. Career planning for everyone in the NHS: the toolkit [M]. Boca Raton: CRC Press, 2018.

[46] Jia J., Wang R. X., Zhang M. Brief Talk about the career planning of medical students under medical involution [J]. Advances in educational technology and psychology, 2022, 6 (8): 06081.

[47] Li X. M., Shang J. R., Wan J. B., et al. Implementation of system for college students' career planning based on user interest model [J]. Journal of physics: conference series, 2019, 1237 (2): 022067.

[48] Lorenzen A. E. Career planning and job searching in the information age [M]. Boca Raton: CRC Press, 1996.

[49] Putra F. W., Yusuf A. M., Solfema S. Analysis of parent support in career planning of vocational students [J]. Konselor, 2019, 8 (2): 47–51.

[50] Shi Y. Research on english course based on career planning [J]. Research on modern higher education, 2017, 1: 169–73.

[51] Zhang Q. The relationship between parenting style and career planning of vocational students by educational psychology under information technology [J]. Occupational therapy international, 2022: 8274445.

# 附 录

## 附录一：职业兴趣测评量表

测验指导语：

本问卷共90道题目，每道题目是一句陈述，请您根据自己的真实情况对这些陈述进行评价，如果陈述符合实际情况就在相应的题目前打"√"，否则打"×"，不要漏答。

1. 强壮而敏捷的身体对我很重要。
2. 我必须彻底地了解事情的真相。
3. 我的心情受音乐、色彩、写作和美丽事物的影响极大。
4. 和他人的关系丰富了我的生命并使它有意义。
5. 我相信我会成功。
6. 我做事时必须有清楚的指引。
7. 我擅长自己制作、修理东西。
8. 我可以花很长的时间去想通事情的道理。
9. 我重视美丽的环境。
10. 我愿意花时间帮别人解决个人危机。
11. 我喜欢竞争。
12. 我在开始执行一个计划前会花很多时间去构思该计划。
13. 我喜欢使用双手做事。
14. 探索新构思使我感到满意。
15. 我总是寻求新方法来发挥我的创造力。
16. 我认为能把自己的焦虑向别人诉说是很重要的。
17. 成为群体中的关键人物，对我很重要。
18. 我对于自己能重视工作中的所有细节而感到骄傲。

19. 我不在乎工作时把手弄脏。

20. 我认为教育是一个终身学习的过程。

21. 我喜欢非正式的穿着,喜欢尝试新的颜色和款式。

22. 我常能感觉到某人想要和他人沟通的需要。

23. 我喜欢帮助别人不断改进。

24. 我在做决策时,通常不愿冒险。

25. 我喜欢购买小零件,做成成品。

26. 有时我可以长时间地阅读,玩拼图游戏,或幻想生命的本质。

27. 我有很强的想象力。

28. 我喜欢帮助别人发挥天赋和才能。

29. 我喜欢监督事情直至完工。

30. 如果我将面对一个新环境,我会在事前做充分的准备。

31. 我喜欢独立完成一项任务。

32. 我渴望阅读或思考任何可以引发我好奇心的东西。

33. 我喜欢创新。

34. 如果我和别人发生矛盾,我会不断地尝试化干戈为玉帛。

35. 要成功,就必须制定高目标。

36. 我不喜欢为重大决策负责。

37. 我喜欢直言不讳,不喜欢拐弯抹角。

38. 我喜欢在解决问题前,先彻底分析问题。

39. 我喜欢重新布置我的环境,使它们与众不同。

40. 我经常借助与别人的交谈来解决自己的问题。

41. 我常起草一个计划,而由别人完成细节。

42. 准时对我而言非常重要。

43. 从事户外活动令我神清气爽。

44. 我喜欢不断地问"为什么"。

45. 我喜欢自己的工作能够表达我的情绪和感觉。

46. 我喜欢帮助别人找出可以互相关注其他人的方法。

47. 能够参与重大决策是件令人兴奋的事。

48. 我经常保持整洁,喜欢有条不紊。

49. 我喜欢周边环境简单而实际。

50. 我会不断地思索一个问题，直到找出答案为止。

51. 大自然的美深深地触动我的灵魂。

52. 亲密的人际关系对我很重要。

53. 升职和进步对我是极重要的。

54. 当我把每日工作计划好时，我会比较有安全感。

55. 我非但不害怕过重的工作负荷，并且知道工作的重点是什么。

56. 我喜欢能使我思考、带给我新观念的书。

57. 我期望能看到艺术表演、戏剧及好电影。

58. 我对别人的低落情绪相当敏感。

59. 能影响别人使我感到兴奋。

60. 当我答应做一件事时，我会竭尽所能地做好所有细节。

61. 我希望笨重的体力工作不会伤害任何人。

62. 我希望能学习所有使我感兴趣的科目。

63. 我希望能做些与众不同的事。

64. 我对于别人的困难乐于伸手援助。

65. 我愿意冒一点危险以求进步。

66. 当我遵循规则时，我感到安全。

67. 我选车时，最先注意的是好的引擎。

68. 我喜欢能刺激我思考的对话。

69. 当我从事创造性事务时，我会忘掉一切旧经验。

70. 我对于社会上有许多人需要帮助感到关注。

71. 说服别人依计划行事是件有趣的工作。

72. 我擅长检查细节。

73. 我通常知道如何应对紧急事件。

74. 阅读新发现的书是件令人兴奋的事。

75. 我喜欢美丽、不平凡的事。

76. 我经常关心孤独、不友善的人。

77. 我喜欢讨价还价。

78. 我花钱时小心翼翼。

79. 我用运动来保持强壮的身体。

80. 我经常对大自然的奥秘感到好奇。

81. 尝试不平凡的新事物是件相当有趣的事。

82. 当别人向我诉说他的困难时，我是个好听众。

83. 做事失败了，我会再接再厉。

84. 我需要确切地知道别人对我的要求是什么。

85. 我喜欢把东西拆开，看是否能够修理它们。

86. 我喜欢研读所有事实，再有逻辑性地做决定。

87. 没有美丽事物的生活，对我而言是不可思议的。

88. 人们经常告诉我他们的问题。

89. 我能通过网络和别人取得联系。

90. 小心谨慎地完成一件事，是件有成就感的事。

计分：附表1-1中的数字代表上述兴趣测验中的题号。请将自己的答案用"√"或"×"画在各数字上。

附表1-1　　　　　　职业兴趣测评计分表

| 现实型 | 研究型 | 艺术型 | 社会型 | 企业型 | 常规型 |
| --- | --- | --- | --- | --- | --- |
| 1 | 2 | 3 | 4 | 5 | 6 |
| 7 | 8 | 9 | 10 | 11 | 12 |
| 13 | 14 | 15 | 16 | 17 | 18 |
| 19 | 20 | 21 | 22 | 23 | 24 |
| 25 | 26 | 27 | 28 | 29 | 30 |
| 31 | 32 | 33 | 34 | 35 | 36 |
| 37 | 38 | 39 | 40 | 41 | 42 |
| 43 | 44 | 45 | 46 | 47 | 48 |
| 49 | 50 | 51 | 52 | 53 | 54 |
| 55 | 56 | 57 | 58 | 59 | 60 |
| 61 | 62 | 63 | 64 | 65 | 66 |
| 67 | 68 | 69 | 70 | 71 | 72 |
| 73 | 74 | 75 | 76 | 77 | 78 |
| 79 | 80 | 81 | 82 | 83 | 84 |
| 85 | 86 | 87 | 88 | 89 | 90 |

请算出每种类型打"√"项目的总数，并将它填在下面的横线上。

现实型（ ）研究型（ ）艺术型（ ）社会型（ ）企业型（ ）常规型（ ）

将上述打"√"项目的总数，按照由高到低的顺序依次排好，填在下面的横线上。

第一高分（ ）第二高分（ ）第三高分（ ）第四高分（ ）第五高分（ ）第六高分（ ）

请算出每种类型打"×"项目的总数，并将它填在下面的横线上。

现实型（ ）研究型（ ）艺术型（ ）社会型（ ）企业型（ ）常规型（ ）

如果考虑打"×"的项目，是否会改变原有的兴趣类型？

各种兴趣类型解析：

艺术型：倾向于参与创造性活动，例如，音乐、舞蹈和歌唱。这种类型的人通常拥有艺术方面的才能，倾向于进行富有创新性和想象力的工作。他们表现出的特点包括开放性、丰富的想象力、独立性和创造力。

常规型：适合担任常规和传统的职业角色，如会计、秘书和办公室管理人员等。这类人擅长数学和细节管理，喜欢在室内工作，享受规划和安排事务的过程。他们常与文字和数字打交道，特点包括顺从、务实、细致、节俭、效率高、条理分明和有耐心。

企业型：特别适合从事销售、服务和管理等领域的工作。这种人格类型的人往往具备领导才能和良好的沟通技巧，对金钱和权力有较强的兴趣，倾向于在工作中施加影响和控制。他们倾向于与人交往，具有冒险精神、充沛的活力、乐观的态度、对人友好和细心等特质。

研究型：适合从事科研和技术分析等工作，如实验室研究、医学研究和产品质量检测。这类人通常具有较强的数理分析能力，喜欢独立工作和解决问题。他们展现出逻辑思维能力强、好奇心强、智商高、细致入微、独立、平和和俭朴的特质。

现实型：适合实操性强的工作，例如，机械修理、木工、烹饪或电气工作。他们通常具备良好的技能和体力，喜欢在户外环境中使用工具和设备。这类人更倾向于与具体任务互动，而非人际交往。他们的主要特质包括真诚、谦虚、敏感、务实、简朴、节约和内向。

社会型：倾向于参与与人互动较多的工作，如教育、咨询和护理等领域。这类人喜欢与人为伴，对他人的情况抱有浓厚兴趣，并乐于提供帮助。这类人以乐于助人、负责任、热情、有协作精神、理想主义、友好、善良、慷慨和耐心著称。

## 附录二：职业能力测验

（一）一般学习能力倾向（G）

请根据以下题目，对自己的一般学习能力倾向进行评价。若您认为自己的一般学习能力"强"，请在"（  ）"中填写数字"1"；若您认为自己的一般学习能力"较强"，请在"（  ）"中填写数字"2"；若您认为自己的一般学习能力"一般"，请在"（  ）"中填写数字"3"；若您认为自己的一般学习能力"较弱"，请在"（  ）"中填写数字"4"；若您认为自己的一般学习能力"弱"，请在"（  ）"中填写数字"5"。

1. 快而容易地学习新内容（  ）

2. 快而正确地解数学题（  ）

3. 你的学习成绩（  ）

4. 对课文的字、词，以及段落篇章的理解、分析和综合能力（  ）

5. 对学习过的知识的记忆能力（  ）

（二）语言表达能力倾向（V）

请根据以下题目，对自己的语言表达能力倾向进行评价。若您认为自己的语言表达能力"强"，请在"（  ）"中填写数字"1"；若您认为自己的语言表达能力"较强"，请在"（  ）"中填写数字"2"；若您认为自己的语言表达能力"一般"，请在"（  ）"中填写数字"3"；若您认为自己的语言表达能力"较弱"，请在"（  ）"中填写数字"4"；若您认为自己的语言表达能力"弱"，请在"（  ）"中填写数字"5"。

1. 善于表达自己的观点（  ）

2. 阅读速度和理解能力（  ）

3. 掌握词汇量的程度（  ）

4. 你的语文成绩（  ）

5. 你的文学创作能力（  ）

（三）算术能力倾向（N）

请根据以下题目，对自己的算数能力倾向进行评价。若您认为自己的算数能力"强"，请在"（ ）"中填写数字"1"；若您认为自己的算数能力"较强"，请在"（ ）"中填写数字"2"；若您认为自己的算数能力"一般"，请在"（ ）"中填写数字"3"；若您认为自己的算数能力"较弱"，请在"（ ）"中填写数字"4"；若您认为自己的算数能力"弱"，请在"（ ）"中填写数字"5"。

1. 做出精确的测量（ ）

2. 笔算能力（ ）

3. 口算能力（ ）

4. 打算盘能力（ ）

5. 你的数学成绩（ ）

（四）空间判断能力倾向（S）

请根据以下题目，对自己的空间判断能力倾向进行评价。若您认为自己的空间判断能力"强"，请在"（ ）"中填写数字"1"；若您认为自己的空间判断能力"较强"，请在"（ ）"中填写数字"2"；若您认为自己的空间判断能力"一般"，请在"（ ）"中填写数字"3"；若您认为自己的空间判断能力"较弱"，请在"（ ）"中填写数字"4"；若您认为自己的空间判断能力"弱"，请在"（ ）"中填写数字"5"。

1. 解决立体几何方面的习题（ ）

2. 绘制二维圆形（ ）

3. 关于几何图形的立体感（ ）

4. 想象盒子展开后的平面图（ ）

5. 想象三维物体（ ）

（五）图形观察能力倾向（P）

请根据以下题目，对自己的图形观察能力倾向进行评价。若您认为自己的图形观察能力"强"，请在"（ ）"中填写数字"1"；若您认为自己的图形观察能力"较强"，请在"（ ）"中填写数字"2"；若您认为自己的图形观察能力"一般"，请在"（ ）"中填写数字"3"；若您认为自己的图形观察能力"较弱"，请在"（ ）"中填写数字"4"；若您认为自己的图形观察能力"弱",请在"( )"中填写数字"5"。

1. 发现相同图形中的细微差别（ ）

2. 识别物体的形状差异（ ）

3. 注意物体的细节部分（ ）

4. 观察物体的图案是否正确（ ）

5. 对物体的细微描述（ ）

（六）书写能力倾向（Q）

请根据以下题目，对自己的书写能力倾向进行评价。若您认为自己的书写能力"强"，请在"( )"中填写数字"1"；若您认为自己的书写能力"较强"，请在"( )"中填写数字"2"；若您认为自己的书写能力"一般"，请在"( )"中填写数字"3"；若您认为自己的书写能力"较弱"，请在"( )"中填写数字"4"；若您认为自己的书写能力"弱"，请在"( )"中填写数字"5"。

1. 快而准地抄写资料（如姓名、日期、电话号码等）（ ）

2. 发现错别字（ ）

3. 发现计算错误（ ）

4. 能很快查找卡片编码（ ）

5. 自我控制能力（ ）

（七）手眼协调能力倾向（K）

请根据以下题目，对自己的手眼协调能力倾向进行评价。若您认为自己的手眼协调能力"强"，请在"( )"中填写数字"1"；若您认为自己的手眼协调能力"较强"，请在"( )"中填写数字"2"；若您认为自己的手眼协调能力"一般"，请在"( )"中填写数字"3"；若您认为自己的手眼协调能力"较弱"，请在"( )"中填写数字"4"；若您认为自己的手眼协调能力"弱"，请在"( )"中填写数字"5"。

1. 玩电子游戏（ ）

2. 打篮球、打排球、踢足球（ ）

3. 打乒乓球、打羽毛球（ ）

4. 打算盘能力（ ）

5. 打字能力（ ）

## （八）手指灵活度（F）

请根据以下题目，对自己的手指灵活度进行评价。若您认为自己的手指灵活度"强"，请在"（　）"中填写数字"1"；若您认为自己的手指灵活度"较强"，请在"（　）"中填写数字"2"；若您认为自己的手指灵活度"一般"，请在"（　）"中填写数字"3"；若您认为自己的手指灵活度"较弱"，请在"（　）"中填写数字"4"；若您认为自己的手指灵活度"弱"，请在"（　）"中填写数字"5"。

1. 灵活地使用很小的工具（　）
2. 穿针眼、编织等使用手指的活动（　）
3. 用手指做一件小工艺品（　）
4. 使用计算器的灵巧程度（　）
5. 弹琴（　）

## （九）手腕灵活度（M）

请根据以下题目，对自己的手腕灵活度进行评价。若您认为自己的手腕灵活度"强"，请在"（　）"中填写数字"1"；若您认为自己的手腕灵活度"较强"，请在"（　）"中填写数字"2"；若您认为自己的手腕灵活度"一般"，请在"（　）"中填写数字"3"；若您认为自己的手腕灵活度"较弱"，请在"（　）"中填写数字"4"；若您认为自己的手腕灵活度"弱"，请在"（　）"中填写数字"5"。

1. 用手把东西分类（　）
2. 在推拉东西时手的灵活度（　）
3. 很快地削水果（　）
4. 灵活地使用手工工具（　）
5. 在绘画、雕刻等手工活动中的灵活性（　）

统计分数的方法：

（1）对每一类能力倾向计算总分数。对每一道题目，我们采取"强""较强""一般""较弱""弱"五个等级，供您自评。每组5道题，完成后评价，分别统计各等级选择的次数总和，然后用下面的公式计算出该类的总计次数（把"强"定为第一项，以此类推，"弱"定为第五项；第一项之和就是选"强"的次数和）。总计次数=（第一项之和×1）+（第二项之和×2)+(第三项之和×3)+(第四项之和×4)+(第五项之和×5)。

(2) 计算每一类能力倾向的自评等级。自评等级=总计次数/5。

(3) 将自评等级填在附表2-1中。

附表2-1　　　　　　　职业能力倾向等级自评表

| 职业能力倾向 | 自评等级 | 职业能力倾向 | 自评等级 |
|---|---|---|---|
| G |  | Q |  |
| V |  | K |  |
| N |  | F |  |
| S |  | M |  |
| P |  |  |  |

根据结果对照附表2-2,可找到你适合的职业。

附表2-2　　　　　　　　职业类型表

| 职业类型 | 职业能力倾向 |||||||||
|---|---|---|---|---|---|---|---|---|---|
| 生物学家 | 1 | 1 | 1 | 2 | 2 | 3 | 3 | 2 | 3 |
| 建筑师 | 1 | 1 | 1 | 1 | 2 | 3 | 3 | 3 | 3 |
| 测量员 | 2 | 2 | 2 | 2 | 2 | 3 | 3 | 3 | 3 |
| 测量辅导员 | 4 | 4 | 4 | 4 | 4 | 4 | 3 | 4 | 3 |
| 制图员 | 2 | 3 | 2 | 2 | 2 | 3 | 3 | 2 | 3 |
| 建筑和工程技术员 | 2 | 2 | 2 | 2 | 2 | 3 | 3 | 3 | 3 |
| 建筑和工程技术专家 | 2 | 2 | 3 | 3 | 3 | 3 | 3 | 3 | 3 |
| 物理科学技术家 | 2 | 2 | 2 | 2 | 3 | 3 | 3 | 3 | 3 |
| 物理科学技术员 | 2 | 3 | 3 | 3 | 2 | 3 | 3 | 3 | 3 |
| 农业、生物、动物、植物学的技术专家 | 2 | 2 | 2 | 2 | 3 | 3 | 3 | 3 | 3 |
| 农业、生物、动物、植物学的技术员 | 2 | 3 | 3 | 3 | 2 | 3 | 3 | 3 | 3 |
| 数学家和统计学家 | 1 | 1 | 1 | 3 | 2 | 4 | 4 | 4 | 4 |
| 系统分析和计算机程序编制者 | 2 | 2 | 2 | 2 | 3 | 3 | 4 | 4 | 4 |
| 经济学家 | 1 | 1 | 1 | 3 | 2 | 4 | 4 | 4 | 4 |
| 社会学家、人类学者 | 1 | 2 | 2 | 2 | 3 | 4 | 4 | 4 | 4 |
| 心理学家 | 1 | 1 | 3 | 4 | 4 | 3 | 4 | 4 | 4 |
| 历史学家 | 1 | 1 | 4 | 3 | 3 | 3 | 4 | 4 | 4 |

续表

| 职业类型 | 职业能力倾向 | | | | | | | | |
|---|---|---|---|---|---|---|---|---|---|
| 哲学家 | 1 | 1 | 3 | 2 | 2 | 3 | 4 | 4 | 4 |
| 政治学家 | 1 | 1 | 3 | 4 | 4 | 3 | 4 | 4 | 4 |
| 政治经济学家 | 2 | 2 | 2 | 3 | 3 | 3 | 3 | 3 | 5 |
| 社会工作者 | 2 | 2 | 3 | 4 | 4 | 3 | 4 | 4 | 4 |
| 社会服务助理人员 | 3 | 3 | 3 | 4 | 4 | 3 | 4 | 4 | 4 |
| 法官 | 1 | 1 | 3 | 4 | 3 | 3 | 4 | 4 | 4 |
| 律师 | 1 | 1 | 3 | 4 | 3 | 4 | 4 | 4 | 4 |
| 公证人 | 2 | 2 | 3 | 4 | 4 | 3 | 4 | 4 | 4 |
| 图书管理学专家 | 2 | 2 | 3 | 3 | 4 | 2 | 3 | 4 | 4 |
| 图书馆、博物馆和档案管理员 | 3 | 3 | 3 | 2 | 2 | 4 | 3 | 2 | 3 |
| 职业指导者 | 2 | 2 | 3 | 4 | 4 | 3 | 4 | 4 | 4 |
| 大学教师 | 1 | 1 | 3 | 3 | 2 | 3 | 4 | 4 | 4 |
| 中学教师 | 2 | 2 | 3 | 4 | 3 | 3 | 4 | 4 | 4 |
| 小学和幼儿园教师 | 2 | 2 | 3 | 3 | 3 | 3 | 3 | 3 | 3 |
| 职业学校教师（职业课） | 2 | 2 | 2 | 3 | 3 | 3 | 3 | 3 | 3 |
| 职业学校教师（普通课） | 2 | 2 | 3 | 4 | 3 | 3 | 4 | 4 | 4 |
| 内、外、牙科医生 | 1 | 1 | 2 | 2 | 3 | 2 | 2 | 2 | 3 |
| 兽医学家 | 1 | 1 | 2 | 1 | 2 | 3 | 2 | 2 | 2 |
| 护士 | 2 | 2 | 3 | 3 | 3 | 3 | 3 | 3 | 3 |
| 护士助手 | 2 | 4 | 4 | 4 | 4 | 2 | 2 | 3 | 2 |
| 工业药剂师 | 2 | 1 | 2 | 3 | 2 | 2 | 3 | 2 | 3 |
| 医院药剂师 | 2 | 2 | 2 | 4 | 9 | 2 | 3 | 2 | 3 |
| 营养学家 | 2 | 2 | 2 | 3 | 3 | 3 | 4 | 4 | 4 |
| 配镜师（医） | 2 | 2 | 2 | 2 | 2 | 3 | 3 | 3 | 3 |
| 配眼镜商 | 3 | 3 | 3 | 3 | 3 | 4 | 3 | 2 | 3 |
| 放射科技术人员 | 3 | 3 | 3 | 3 | 3 | 3 | 3 | 3 | 3 |
| 药物实验室技术专家 | 2 | 2 | 2 | 3 | 2 | 3 | 3 | 2 | 3 |
| 药物实验室技术员 | 2 | 2 | 2 | 3 | 3 | 3 | 3 | 2 | 3 |
| 画家、雕刻家 | 2 | 3 | 4 | 2 | 2 | 5 | 2 | 1 | 2 |
| 产品设计和内部装饰者 | 2 | 2 | 3 | 2 | 2 | 4 | 2 | 2 | 3 |
| 舞蹈家 | 2 | 2 | 4 | 3 | 4 | 4 | 4 | 4 | 4 |
| 演员 | 2 | 2 | 3 | 2 | 2 | 4 | 2 | 2 | 3 |
| 电台播音员 | 2 | 2 | 3 | 2 | 2 | 4 | 2 | 2 | 3 |

续表

| 职业类型 | 职业能力倾向 | | | | | | | |
|---|---|---|---|---|---|---|---|---|
| 作家和编辑 | 2 | 1 | 3 | 3 | 3 | 3 | 4 | 4 | 4 |
| 翻译人员 | 2 | 1 | 4 | 4 | 4 | 3 | 4 | 4 | 4 |
| 体育教练 | 2 | 2 | 2 | 4 | 4 | 3 | 4 | 4 | 4 |
| 运动员 | 3 | 3 | 4 | 2 | 3 | 4 | 2 | 2 | 2 |
| 秘书 | 3 | 3 | 3 | 4 | 3 | 2 | 3 | 3 | 3 |
| 打字员 | 3 | 3 | 4 | 4 | 4 | 3 | 3 | 3 | 3 |
| 会计 | 3 | 3 | 3 | 4 | 4 | 2 | 3 | 3 | 4 |
| 出纳 | 3 | 3 | 3 | 4 | 4 | 2 | 3 | 3 | 4 |
| 统计员 | 3 | 3 | 2 | 4 | 3 | 2 | 3 | 3 | 4 |
| 电话接线员 | 3 | 3 | 4 | 4 | 4 | 3 | 3 | 3 | 3 |
| 办公室职员 | 3 | 4 | 3 | 4 | 4 | 3 | 3 | 4 | 4 |
| 商业经营管理 | 2 | 2 | 3 | 4 | 4 | 3 | 4 | 4 | 4 |
| 售货员 | 3 | 3 | 3 | 4 | 4 | 3 | 4 | 4 | 4 |
| 警察 | 3 | 3 | 3 | 4 | 3 | 3 | 3 | 4 | 3 |
| 门卫 | 4 | 4 | 5 | 4 | 4 | 4 | 4 | 4 | 4 |
| 厨师 | 4 | 4 | 4 | 4 | 3 | 4 | 3 | 3 | 3 |
| 招待员 | 3 | 3 | 4 | 4 | 4 | 4 | 3 | 3 | 3 |
| 理发员 | 3 | 3 | 4 | 4 | 9 | 4 | 2 | 2 | 2 |
| 导游 | 3 | 3 | 4 | 3 | 3 | 5 | 3 | 3 | 3 |
| 驾驶员 | 3 | 3 | 3 | 3 | 3 | 3 | 3 | 4 | 3 |
| 农民 | 3 | 4 | 4 | 4 | 4 | 4 | 4 | 4 | 4 |
| 动物饲养员 | 3 | 4 | 4 | 4 | 4 | 4 | 4 | 4 | 4 |
| 渔民 | 4 | 4 | 4 | 4 | 4 | 5 | 3 | 4 | 3 |
| 矿工 | 3 | 4 | 4 | 3 | 4 | 5 | 3 | 4 | 3 |
| 纺织工人 | 4 | 4 | 4 | 4 | 3 | 5 | 3 | 3 | 3 |
| 机床操作工 | 3 | 4 | 4 | 3 | 3 | 4 | 3 | 4 | 3 |
| 锻工 | 3 | 4 | 4 | 3 | 4 | 3 | 4 | 3 |
| 无线电修理工 | 3 | 3 | 3 | 3 | 2 | 4 | 3 | 3 | 3 |
| 细木工 | 3 | 3 | 3 | 3 | 3 | 4 | 3 | 4 | 4 |
| 家具木工 | 3 | 3 | 3 | 3 | 3 | 3 | 3 | 3 | 3 |
| 一般木工 | 3 | 4 | 4 | 3 | 4 | 3 | 3 | 4 | 3 |
| 电工 | 3 | 3 | 3 | 3 | 3 | 3 | 3 | 3 | 3 |
| 裁缝 | 3 | 3 | 4 | 3 | 3 | 4 | 3 | 2 | 3 |

# 附录三：兴趣日记表

附表 3-1　　　　　　　　　　　兴趣日记表

| 姓名： | 专业： | 年级： | 特长： |
|---|---|---|---|
| 参与活动 | 活动时间： | | |
| | 活动名称： | | |
| | 活动地点： | | |
| | 参与形式：□个人　　□团队 | | |
| | 活动表现 | 自评： | |
| | | 他评： | |
| | 活动感受： | | |